臺灣歷史與文化 研究輯刊

二三編

第 1 冊

近代東亞格局轉變中的臺灣（上）

李 理 著

花木蘭文化事業有限公司

國家圖書館出版品預行編目資料

近代東亞格局轉變中的臺灣(上)／李理 著 -- 初版 -- 新北市：
花木蘭文化事業有限公司，2023〔民112〕
目 4+186 面；19×26 公分
（臺灣歷史與文化研究輯刊二三編；第 1 冊）
ISBN 978-626-344-193-4（精裝）
1.CST：臺灣政治 2.CST：臺灣問題 3.CST：臺灣史
733.08   111021712

ISBN-978-626-344-193-4

9 786263 441934

臺灣歷史與文化研究輯刊
二三編 第 一 冊   ISBN：978-626-344-193-4

近代東亞格局轉變中的臺灣(上)

作 者 李理
總 編 輯 杜潔祥
副總編輯 楊嘉樂
編輯主任 許郁翎
編 輯 張雅淋、潘玟靜 美術編輯 陳逸婷
出 版 花木蘭文化事業有限公司
發 行 人 高小娟
聯絡地址 235 新北市中和區中安街七二號十三樓
        電話：02-2923-1455／傳真：02-2923-1452
網 址 http://www.huamulan.tw 信箱 service@huamulans.com
印 刷 普羅文化出版廣告事業
初 版 2023 年 3 月
定 價 二三編 13 冊（精裝）新台幣 38,000 元

近代東亞格局轉變中的臺灣（上）

李理 著

作者簡介

李理，中國社會科學院中國歷史研究院近代史研究所研究員。2006年畢業於中國社會科學院研究生院，歷史學博士。現為臺灣史研究室研究員、中國社會科學院研究生院聘任教授，研究方向為臺灣史及臺灣問題、琉球與釣魚島問題、南海問題。2005年度日本國際交流基金博士項目者，日本中央大學比較法研究所博士項目留學者。曾受臺灣陸委會及夏潮基金會的資助，到臺灣中央研究院、政治大學、玄奘大學、中國文化大學、中央大學等處作訪問學者。出版《日本吞併琉球與出兵侵臺關係探析》《日據臺灣時期警察制度研究》《日本近代對釣魚島的非法調查及竊取》等專著。

提　　要

　　近代西方歐美資本殖民侵略的浪潮洶湧東來之時，明治維新後的日本在「脫亞入歐」的政策下，也加入了對外侵略擴張的行列。於是西方列強、俄國及日本，共同對中國進行近百年的侵略掠奪，隨之東亞格局也發生了翻天覆地的變化。在這場來自海上的殖民侵略中，位置特殊的臺灣，一直是列強掠奪侵吞的目標，故在東亞格局改變過程中，臺灣首當其衝，先後受到荷蘭、西班牙、美國、日本及法國的入侵，命運多舛，上下沉浮，最終還是被日本軍國主義強行割占成為其殖民地。近代東亞格局轉變的歷史過程警示我們，每當我們中華民族屢弱動盪之時，臺灣就會受到他族的侵略，而每當民族國家興盛之時，臺灣就會回到祖國的懷抱。而回顧歷史也必將增強我們的信心，臺灣問題將隨著中華民族的偉大復興而得到最終的解決。

前　言

　　「臺灣」位於中國東南部，北望東海，東臨太平洋，西南接南海，其地理位置是西太平洋南起印度尼西亞和菲律賓、北到日本和俄羅斯的堪察加半島一大串島嶼的中心。這個島嶼在遠古時代，是與大陸相連，後來因地殼運動，相連接的部分沉入海中，形成今天的臺灣海峽。根據考古學及人類文化學，臺灣史前時期的考古文化遺存與中國大陸東南地區文化有著密切的淵源關係，臺灣史前時期的人類主要是通過臺灣海峽南部的「東山陸橋」從中國東南福建遷入。

　　「臺灣」一名源於臺灣南部少數民族「臺窩灣」社的社名，意為濱海之地，開發臺灣的福建省移民依閩南語將此名譯寫為「大員」「臺員」「大灣」等，明朝萬曆年間官方正式在公文中使用「臺灣」這一名稱，但這個「臺灣」主要是指今天的臺南地區。明中期以後民間對臺灣的稱呼很多，如將臺灣北部地方稱為「雞籠山」、將西部沿海的地方稱為「北港」，而明朝官方文書《明神宗實錄》中，稱臺灣為「東番」。鄭成功收復臺灣後稱之為「東都」，鄭經又將之修改為「東寧」。清統一後更名為「臺灣」，並設置臺灣府，隸屬於福建省，這是臺灣的正式定名。時至今日，「臺灣」依舊是那個島嶼的「名稱」。

　　「臺灣」雖為中國大陸的外島，但地理位置面對江、浙、閩、粵四省，有「東南之鎖鑰」、「七省之藩籬」的美稱，及到近現代則又獲得「海防前哨」、「發展生命線」的讚譽，因其實屏障東南而遙控西太平洋。由於臺灣的特殊的地理位置，西方列強也對臺灣頻頻窺探，荷蘭、西班及及早期漢人海商集團都曾盤踞在島上。

18 世紀中葉後，西方歐美資本殖民侵略的浪潮洶湧而來。明治維新後的日本在「開拓萬里波濤」的口號下，也加入了對外侵略擴張的行列。於是西方列強、俄國及日本，共同對中國進行近百年的侵略掠奪，東亞格局發生的翻來覆去的變化。在這場來自海上的殖民侵略中，位置特殊的臺灣，一直是列強掠奪侵吞的目標，故在東亞格局改變過程中，臺灣首當其衝，命運沉浮多舛，最終被日本強行割占成為殖民地。

一、美國是日本對外擴張的幕後黑手

第一次鴉片戰爭期間，英軍數次分兵侵襲基隆、淡水等地。1854 年，美國海軍司令培里率艦隊到臺灣進行活動。美國與亞洲隔著太平洋，如欲控制亞洲，不僅需要建立一個強大的可以在遠洋作戰的海軍，更需要在太平洋上，在亞洲大陸的海面上建立一系列的軍事基地。臺灣就成為其目標之一。「臺灣是一塊最肥沃的土地，到處都是礦藏；有水源充足的廣大平原；土著的人口很稀少；氣候與土壤最優良，能生產在菲律賓和中國大陸沿岸生產的任何物品，而且有很近的銷售市場；它的地位對於航行於加里佛尼亞和華北的汽船來說，好似一個中途的供應站，它出產質量最好的煤；而且，只要考慮到作為開發一個地區的最重要的條件——勞動力，可以在一日的航程中，從福建及其鄰省運來，它是用之不盡取之不竭的，它是世界上最廉價的；無疑地可以看到從來沒有一個更好的，值得進行殖民的地方。」[註1]

美國也曾萌生將臺灣作為殖民地的想法。即是美國東太平洋艦隊的司令培理（全名為姆·西·培理，M. C. Perry）的「太平洋帝國論」。這一理論將英國看作為美國爭霸亞洲的勁敵。培理於 1852 年奉命去「開放日本」，其目的不僅是要與日本「通商」，還有意將利用日本為美國侵略亞洲，特別是侵略中國的艦隊和汽船的煤站或供應站。而他的「太平洋帝國論」的中心點為將臺灣變為美國的殖民地，作為美國侵略亞洲特別是侵略中國大陸的軍事基地。「臺灣的地理位置使其作為美國商業的集散重點，從那裡，美國可以建立對中國、日本、琉球、交趾支那、柬埔寨、暹羅、菲律賓以及一切位於附近海面島嶼的交通線，而且更重要的事實是，該島具有煤的豐富供應能量，在目前和越來越多地利用汽船來推進商業的發展中，煤對於東方商業的重要性是

〔註 1〕《甲午戰爭以前美國侵略臺灣的資料輯要》，《近代史資料》第 3 號，科學出版社，1954 年，第 167 頁。

無限巨大的。」〔註2〕

　　美國商人還對臺灣進行商貿及偵查活動，並提出「臺灣的東岸及其南角……為中國與加里佛尼亞及日本、上海與廣州之間的商業航路必經之地，是應當由美國來保護。」〔註3〕但由於美國不能直接將臺灣變為殖民地，就生出希望「代理國」佔據臺灣的想法：「由於一般的人都反對美國在遙遠的地方獲得殖民地，因此，美國政府不適宜於採取直接控制該島的手段，但是，如果美國政府對於願意在建陽城建立一個獨立政府的美國人予以保護的保證，那將有利於人道、宗教及文明的進展。」〔註4〕美國需要在東亞尋找代理，而接受西方新思想的「明治政府」就成為首選。

　　從十九世紀中期開始，到 1895 年《馬關條約》割讓臺灣，美國或在檯面上或在幕後支持日本。日本吞併琉球、出兵臺灣甚至割讓臺灣等，美國都起著巨大的助力作用。

二、美國支持日本出兵征討臺灣

　　日本明治維新後開啟新的對外方針，就是要對歐美列強「開國和親」，同時繼承列祖偉業對外擴張。在對外政策上採取了「遠交近攻」的政策，一方面「脫亞入歐」，達到修改不平等條約的目的，一方面加入列強在東亞的角逐，對鄰近國家實施侵略擴張，打破「華夷秩序」，確定日本的東亞盟主地位。但從地緣政治上看，日本要想向外發展，不論是北向的亞洲大陸，還是南向的海洋，都需要解決朝鮮和琉球問題。

　　琉球古國本為宗藩體制下中國的屬國。1609 年，日本的薩摩藩侵入琉球，成為琉球歷史上重要的轉折點。從此，琉球實際上陷於中日「兩屬」境地，即一方面琉球仍然延續著對宗主國的朝貢關係，是中國的藩屬國；另一方面琉球在政治、經濟、社會、文化等方面，逐漸被日本薩摩藩實際控制，成為薩摩藩的附庸。明治維新以後，因「廢藩置縣」，主政的薩摩藩閥，萌生了吞併琉球的想法，但要具體實施，必須釐清琉球與中國的關係。

　　正當日本對琉球無計可施之時，恰好發生了「琉球難船事件」。資料證明，當「琉球難船事件」發生後，日本並沒有利用其想法，在天津的美國公使威妥

〔註2〕《甲午戰爭以前美國侵略臺灣的資料輯要》，第 156～161 頁。
〔註3〕《甲午戰爭以前美國侵略臺灣的資料輯要》，第 161～162 頁。
〔註4〕《甲午戰爭以前美國侵略臺灣的資料輯要》，第 167 頁。

士，向在清出差的柳原前光提出「出兵」建議，啟發了日本利用「漂流民事件」的思路。

美國駐日大使德郎，認為這是上天給美國的良機，「我認為我看到了個良好機會，這機會是：在李仙得將軍的幫助下，而他似乎是很願意幫助的，我們可以把許多最有用的資料供給日本政府，使其能成功地完成任務，同時把這個政府的觀點和意圖，美國所獲得的實際利益，以及對我和這政府的密切關係的增進等等，報告給我駐華使館和您知道。」〔註5〕他積極參與其中，向日本政府介紹了「臺灣通」李仙得。

美國公使向日本推薦李仙得的目的，就是利用李仙得實現由日本成為美國在亞洲「代理人」的目的：「我一向相信，鼓勵日本採取一系列的行動，使該國政府反對這個主義（中國與朝鮮結盟），而且使其與中朝兩國政府疏遠，成為西方國家的盟友，乃是西方國家外交代表所應採取的真實政策。在目前形勢上，我相信，我發現一個實行我這企圖的機會。可能不流血，但是，如果需要流血戰爭的話，我們可以使該項戰爭達到把臺灣及朝鮮置於一個同情於西方國家的國家旗幟下之目的。」〔註6〕

李仙得也沒有辜負德朗，向日本政府提出的一系列「覺書」及各種參考意見，使日本得到出兵侵略臺灣進而釐清中琉關係的新思路。李仙得也被日本著名思想家吉野作造稱為「日本外交的恩人」〔註7〕。日本政府利用了李仙得的番地所屬論及其「征臺」策略，儘管並未能達到佔領臺灣的目的，但卻實現了斷絕琉球兩屬關係，使中國承認琉球為日本所屬的目的，為佔有琉球創造了條件，拉開東亞格局改變的大幕。1879年，日本設沖繩縣完全吞琉球。

三、割斷朝鮮與中國的宗藩關係

從日本幕府末期，就不斷有日本人鼓吹侵略鄰國朝鮮，大久保利通及伊藤博文的老師、日本近代著名思想家吉田松陰提出「失之俄美，補之朝鮮」，是為「征韓論」典型代表。1868年，日本政府實行「明治維新」，開始走上學習西方走資本主義道路，對外則要「開拓萬里之波濤」，逐漸開始侵略擴張。

明治新政府向朝鮮傳遞國書，通告明治政府成立的消息，並希望朝鮮打開國門，擴大通商，同日本建立近代外交關係。當時朝鮮正值興宣大院君李昰應

〔註5〕《甲午戰爭以前美國侵略臺灣的資料輯要》，第183頁。
〔註6〕《甲午戰爭以前美國侵略臺灣的資料輯要》，第185頁。
〔註7〕吉野作造：《日本外交の恩人將軍李仙得》，《明治文化研究》1927年7、8月號。

攝政，厲行鎖國政策，再加上日本的國書中出現「天子」、「奉敕」等字樣，朝鮮方面對此非常不滿，多次將日本國書退還，加之釜山地方又發生了「倭館攔出」等事件，導致朝鮮方面限制日本人的活動，朝日關係一時十分緊張，陷入斷交狀態。

朝日緊張的關係使日本內部「征韓論」開始迅速蔓延，明治維新的元老人物西鄉隆盛、木戶孝允等人大力倡導征韓，致使日本政府內部圍繞「征韓」問題發生激烈鬥爭，內部分化為以大久保利通為首的「緩征派」和西鄉隆盛為首的「急征派」，1873 年秋隨著岩倉具視使團的歸國，兩派鬥爭白熱化，終於發生所謂「明治六年政變」，在明治天皇的親裁下，「緩征派」壓倒「急征派」，西鄉隆盛等與明治政府決裂，不少武士也對此憤慨不平，後來導致了著名的「西南戰爭」。

1874 年日本出兵入侵臺灣番地時，恰好朝鮮政局也發生變動，朝鮮的王妃閔妃取代強硬的興宣大院君而掌握政權，起用開化派朴珪壽為政丞，表現出開放國門的姿態，再加上清朝也在 1874 年夏向朝鮮傳達了由日意格提供的日本將在「征臺」結束後入侵朝鮮的情報，使閔妃集團更加重視與日本的關係，並向日方傳遞秋波。朝鮮新任倭學訓導玄昔運在 1874 年 9 月向日本駐朝鮮釜山的理事官森山茂表示隨時接待日本來使，並確立了「政府對等」的原則。1875 年 2 月，森山茂又來到朝鮮釜山，向朝鮮遞交新的國書。新國書中自稱日本為「大日本國」，而稱朝鮮還是「朝鮮國」，日朝交涉重新陷入僵局。

日本認定只有使用武力才能迫使朝鮮與日本建交。於是日本製造了「雲揚號事件」，1876 年以此為藉口強迫朝鮮簽訂不平等的《江華條約》；其後，利用朝鮮發生的「壬午兵變」及「甲申政變」進一步擴大在朝鮮的勢力以排擠宗主國中國，並於 1885 年與清政府簽訂《天津會議專條》（也稱《朝鮮撤兵條約》）。條約規定中日同時從朝鮮撤軍，由第三國教官訓練朝鮮軍隊，若朝鮮發生變亂或重大事件，兩國出兵時須互相知照。該條約默認了日本與中國均有出兵朝鮮半島的權利，日本事實上取得了與中國在朝鮮的對等地位，日本徹底割斷朝鮮與中國的宗藩關係，埋下了甲午中日戰爭的禍根，更為後來日本吞併朝鮮創造了條件。

四、趁法軍侵臺而占釣魚島

1884～1885 年的中法戰爭，法國對臺灣的入侵，馬尾海戰的失敗，直接

促成了清政府將臺灣建省，也認識到臺灣的重要性。臺灣建省後，有鑒於福建海軍的慘敗，清政府還設立了總理海軍事務衙門，計劃將北洋、南洋、廣東等水師置於統一領導，其目的是「防日」和「馭日」，應對西方和日本的海上挑戰。但腐敗的清朝雖打了勝仗，但實行了妥協退讓的方針，主持軍機處的王公大臣大多為貪黷之輩，即使臺灣建省，也是著眼於臺灣自身，並未將臺灣建省作為整個中國海防大戰略的重要一環來加以規劃，而給予高度重視。從首次提出臺灣建省至臺灣正式自成一省，歷經一百多年，中國的局勢東亞的格局，在這百年裏也發生了巨大變化。臺灣幾經被堅船利炮侵入的苦難，從清的疏於管理至守臺治臺，當時的國人才對臺灣地緣重要性才有初步的認知。

中法戰爭爆發前，日本政府在面對法國同盟邀請時，基於本國財政、海軍以及修約等問題的考慮，選擇了示好中國，婉拒法國的立場。而戰爭爆發後，日本政府轉而採取兩手策略，兩面下注投機。一方面，在中法問題上亦步亦趨地追隨英德美三國；另一方面，私下依舊在設法改善同中國的關係。此舉目的在於應對戰爭可能導致的不同結果，即如發生列強瓜分中國的狂潮或戰爭最終和平解決都能獲利。日本政府借助中法戰爭，提高了本國國際地位，促進了內政外交難題的解決，加速了軍備擴張的腳步。同時對琉球臺灣中間的釣魚島進行秘密調查，企圖借清政府忙於戰爭而偷偷竊占釣魚島。

五、清政府被迫割讓臺灣

1894 年春，朝鮮爆發「東學黨」農民起義，朝鮮政府於 6 月 3 日請求清政府派兵協助鎮壓。清軍首批部隊於 6 月 8 日抵朝鮮牙山。但早在 6 月 2 日，日本內閣就已作出入侵朝鮮、進而直接與清軍開戰的決定。日方先以欺騙手段誘使清軍入朝，繼則以清軍入朝為藉口，大批調遣日軍赴朝，迅速搶佔從仁川至漢城一帶各戰略要地。同時設立戰時大本營，作為指揮侵略戰爭的最高機構。7 月 23 日，日軍悍然攻佔朝鮮王宮，成立以大院君李是應為首的傀儡政府。25 日，日本駐朝公使大鳥圭介令大院君宣布廢除中朝兩國間的一切商約，並「授權」日軍驅逐屯駐牙山的清軍。當天，日本聯合艦隊發動豐島海戰，在豐島附近海域對中國運兵船及護航艦隻發動突然襲擊。日本陸軍第 5 師之混成旅也於 29 日向由牙山移駐成歡的清軍葉志超部發動進攻，清軍敗退平壤。8 月 1 日，清政府被迫對日宣戰。同一天，明治天皇也發布宣戰詔書。

日軍在第一階段作戰中，完成在朝兵力集結後適時調整作戰計劃，海陸同

時出擊。平壤之戰（1894）不但擊敗在朝清軍，且一舉將戰線推進至鴨綠江邊，直接威脅中國本土。清軍由於平壤迅速敗退，來不及在鴨綠江一線組織堅固防線，以致在第二階段作戰中仍然陷於被動。在海戰方面，北洋艦隊實力被嚴重削弱，日本聯合艦隊達到了控制黃海制海權的目的。

在戰爭的第二階段，清軍節節敗退，不可收拾。清廷內部的主和主張漸占上風。旅順口失陷後，日本海軍在渤海灣獲得了重要的前方基地。從此，渤海灣門戶洞開，北洋艦隊深藏於威海衛港內，戰局更加急轉直下。

日軍突破清軍鴨綠江防線之後，連占鳳凰城（今遼寧鳳城）、岫岩、海城等地。清政府調任兩江總督劉坤一為欽差大臣，委以指揮關內外軍事的全權，並任命湖南巡撫吳大澂和宋慶為幫辦，以期挽回頹勢。日軍佔領遼東半島後，清政府便開始通過外交途徑向日本請和。威海衛失陷後，清廷求和之心更切，遂派李鴻章為全權大臣，赴日議和。1895 年 4 月 17 日，中日《馬關條約》簽字，中國的遼東半島及美麗的臺灣卻被迫割讓給日本。

甲午戰爭對遠東戰略格局產生了深刻的影響。日本既占臺灣，又獲 2.3 億兩白銀的戰爭賠款，其資本主義經濟以此為契機更加迅速發展起來，並進一步擴軍備戰，開始成為遠東的主要戰爭策源地。而日本的崛起又改變了遠東地區英、俄對立和爭霸的原有格局。列強在遠東的角逐日趨激烈，預示著一個更加動盪不安的時代的到來。

第一章　中國古籍中記載的臺灣

　　臺灣史是中國歷史的一部分，但必須承認臺灣史又有其自身的特殊性。臺灣史中，自有文字記載以來的部分，統治者頻繁變動，歷經荷蘭、明鄭、清朝、日本及國民政府的統治，這其中除了88年的外國殖民統治，基本上就是一個漢民族移民開拓發展的歷史。在這段歷史中，臺灣與大陸時分時合，其中1683～1895年和1945～1949年兩度與中國大陸成為統一。另外，臺灣在近代，由於沈葆楨、劉銘傳等人的努力開發，工業的發展，早在清朝時期就領先於內地，特別是歷經日本五十年的殖民地統治，使臺灣成為近代中國東南沿海文明的前驅。早期兩岸臺灣史的研究及纂寫中，都是從中國史的脈絡開來，但近年來，隨著臺灣主體意識的增強，脫離中國聯繫的「南島民族本質」歷史觀開始出現，即透過語言學、考古學與人類學的研究，將臺灣原住民的遷徙史與所謂的南島民族聯繫起來，以塑造一個新的臺灣民族。這種歷史觀之所以出現，就是在於主張所謂「臺灣主體意識」人，要否認自己的唐山移民後裔身份，以達到脫離中國意識的目的。

一、從南島語族的起源看臺灣與大陸的關係

　　自臺灣解除戒嚴以來的臺灣史研究，由於其目的中含有極強的「去中國化」因素，故其研究重點，由大陸移民開發臺灣的歷史，轉向臺灣原住民的研究，特別強調臺灣原住民與大陸的區隔性，甚至不顧以往考古學的研究成果，強調臺灣的原住民是源自於「南島語系」而與大陸無關。事實上，臺灣自古就與中國大陸有著密切的聯繫，「南島語系」也不排除發源於中國大陸的可能，正如曹永和教授在《臺灣早期歷史研究續集》中所指出的那樣：「臺灣在地理

上，與大陸極為接近，分隔了東海及南海，並位於東北亞和東南亞的連接點上；在這種地理因素下，自史前時代起，臺灣便接納著由大陸東南沿海地方而來的種族以及文化的波動，並且是這些文化種族南漸或者北進的分叉路口。」〔註 1〕

臺灣原住民，是指漢民族大舉移居臺灣前，最早抵達臺灣定居的族群。臺灣各原住民族擁有各自的起源傳說，但近年來依據語言學、考古學和文化人類學等的研究推斷，臺灣原住民在臺灣的活動已經長達大約 8,000 年之久。那麼臺灣原住民從何而來，真是如高中歷史教科書綱要中說的那樣，是個「沒有歷史的民族」嗎？

對於臺灣原住民的起源，目前大體有兩種說法：其一為西來說，即認為臺灣原住民來自中國大陸華南的南島語族。其二為南來說，即認為臺灣原住民是來自南方海島南島語族，該族分布於中國大陸華南、菲律賓、馬來西亞、印度尼西亞、馬達加斯加和大洋洲等地的島嶼。

關於南島語的起源問題，是學界上熱門的一個研究題目。比較有代表性的說法，包括該語言起源於麥克羅尼西亞、中國長江之南、中南半島、西新幾內亞等六種不同說法。〔註 2〕下表為關於南島語起源的一些說法。

學說及年代	起源地	倡導者	證　據
麥克羅尼西亞（1947）	麥克羅尼西亞	C. E. Fox	（無）
中國學說（1952）	中國長江之南	凌純聲	根據文化的特質與古史的記載。
中南半島學說（1976）	古南島民族居住在中南半島沿海一帶的 Champa、中國與越南交界處、高棉、以及沿海的鄰近地區。	柯恩（H. A. Kern）	運用語言古生物學的方法以及一些線索。
西新幾內亞學說	西新幾內亞	戴恩（Isidore Dyen）	運用語言最紛歧（the greatest linguistic differentiation）的地區就是這個民族的古代居留中心，以及語言的分布、移民學說與詞彙統計法（lexical statistics）。

〔註 1〕曹永和：《臺灣早期歷史研究續集》，經聯出版，2000 年，第 6 頁。
〔註 2〕http://www.sinica.edu.tw/~pingpu/museum/linguistics/htm1/AN_1_2_2_1.htm。

| 葛瑞斯的學說 | 西部南島語 | 葛瑞斯（George Grace） | 由考古的、陶器的、語言的證據來探討史前民族在南中國及太平洋移動的可能路線與方向，並推測發生的年代。 |
| 施得樂與馬爾克的學說 | 臺灣 | 施得樂（Richard Jr. Shulter）與馬爾克（Jeffrey C. Marck） | 根據語言與考古的材料以及對於材料的解釋，再加上戴恩的語言分布與遷移學說。 |

此表根據臺灣中央研究院平埔文化信息網內容整理而成。
參見：http://www.sinica.edu.tw/~pingpu/museum/linguistics/htm1/AN_1_2_2_1.htm。

　　從上表內容來看，六個學說中，「麥克羅尼西亞」與「西新幾內亞學說」似與中國大陸沒有聯繫，而「中國學說」、「中南半島學說」、「葛瑞斯的學說」及「施得樂與馬爾克的學說」等四個學說，都直接認為南島民族的來源，與中國大陸有密切的關聯。

　　「麥克羅尼西亞」本為一種臆測之說，其認為：古南島民族是現代波里尼西亞人的遠古祖先……。他們來自何處我們並不知道。MacMillan Brown 可能說對了，起源地在麥克羅尼西亞，後來陸地沉沒，或被海水淹沒，把他們趕向西、向南，最後向東。〔註3〕

　　「西新幾內亞學說」學說創始人戴恩（Isidore Dyen），是運用了薩皮耳提出的「語言最紛歧（the greatest linguistic differentiation）的地區就是這個民族的古代居留中心。」的觀點來推論南島民族的起源地。他認為，如果以一些共同的語音演變，作為語言分類的根據，那麼臺灣地區以外的南島語言，都有共同的語音演變，即*t 與*C 的合併，*n 與*N 的合併等等，所有這些語言就自成一個支系，可以叫做「臺灣區外的古南島」（Proto-Extra-Formosan）。臺灣的語言系統仍維持著一種較為紛歧的狀況，若由這個語音演變的證據來看，臺灣也很可能是南島民族的起源地。但臺灣南島語言有一群的同源詞，似乎足可證明臺灣南島語言自成一個支系，可以叫做古臺灣南島語（Proto-Formosan）。由此來看，臺灣則較為不可能是古南島民族的起源地。〔註4〕

　　「中國學說」的倡導者為凌純聲先生，他從中國古籍中去尋找東南亞各民族的來源。他在著作《東南亞古文化研究發凡》中認為，東南亞古文化圈分布的區域，除了包括東南亞的半島和島嶼，還有中國大陸的部分，即北起淮河秦

〔註3〕http://proj1.sinica.edu.tw/~pingpu/museum/linguistics/htm1/AN_1_2_2_1_1.htm。
〔註4〕http://proj1.sinica.edu.tw/~pingpu/museum/linguistics/htm1/AN_1_2_2_1_4.htm。

嶺，東達於海，橫過中國中部和南部，西經滇緬，而到印度的阿薩姆。這一廣大區域又可分為三個副區：大陸區、半島區、島嶼區。東南亞古文化起源於中國大陸，向南遷移，和當地文化混合，其後又有其他文化傳入，因此各區的文化層次不同。凌先生主要根據文化的特質與古史的記載，特別是第三世紀初葉三國時東吳沈瑩所著的《臨海水土志》〔註5〕一書的記載，來證明臺灣土著民族與古代閩越人是同一文化系統的民族，即臺灣土著並不是新入的馬來系，而是在古代與原來廣義的苗族為同一民族，居於中國大陸長江之南，屬同系的越濮（或越獠）民族，今稱之印度尼西亞或馬來族。〔註6〕另外，凌純聲還認為，從文化的特質上來看，臺灣的土著，保持著東南亞古文化的許多特質，如：獵首、文身、缺齒、拔毛、口琴、織貝、卉服、貫頭衣、腰織紡織、父子連名、親族外婚、老人政治、年齡分級、靈魂崇拜等。

「中南半島學說」的代表者柯恩於 1889 年發表《斷定馬來亞波利尼西亞民族起源地的語言學證據》一文，使用語言古生物學的方法，比較了遍布各地區的一百多種南島語言，得到初步的結論為：南島民族起源地若不在印度尼西亞就在中南半島的東岸，最北到中國的南疆，在北回歸線以南；最南部會超過爪哇，大約南緯八度。〔註7〕這說明「中南半島學說」也認為南島民族起源地可能發自北回歸線以南的中國大陸。

儘管有各種說法，但自從施得樂（Shutler）與馬爾克（Marck）在 1975 年發表論文《On the Dispersal of the Austronesian Horticulturalists》後，臺灣是南島語最有可能的發源地之說法，就逐漸被國際學界所接受。特別是在 Peter Bellwood 於 1991 年在《Scientific American》上發表此問題的相關論文後，「南島語的發源地在臺灣」這一個陳述，幾乎已經成為多數學者的共識。

如果確定南島語的發源地在臺灣，是否意味著臺灣原住民與中國大陸諸

〔註5〕地方志，可能是記述臺灣風土人情的第一部著作。作者沈瑩，三國時吳人，曾任丹陽太守。《臨海水土志》是臨海郡的地方志，該郡的範圍北起浙江寧海、天台，南到福建的羅源、連江。書中描述了當時「夷州」的地理位置、氣候及島上「山夷」的生活及風俗習慣等待情形。根據該書所記載的「夷州」的位置，是在臨海郡東南方二千里的海上，與臺灣的地理位置大致相合。因此人們認為該書所記載的「夷州」應當是今天的臺灣。《臨海水土志》一書現已失傳，只能從宋代的《太平御覽》的「四夷部」中，看到部分的殘篇。參見：《臺灣史小事典》，遠流出版，2006 年，第 9 頁。

〔註6〕http://www.sinica.edu.tw/~pingpu/museum/linguistics/htm1/AN_1_2_2_1_2.htm。

〔註7〕http://www.sinica.edu.tw/~pingpu/museum/linguistics/htm1/AN_1_2_2_1_3.htm。

人種沒有血源上關係呢？施得樂（Shutler）與馬爾克（Marck）的論文《On the Dispersal of the Austronesian Horticulturalists》（1975），在南島語族的親屬關係上採取了卞尼德（Paul Benedict）的學說，認為南島語族與 Kadai 語族（包括海南島的黎語、大陸上的 Kelao 等等語言）及傣語群像親屬關係。以上三個語群的共同起源地，在中國南部這個觀點「似無辯駁的餘地」。施氏與馬氏得到的結論為：傣、Kadai、南島的共同母語的起源地在亞洲南部，即華南與中南半島北部一帶，大約公元前一萬年，這三個語群的共同母語社會（proto community）可以與村田忠禧繩紋陶文化連起來，公元前九千年之後從母語分裂的一支，即古南島民族，可能就已遷移到臺灣來。古南島民族的起源地有三種可能：（一）臺灣，（二）南洋群島，（三）其他地方（例如華南）。他們認為以臺灣為南島民族的起源地為較好，理由有二：（一）臺灣燒山林開墾的時代最早而且有繩紋陶文化的傳統，（二）離大陸傣與 Kadai 地區最近。如果起源地不在臺灣，那就難以解釋為什麼這裡很早就有園藝。總而言之，根據考古的證據、南島語最紛歧的地區以及地理上最接近相關（有親屬關係）的語言區，這三者都顯示最佳選擇為：臺灣是南島民族起源地。這雖不是絕對的，卻是最佳的解釋。〔註8〕施得樂與馬爾克的學說如果能被大多數人接受，那就更盡一步說明，臺灣原住民在遺傳學和語言學的分類上，儘管屬南島民族（Austronesian），但卻很大可能是來自於中國大陸。

通過以上分析，可以看出「麥克羅尼西亞」本為一種臆測之說，「西新幾內亞學說」學說是從語言語音學來探討臺灣是否是南島語族的發源地，其並沒有確定臺灣為南島語的發源地。而其他四種學說中，全部斷定臺灣的原住民，可能與南中國大陸有著密切關係。特別是普遍接受的「施得樂與馬爾克的學說」，即認為臺灣為「古南島民族」的發源地，但不論從遺傳學還是從語言學，很大可能是來自於中國大陸。故利用「臺灣是南島民族發源地」之說，來證明臺灣原住民與中國大陸沒有任何聯繫的說法，完全是有目的政治操弄。

二、考古學證明大陸與臺灣關係密切

臺灣的臺灣史研究中有將臺灣原住民說成為「沒有歷史的民族」。2004 年版《普通高級中學必修科目「歷史」課程綱要》將「臺灣原住民族」部分的重點定為：考古發掘與史前文化；『沒有歷史的民族』的歷史。從這兩個重點說

〔註 8〕http://www.sinica.edu.tw/~pingpu/museum/linguistics/htm1/AN_1_2_2_1_6.htm。

明來看，臺灣的史前史，是從考古發掘中體現出來的，但其展現出來的歷史卻是「沒有歷史民族的歷史」，這種令人費解的模糊性的說法，甚有欺騙性。

這種敘述歷史的用意，顯然是將臺灣史的源起，完全與中國大陸分離開來。臺灣考古發掘所體現出的史前文化，真的和中國大陸沒有關係嗎？臺灣早期的民族沒有自己的歷史嗎？

要想探索臺灣早期的歷史，必須從臺灣的地理變遷入手。根據地質學家的說法，地球的歷史距今至少有二十億年。〔註9〕根據葉振輝在《臺灣開發史》中的研究，在史前時代，臺灣與大陸原繫連體，其後曾有過三度的分合。〔註10〕在亞洲大陸形成時，臺灣與大陸同屬歐亞板塊東緣的單位，臺灣與大陸是沒有分離開來的，臺灣的東海岸，是當時歐亞大陸的邊緣。〔註11〕在古生代晚期，造山運動開始的時候，由南嶺延伸而成的臺灣灘開始形成。臺灣灘在今天台灣海峽海底中央處，深度僅約二十公尺，是臺灣海峽地勢最高的地方，但那裡，也就是一萬年前，臺灣還與中國大陸相連。〔註12〕

根據考古學家的研究，臺灣早在三萬至五萬年前就有了人類活動的遺跡，那時正值第四季冰河期，臺灣海峽還是陸地，人與動物可從亞洲大陸直接遷徙過來。〔註13〕但從第四紀冰河期以來，海平面開始上升，精確地說，在一萬八千年前至六千年前，今天的臺灣海峽開始形成，臺灣與大陸再次分離。〔註14〕

根據考古學家們的觀點，臺灣史前文化具體又分為七個文化層，即繩紋陶器文化層、網紋陶器文化層、黑陶文化層、有段石斧文化層、原東山文化層、巨石文化層、菲律賓文化層。在這七個文化層中，前四個層來自中國，後四個接近南洋。〔註15〕第七層大約是在六世紀至九世紀之間，此後臺灣就進入了歷

〔註9〕這二十億年具體的地史分類為：最早的是太古代（約有六億年）和元古代（約五億年），其次是古生代（約有六億年），再次為中生代（約有二億年），再次為中生代（約有二億二千萬年），最近則為新生代（約有八千萬年）。參見：孫鼎，《普通地質學》，臺灣商務印書館，1965年，第224頁。

〔註10〕葉振輝：《臺灣開發史》，臺原出版社，1999年，第13～19頁。

〔註11〕林朝啟：《從地質學說看臺灣與大陸的關係》，《臺灣史蹟源流》，臺灣省委員會，1981年，第17頁。

〔註12〕林朝啟：《從地質學說看臺灣與大陸的關係》，第70頁。

〔註13〕周婉窈：《臺灣歷史圖說（史前至一九四五年）》，經聯出版事業公司，2000年，第12頁。

〔註14〕陳民本譯，JamesP.kennett原著：《海洋地質學》（上），南山堂出版社，1986年，第336頁。

〔註15〕凌純聲：《古代閩越人與臺灣土著族》，載於《臺灣文化論集》（一），中華文化

史時代。

《裨海紀遊》（臺灣省文獻委員會，1984 年）所記載的《土番竹枝詞》中曾云：聞道金亡避元難，颶風吹到始謀居。如果此言可信的話，那麼至少在十二世紀時，便有大陸華北人輾轉來到臺灣，成為臺灣原住民的祖先之一。〔註 16〕

又根據劉益昌的《臺灣的考古遺址》中的研究，臺灣史前時代文化經過近百年來的研究，整理出的大致架構為：

1. 舊石器時代晚期——長濱文化、綱形文化
2. 新石器時代早期——大坌坑文化
3. 新石器時代中期——圓山文化、訊塘埔文化、牛罵頭文化、牛稠子文化、東海岸繩紋紅陶文化
4. 新石器時代晚期——芝山岩文化、圓山文化晚期、植物園文化、土地公山系統文化、營埔文化、大湖文化、鳳鼻頭文化、卑南文化、花崗山文化、麒麟文化
5. 金屬器時代——十三行文化、二本松系統、谷關係統、番仔園文化、大邱園文化、崁頂文化、蔦松文化、比鼻烏系統、北葉文化、龜山文化、靜浦文化〔註 17〕

以上文化系統的變遷及演化，是考古學者透過對遺址及遺物的具體分析與研究，所建立起來的有關史前時代社會的技術系統、生活形態、聚落形態、社會組織等相關體系，以使後人瞭解史前時代社會的運作及變遷情形。那麼這五個時代與中國大陸的關係又如何呢？我們將臺灣學者研究的情況整理成下表，通過它的分析就可明顯分辨出其與中國大陸的關係。

臺灣史前文化與中國大陸史前文化遺址關係表：

時代名稱	代表遺址	年代	與中國大陸的關係
舊石器時代晚期	長濱文化、綱形文化、左鎮人等。	至少 15000 年前；10000 年	這兩個文化年代和華南舊石器時代晚期相同，但延續到較晚；從遺物形態而言，綱形文化出土的文物與廣西新州地區的石器群相似；長濱文化無疑也與廣西百色、上宋及貴州南部與義縣的貓貓洞文化有密切的關係。

出版事業委員會，1954 年，第 1 頁。
〔註 16〕葉振輝：《臺灣開發史》，第 13 頁。
〔註 17〕劉益昌：《臺灣的考古遺址》，張炎憲等主編，《臺灣史論文精選》（上）玉山社，1996 年，第 33 頁。

新石器時代早期	大坌坑文化。		這個文化的頒布地區廣及大陸東南沿海的閩南廣東二地，臺灣地區的大坌坑文化可能是從大陸地區同一個文化的族群移民而來。
新石器時代中期	圓山文化、訊塘埔文化、牛罵頭文化、牛稠子文化、東海岸繩紋紅陶文化等。	距今 4500 至 3500 年，部分文化可能接近 5000 年	圓山文化來源可能是廣東沿海的海豐到香港之間，可能比較接近韓江流域為中心的三角尾——菝仔園文化的早期階段；牛罵頭文化、牛稠子文化應是從大坌坑文化時期發展而來的；繩紋紅陶文化，確實和福建同一時代的曇石山文化有許多共同的要求和密切的來往。
新石器時代晚期	圓山文化晚期、植物園文化、芝山岩文化、營埔文化、大湖文化、鳳鼻頭文化、卑南文化、麒麟文化等。	距今 3500 年到 2000 年之間	圓山文化是一種持續性的發展而來，營埔文化也可證明是由牛罵頭晚期逐漸發展，大湖文化的來源雖沒有直接的證據，但從大湖文化和鳳鼻頭遺址灰陶期相關的情形，不能排除是牛稠子文化受鄰近鳳鼻頭遺址發展的影響所致。鳳鼻頭文化是鳳鼻頭遺址繩紋紅陶期受曇石山文化影響的持續發展似乎可以肯定，至於東部地區的卑南文化和麒麟文化的來源，目前尚無法定論，但從卑南遺址卑南文化層下部出土有少量繩紋陶的情況而言，卑南文化可能也源自繩紋紅陶。臺北盆地的芝山岩文化，黃士強教授認為是從浙南及閩北地區移民的；植物園文化也可能是福建南部地區印軟陶的後裔，這兩個文化可說是這個時代與大陸東南沿海地區最密切的史前文化。
金屬器時代	十三行文化、番仔園文化、蔦松文化、龜山文化、靜浦文化、崁頂文化、北葉文化、大邱園文化等。	距今 2000 年至 4000 年之間	推測十三行文化可能是植物園文化接受東南沿海地區冶煉及燒製火候更高的陶器技術之後的進一步發展。龜山文化目前只發現一處遺址，其文化相貌和南部地區及恒春半島的其他文化均不相類，可能只是偶發性的移民；其他的大邱園文化、番仔園文化、蔦松文化、靜浦文化可能都是本地新石器時代晚期文化的後裔。

此表根據劉益昌的《臺灣的考古遺址》內容整理而成，將來來自《臺灣史論文精選》（上）第 34～41 頁。

　　根據學者的研究，臺灣史前從舊石器時代到金屬器時代的文化遺址，幾乎無一例外的與中國大陸有密切的關聯。日本著名人類文化學者伊能嘉矩曾在《臺灣文化志》中歸納認為：「要之，彼等因與漢人接觸，知得鐵器之使用，

其末期極在近代也。」〔註18〕但也有一些臺灣學者反對這種意見，認為：通常認為臺灣的史前文化是臺灣原住民族的祖先所留下來的說法仍有一些需要澄清之處。〔註19〕例如金屬時代的代表遺址十三行來看，其下層為赤褐色網紋硬陶文化層（即十三行文化層），上層則是近代的漢文化層。〔註20〕其出土的二百多件銅器文物，其中有九十多枚中國大陸唐宋時代諸如開元通寶、乾元重寶、太平通寶、淳化元寶、至道元寶和咸平無寶〔註21〕等錢幣，另外還有唐宋時代的銅碗及瓷片等。這些都說明，在沒有文字記載時代的臺灣，與中國大陸的密切往來。考古學家研究還認為，十三行遺址有三個文化人群居住過，最早一批人是所謂的「圓山文化人」，另一群人則為「十三行文化人」，最後一群人則是清代中葉之後從中國福建渡海來的漢人移民。

三、古籍所記載的臺灣與大陸的關係

根據日本著名人類文化學者伊能嘉矩的《臺灣文化志》記載：「由臺灣本島及其附屬諸島形成，於狹窄臺灣海峽內一弓狀之特徵，證明某一過去時代由中國大陸分離而成之地質學者之考定，姑置之不論，但有斯形勢相接近之關係，更伴著西鄰中國大陸與臺灣島群間密切之人文上之沿革，則不容等閒視之，如斯臺灣歷史上最初確認其位置存在之發現者，自然屬中國漢族。」〔註22〕伊能嘉矩的觀點恰好很好地認證了上述二項中關於語言學及考古學中臺灣與中國大陸的關係的正確性。

臺灣正式被併入行政區域，以元代最早。元以前的情形，目前沒有一個統一的說法，但研究者可從一些古籍的記載來認定，漢人很早就在臺灣進行活動。研究者認為《尚書・禹貢》篇中的「島夷」，《史記・秦始皇本紀》中的「蓬萊」、「方丈」、「瀛州」，《漢書・地理志》中的「東鯷」，《三國志》中的「夷州」可能就是指今日的臺灣。而與臺灣地理、氣候、地形及住民最與臺灣相符的，是吳國丹陽太守沈瑩在其所著的《臨海水土志》中的記載：

〔註18〕（日）伊能嘉矩：《臺灣文化志》（上），臺灣省文獻委員會，1991 年，第 39 頁。
〔註19〕劉益昌：《臺灣的考古遺址》，張炎憲等主編，《臺灣史論文精選》（上），玉山社，1996 年，第 41 頁。
〔註20〕http://zh.wikipedia.org/wiki/%E5%8D%81%E4%B8%89%E8%A1%8C%E9%81%BA%E5%9D%80。
〔註21〕臧振華：《十三行的史前居民》，臺北縣立十三行博物館，2001 年，第 45 頁。
〔註22〕（日）伊能嘉矩：《臺灣文化志》（上），第 25 頁。

　　夷州在臨海東南，去郡二千里。土地無雪霜，草木不死。四面
是山（溪），眾山夷所居。山頂有越王射的正白，乃是石也。此夷各
與為王，分割土地人民，各自別異。人皆頭穿耳，女人不穿耳。作
室居，種荊為蓄郭。土地饒沃，既生五穀，又多魚肉。舅姑子婦男
女臥息共一大床，交合之時，各不相避。能作細布，亦作斑紋布，
刻畫其內，有文章以為飾好也。其地亦出銅鐵，唯用鹿角矛以戰鬥
耳。磨礪青石以作矢鏃、刀斧、環貫、珠璫。飲食不潔，取生魚肉
雜貯大器中以鹵之，曆日月啖食之，以為上肴。呼民人為彌麟，如
有所召，取大空材十餘丈，以著中廷，又以大杵旁舂之。聞四、五
里為鼓。民人聞之，皆往馳赴會。飲食皆踞相對，鑿木作器，如豬
槽狀，以魚肉腥臊安中，十十五五共食之。以粟為酒，槽貯之，用
大竹筒七寸飲之。歌似犬嗥，以相娛樂。得人頭，斫頭腦，駁其面
肉，取犬毛染之，以作鬚眉髮。編貝齒以作口，出戰臨鬥時用之，
如假面狀，此夷王所服。戰得頭，著首還，中庭建一大材，高十餘
丈，以所得頭，差次掛之，歷年不下，以彰其功。又甲家有女，乙
家有男，仍委父母往就之居，與作夫妻，同牢而食，女已嫁皆缺去
上前一齒。〔註23〕

　　另外《隋書》中有關「流求」的記載，被認為可能是指今天的臺灣。但也
有少數學者認為，這個「流求」可能是今天的沖繩。《隋書》中寫道：流求在
建安郡海中，船行五天就能到達，盛產稻、梁、麻、豆等，有豬、雞，沒有牛、
羊、驢、馬，用石錯墾地，各村以善戰之人為首領，族人各自分立，沒有上下
的禮節，首令所居之地，都掛著骷髏，戰死者由眾人分食。〔註24〕這個記載與
《臨海水土志》相比，可以看出它們之間的相承性。

　　《隋書》還記載，在公元 607 年，隋煬帝曾下令羽騎尉朱寬與海師何蠻，
航行到達「流求」。第二年又命令牛寬再去慰撫，沒有得到回應，只帶回當地
的一些衣物。610 年又派遣武賁郎將陳棱及朝請大夫張鎮周，率領東陽兵萬餘
人，航行到達流求。陳棱要求當地酋長投降，被拒絕，於是隋軍俘虜數千人而
返。

　　如果確定《隋書》所說的「流求」真是為今天的「臺灣」的話，那麼早在

〔註23〕（日）伊能嘉矩：《臺灣文化志》（上），第 27 頁。
〔註24〕陳孔立著：《簡明臺灣史》，九洲圖書出版社，1998 年，第 9 頁。

隋時，臺灣就已經被大陸王朝所重視，但這個歷史是否是事實，今天無法考證。

　　進入宋、元以後，可以明確在認定當時所稱的「流求」、「琉求」即是指今天的臺灣，但卻常常與今天的琉球混為一談。而澎湖作為臺灣與大陸中間的一個島嶼，卻早在宋朝代就被明確記載下來。

　　趙汝适的《諸蕃志》中寫道：泉有海島曰澎湖，隸晉江縣。這說明早在宋朝時，澎湖已經被殖入宋的行政區域之內。而宋代文獻中所說的汪大猷為泉州郡守之時，海上沙洲數萬畝的「平湖」，自是指今天的「澎湖」了。

　　當時有毗舍邪人侵入「平湖」，割盡人民所種之作物。汪大猷認為每年春季派兵去駐守，秋天返回的做法費力太大，因則在當地造屋二百間，派兵駐守。這說明當時的澎湖不僅被列入到宋的行政區域內，還在島上派兵戍守。

　　元初時期，積極經略海外，曾派兵南征安南、占城和爪哇，兩次東征日本，對於近在咫尺的臺灣，自然不能無意，故曾有兩次招撫臺灣之舉。據《元史》留求傳記載，至元二十八年（1291 年）冬十月，元世祖派遣楊祥、吳志斗、阮鑒等一行，攜帶詔書，出使招諭留求。次年春夏之交，他們自澎湖出發，遇到一個「山長而低者」的地方，派人登岸察看，因言語不曉，被殺死三人，遂無功而還。對於此行，他們內部意見分歧，楊祥以為到了留求，要求阮鑒、吳志斗出具「已到留求文字」，而二人則不同意。

　　就事理推斷，此行既從澎湖出發，到達海上「山長而低者」的地方，這裡的人不曉語言，自是番人居住的地方，因而可能是臺灣西海岸的某個地點。這個「山長而低者」的地方，不可能是澎湖群島的某個島嶼，因為澎湖群島僅有漢民，而無番人。

　　元成宗大德元年，福建省平章政事高興言：「琉求宜招，宜伐，不必他調兵力，就近試之。」曾遣派省都撫張浩，福州新軍萬戶張進征討臺灣，結果除得 130 多名俘虜外，無功而返。〔註 25〕

　　元代兩次招撫臺灣沒有結果，但在澎湖卻有建置，設立了巡檢司，隸屬於泉州府同安縣。

　　元澎湖巡檢司的設立，是繼宋代將澎湖列入晉江縣後，再次將澎湖列入到中華王朝帝國的行政區域內的有力證明。這也證明將澎湖建立正式政權機構的開始，說為元朝是不準確的。但對於元代澎湖巡檢司設置於何時？目前學者有不同意見，尚無定論。

〔註 25〕種村保三郎著，譚繼山譯：《臺灣小史》，武陵出版有限公司，2000 年，第 30 頁。

據元人汪大淵的《島夷志略》說：「至元間，立巡檢司。」但元代有兩次「至元」年號，一為元世祖的「至元」（1264～1294 年），一為元順帝的「至元」（1335～1340 年）。《島夷志略》所謂的「至元」，是指哪次「至元」而言？

清代所修的臺灣地方志，如范咸的《重修臺灣府志》、謝金鑾的《續修臺灣縣志》、魯鼎梅主修的《重修臺灣縣志》、林豪原纂、薛紹元刪補的《澎湖廳志》、清人顧祖禹的《讀史方輿紀要》等，大都認為元代澎湖巡檢司設於元朝末年。而根據一般史書及元史、新元史，認為，1281 年（元世祖至元十八年）蒙元世祖遠征日本因風失敗，迂迴臺灣，道經澎湖設治澎湖，企圖進取臺灣，作為征日本之準備。所以，澎湖巡檢司的設立最早可能是在第一個「至元」的1281 年。

放開澎湖巡檢司的設置時間問題，看巡檢司的行政區域可以看出另外的問題。澎湖巡檢司隸屬於福建泉州府，主官為澎湖寨巡檢。澎湖巡檢司確實將澎湖群島的劃歸到元的行政區內，也因此說臺灣島也因澎湖巡檢司的設立而歸於元的行政區域內，還值得商榷。如果當時臺灣島已經明確歸於元的行政區域，就不需要多次進行征討。但這不能說明那時的臺灣不是元帝國的領土。

如果要定位早期臺灣與大陸的關係，必須得從自古東亞的國際秩序框架展開。在古代東亞的歷史舞臺上，「自古即是以中國為中心的冊封體制為主導，結合了周邊各國而形成一完整的世界。」〔註26〕古代時期，東亞各地方都缺乏明確的國家觀念，各王朝所持有的是天下觀。天下觀起源於先秦時期，《詩·小雅·北山》所載「溥天之下，莫非王土」即指此意。這種華夏民族對自然疆域的看法，被歷代以正統自居的王朝普遍接受，即便是少數民族入主中原後建立的王朝亦是如此。按照天下觀的思想，這一自然疆域內的所有土地都是天子的領地，所有人民都是天子的臣民，並不存在一個與中原王朝對等的國家實體。領土的擁有者一般都有明確的領土意識，卻未必有主權意識，而往往根據各自的標準來決定哪裏屬自己的疆域。因此也就沒有明確的邊界的概念，但是有邊疆的概念。

所謂邊疆，僅指處於中原王朝邊緣的地帶。在中國古代數千年的中原王朝發展史上，總能遇到一些或強或弱的邊疆政權。當這些邊疆政權弱於中原王朝時，則以羈縻、藩屬等名義與中原王朝形成間接歸屬或名義上的歸屬；而當這些政權比較強大時，則往往與中原王朝發生戰爭，兩者的軍事控制線就有了邊

〔註26〕曹永和：《臺灣早期歷史研究續集》，經聯出版，2000 年，第 2 頁。

界的意義。但是，這仍是發生在中華自然疆域內的事情，在理論上和法理上都與近代國家之間的邊界有著本質上的區別。

在「溥（普）天之下，莫非王土。」的觀點下，因此王朝的疆域範圍不在於實際上應該到哪裏，而是皇帝接受到哪裏，或者是哪裏的人有資格作皇帝的臣民。被稱為「夷、狄、戎、蠻」的人，是所謂「天子不臣」的對象，是沒有資格作皇帝臣民的，所以不能算「中國人」，他們居住的地方也就不能算「中國」的疆域，只能是「化外」。故常常有這樣的情況：明明當時的朝廷已經控制了這些政權，或者管轄了這些地區，統治者卻偏要說它們「不通中國」、「非我朝所有」，在列舉自己疆域範圍時不把它們算在內。

根據史料的記載，古代時臺灣島上儘管有原住民居住，但沒有形成一個統一的政權，其地理位置距離大陸遠遠近於琉球等藩屬國，故其不論在理論上還是在實際上，都應當是「中國」王朝帝國邊緣地帶的一部分。

小結

臺灣在遠古時代與大陸是聯接在一起的，後來由於地質構造的改變，海峽才將臺灣與大陸隔離。在漢民族進入臺灣之前，臺灣只有原住民長期居住。以那個時代的航海技術，臺灣島的原住不可能從菲律賓那麼遠的地方過來。所以現今臺灣的臺灣史研究中將臺灣人種的起源說成為「南島語族」，顯然是有意識的操弄。而根據中央研究院的研究，所謂的南島語族中的多個起源也與中國大陸有著密切的關係。特別是普遍接受的「施得樂與馬爾克的學說」，即認為臺灣為「古南島民族」的發源地，但不論從遺傳學還是從語言學，很大可能是來自於中國大陸。故利用「臺灣是南島民族發源地」之說，來證明臺灣原住民與中國大陸沒有任何聯繫的說法，完全是有目的政治操弄。而根據考古學的研究，臺灣史前從舊石器時代到金屬器時代的文化遺址，幾乎無一例外的與中國大陸有密切的關聯。這些都證明，在沒有文字記載時代的臺灣，與中國大陸的密切往來，那個時代的臺灣島上儘管只有原住民居住，但沒有形成一個統一的政權，其地理位置距離大陸遠遠近於琉球等藩屬國，故其不論在理論上還是在實際上，都應當是「中國」王朝帝國邊緣地帶的一部分。臺灣正式被併入行政區域地在元代。元以前的情形，目前雖沒有統一的說法，但從一些古籍的記載來認定，漢人很早就在臺灣進行活動了。

第二章　臺灣島與中華王朝連接的開始

　　臺灣位於中國大陸東南海面，海域所至，兼及東海、南海和太平洋，西隔臺灣海峽與福建、廣東兩省相望。從歐洲、非洲、南亞和太平洋，到中國東部沿海的船隻都要從這裡經過，從大西洋、地中海、波斯灣和印度洋，到日本海的船隻一般也要經過這裡。16 世紀重商主義開始後，海上的貿易成為積累財富的重要手段。隨著走私貿易的盛行，使得環中國海的海上交通開始出現繁華，處於此路線中轉位置的臺灣島，由於不被以陸上防禦為重點的中華王朝帝國所重視，遂成為各方海商及海盜〔註1〕的聚集地。由於這些海盜對大陸的侵擾，中華王朝帝國開始將臺灣納入到其帝國的行政。

一、大明帝國的行政因海盜涉足到臺灣本島

　　明朝基本上繼承了元朝的疆域。但明朝的疆域並不穩定，尤其是在北方和西南，幾次有幅度不小的退縮，一般以長城一線為明朝的北界。當時，今新疆、

〔註1〕意指在專門在海上或沿岸搶劫其他船隻的犯罪者，是一門相當古老的犯罪行業。自從人類開始利用船隻運輸以來，海盜便應運而生。特別是航海發達的十六世紀之後，只要是商業發達的沿海地帶，都有海盜。此犯罪行業獨特的是，海盜者多非單獨的犯罪者，往往是以犯罪團體的形式打劫。在世界上有相當多的典籍記載海盜的行跡。也因此有許多古老的字專稱某一時期的海盜，如中文的倭寇尤指 17 世紀與 18 世紀在西印度群島掠奪西班牙船隻的海盜（一般譯成巴巴利亞海盜）。在 1691 年至 1723 年這段時間，被稱之為 30 年的海盜「黃金時代」，成千上萬的海盜活動在商業航線上，這個時代的結束以巴沙洛繆‧羅伯茨的死為標誌。此外，有許多政治人物，探險家也都出身於海盜家庭。如臺灣鄭成功的父親鄭芝龍原是海盜，英國探險家弗朗西期‧德瑞克，十世紀的丹麥國王哈薩克拉爾德。http://zh.wikipedia.org/wiki/%E6%B5%B7%E7%9B%9C、

內蒙古、青海和甘肅的一部分,分別建有別失八里、韃靼、瓦剌等政權。他們時常進犯,苦於應付北部的騷擾,所以明朝的防禦主要在北部及西北部。但這個時代,世紀已經進入了重商的所謂大航海時代。葡萄牙、西班牙、荷蘭人的船艦紛紛東來,尋求海外殖民地及貿易商機。剛結束戰國時代的日本,亦對海外殖民與貿易產生興趣。

當時中國的明朝政府忙於北部的防禦,重農主義也使其對海外拓張領土缺乏興趣。特別是其國際秩序的特點,是將冊封體制與朝貢貿易結合為一體,並將東亞諸國間的往來,都納入到這個體系中。但這種體制並不符合現實需要,特別是在世界重商主義濫殤之後,在這個朝貢體系之外,自然就茲生出來自中國東南沿海的走私商人、日本的商人及東南亞各地的商人,突破朝貢貿易體制的限制,自行經營貿易。在這種國際背景下,地處中華帝國邊緣海上,位於東亞海上交通的重衢臺灣,轉而站在了世界的面前。

儘管從考古學、文化人類學的考證上,臺灣很早就與大陸有著聯繫,但漢民族在臺灣的活動,及中華文化對臺灣的影響,確實沒有非常確切的歷史文字資料記載來證明。而臺灣最終成為以漢民族為主體的社會,明時期的漢民族海盜集團,實在其中扮演了關鍵性的角色,而最早進入臺灣的,就是這股來自中國民間的海上武裝力量。

這些海盜肆掠中國沿海,橫行海上,遇到明朝派兵追剿時,則遠遁大洋,以避官軍。臺灣就成了這些海盜的巢穴,做為養兵休息及後勤補給的基地之一。根據志書的記載,最早進入臺灣本島的海盜可能是林道乾。他曾在 1563 年被明朝都督俞大猷追擊至澎湖後,進入臺灣,並由安平鎮轉道占城。1574 年,林鳳被明朝總兵胡守仁所追至澎湖,其後也到達臺灣的魍港。〔註2〕

乾隆范咸《重修臺灣府志》對此事也有記載:嘉靖四十二年,林道乾寇亂邊海,都督俞大猷逐道乾入臺,偵知港道紆回,不敢進,留偏師駐澎,時哨鹿耳門外。道乾以臺非久居所,遂恣殺土番,取膏血造舟,從安平二鯤身際間遁去占城。

此後又有吳平、許朝光、曾一本等海盜,據澎湖為據點,出沒於南海,俞大猷擔心澎湖成為海盜的巢穴,擴充了島上的兵力防備,巡檢司制度再度復活。

除了海盜到臺灣活動以外,當時還有許多大陸的商船及漁船進入臺灣活

〔註 2〕張勝彥等編著:《臺灣開發史》,國立空中大學印行,1996 年,第 36 頁。

動。其活動範圍南起南臺灣的北港，北到北臺灣的雞籠、淡水。能夠推測當時已有臺灣漢民族人在臺活動，且與當地西海岸原住民和平相處的證據，是文獻記載的萬曆二年（1574年），明朝總兵胡守仁曾招募漁民與原住民，合剿海盜林鳳鳴的記述。〔註3〕

據《明實錄》卷26記載：逋賊林鳳鳴擁其黨萬人，東走福建，總兵胡守仁逐之，因招漁民劉以道，諭東番合剿。這裡所謂的「東番」，明確地就是指今天的「臺灣本島」，胡守仁追擊林鳳到魍港是繼總兵俞大猷之後，大明官軍第二次進入臺灣本島。

儘管沒有更多的資料來描述當時臺灣本島的風土人情，但這些資料足以證明，早在各國勢力進入臺灣之前，因中國民間海盜踏上臺灣這塊土地，大明帝國的行政已經涉足到臺灣本島。隨著後來日本豐臣秀吉出兵侵略朝鮮，並傳出有謀犯雞籠、淡水的消息，中國東南沿海戒嚴。鑒於臺、澎戰略地位的重要，明朝乃在澎湖派兵戍守。

二、沈有容驅逐在臺倭寇——臺灣納入中國防禦體系的開始

沈有容（1557～1627年），字士弘，號寧海，安徽宣城洪林橋人。少年時便立志從戎報國，1579年應武試第四名，後北上投軍，先後在薊遼、閩浙、登萊等邊防或海防前哨服役。因屢立奇功，由旗牌官逐步擢升為都督同知。在沈有容一生四十餘載的軍旅生涯中，有數十年是鎮守在福建沿海地區。在這期間，他曾率軍三次進入臺灣及澎湖列島，殲倭寇，驅荷蘭，成功地保衛了臺灣不被他族佔領。

1602年（萬曆三十年）9月，一股盤踞在臺灣的倭寇，由浙江流竄到福建萬安衛所，在西寨停泊十餘日，攻打城池，焚燒船隻，劫掠民眾。倭寇人數雖不多，卻擾得東南沿海一帶不得安寧，「僅七舟耳，從粵入浙，又從浙歸閩，住據東番，橫行三省，所過無忌。」〔註4〕沈有容得到此消息後，率水軍在崇武衛所嚴陣以待，倭寇不敢前來，從烏邱出澎湖列島，逃退至臺灣。屠隆的《平東番記》記載了當時臺灣及倭寇據臺的情形：「東番者，澎湖外洋海島中夷也。橫亙千里，種類甚繁，仰食漁獵，所需鹿麑亦頗嗜擊鮮，惟性畏航海，故不與諸夷來往，自雄島中。華人商漁者，時往與之貿易，項倭奴來據其要害，四出

〔註3〕張勝彥等編著：《臺灣開發史》，第36頁。
〔註4〕陳第：《舟師客問》，《閩海贈言》，臺灣省文獻委員會，1994年，第37頁。

剽掠，飽所欲，則還歸巢穴，張樂舉宴為歡，東番莫敢誰何，滅跡銷聲避之。海上諸汛，地東連越絕，南望交廣，處處以殺掠聞。」〔註5〕從《平東番記》的記載來看，當時臺灣的原住民，漁獵生活豐富，儘管鮮與外界往來，但與大陸間時常有商貿交往；而盤踞在臺灣的倭寇，以今天台南安平一帶為據點，四處搶掠，使原住民無奈避之於深山，嚴重影響大陸與臺灣間的商貿往來。

時任福建巡撫的朱運昌非常擔憂，擬找尋能將撫平之：「聞中丞朱公患之，拊髀歎曰：安得豪傑為我蕩寇？」〔註6〕當時任浯嶼偏將軍的沈有容，義無反顧地擔起了重任，「君遂掀起髯，奮臂起曰：報國酬知此其時矣！」〔註7〕此後，沈有容秘密做出兵剿倭的準備，「自仲冬以來，無日不討軍實而申儆之，治樓船，敕甲冑，練火器，峙糧糧，人知其為守而設，不知其為戰而設也，人知其為料羅而防，不知其為東番而渡也。」〔註8〕

是年（1602）冬，沈有容接朱運昌之出師剿倭密令，先行派遣漁民郭延前往偵察，並秘密備戰。12月11日，克服萬難，下令發舟出征：「部署既當，椎牛饗士，剋日出師，時臘月，非出海候，諸將及舵師皆有難色。」〔註9〕當夜狂風怒號，巨浪滔天，眾艦漂散，各不相領。儘管困難重重，但沈有容克服萬難，以倭船不過 7 隻，破之足矣來激勵將士，整兵向臺灣進發。與倭寇相遇後，「諸將士殊死戰，無不一當百，賊大敗，盡出輜重投之於海，令我軍拾，而姑少緩師，我軍無一人取其秋毫，戰益力，斬馘火攻，須臾而盡。」〔註10〕從這段描述中，可以看出，沈有容所率領的軍隊，軍紀嚴明，戰鬥力強，以一當百，最後一舉殲滅倭寇。是役，沈有容率軍共擊沉敵艦 6 艘，斬首 15 級，奪還被掠男女 370 餘人。

《明史·沈有容傳》對此也有記載：「二十九年，倭掠諸寨，踰月，與銅山把總張萬紀敗倭澎山洋。倭據東番，有容守石湖，謀盡殲之。以二十一舟出海，遇風，存十四舟，過澎湖與倭遇，格殺數人，縱火焚其六舟，斬首十五級，奪還男婦三百七十餘人，倭遂去東番，海上息肩者十年。」〔註11〕郭元春在《賦

〔註 5〕屠隆：《平東番記》，《閩海贈言》，第 31 頁。

〔註 6〕屠隆：《平東番記》，《閩海贈言》，第 31 頁。

〔註 7〕屠隆：《平東番記》，《閩海贈言》，第 31 頁。

〔註 8〕陳第：《舟師客問》，《閩海贈言》，第 37 頁。

〔註 9〕屠隆：《平東番記》，《閩海贈言》，第 32 頁。

〔註 10〕屠隆：《平東番記》，《閩海贈言》，第 32 頁。

〔註 11〕臺灣省文獻委員會編：《臺灣先賢列傳輯（第五輯）——沈有容傳》，臺灣文獻委員會，1979 年，第 173 頁。

東番捷》中贊此次出兵為：「將軍遂從天而下，一鼓而殲之矣，是韓信李愬之兵也，不亦千古同一奇哉！」〔註12〕

沈有容此次平剿倭寇的勝利，也為臺灣島上的原住民所歡迎。根據《平東番記》中的記載，原住民扶老攜幼，爭相以美酒佳餚，來慰勞抗倭英雄，「東番夷酋，扶老攜幼，競以壺漿生鹿，來犒王師，咸以手加額，德我軍之掃蕩，安輯之也！」〔註13〕

隨軍東來的陳第，將自己在臺灣島上近月所親眼目睹的原住民情況，寫成《東番記》一文。此文是世界上最早確切描述臺灣早期地域情境的記錄，被後世稱為「臺灣古史重要文獻」，為「目前發現有關臺灣之最早具體記錄」。〔註14〕臺灣歷史學家周婉窈認為，《東番記》是十七世紀初臺灣西南地區的實地調查報告，並評價曰：「如果陳第未曾在六十二歲時隨沈有容將軍追剿海寇渡海到臺灣，並寫下一篇《東番記》，十七世紀初的臺灣，將永遠停留在歷史的黑夜中！」〔註15〕

沈有容 1602 年在臺灣剿倭的軍事行動，是史籍明確記載的中華王朝帝國軍隊第一次進入臺灣本島，它在臺灣史上具有劃時代的意義。它標誌著臺灣本島正式列入到中華王朝帝國的防禦控制區域內。沈有容征臺以前，臺灣島上儘管已經有原住民居住，但沒有形成一個統一的政權，且基本不與外界往來；加之臺灣本島孤懸海上，位於澎湖外海，距離大陸較為遙遠，在帆船時代，從福建出海到臺灣本島，「與潮俱沒，與潮俱出」〔註16〕之水程極其險惡，故臺灣島作為中原王朝邊緣地帶的一部分，其與大陸的交流，基本上出於民間的少數人「唐山過臺灣」，故沒有引起各王朝帝國的重視。但這些都不能說明臺灣不是中國的領土。有一些別有用心的學者時常拿《舟師客問》中沈有容關於臺灣版圖的言語，來證明「臺灣自古就不是中國的領土」，顯然是對歷史知識的無知。

首先、歷史上的「中國」，它是一個動態的過程。「中國」一詞最早見於西周初年，「國」是指城、邑。春秋以前，大國小國有很多，於是天子所居的「國」

〔註12〕郭元春：《賦東番捷》，《閩海贈言》，第 33 頁。

〔註13〕屠隆：《平東番記》，《閩海贈言》，第 32 頁。

〔註14〕臺灣省文獻委員會編：《臺灣先賢列傳輯（第五輯）──沈有容傳》，第 144 頁。

〔註15〕周婉窈：《陳第〈東番記〉──十七世紀初臺灣西南地區的實地調查報告》，《故宮文物月刊》，第 241 期，2003 年 4 月，第 22 頁。

〔註16〕屠隆：《平東番記》，《閩海贈言》，第 32 頁。

（京師）就被稱為「中國」，即處於中樞地位的國或各國中心的國。「中國」的概念是隨著中華王朝國家的形成、疆域的擴大和經濟文化的發展，在不斷地變化變遷中。一般說來，一個中華王朝建立後，它的主要統治區就可以被稱為中國，而它所統治的邊遠地區以及統治力不能涉及的範圍，就常常被稱為戎、狄、蠻、夷，就不是「中國」。正因為中國的概念是變化的，範圍是不固定的，所以在相當長的歷史時期內是模糊的、不確切的。即使在中原王朝內部，人們也可以把其中比較邊遠偏僻的地區看作非「中國」。從另外的視角來看，「中國」的疆域變遷，隨著中原王朝的興起與衰落，更是一個動態的變化過程。如南北朝時期，曾經有十幾個國家，他們各自都有自己的版圖區域；成吉思汗統一蒙古、西遼、金、西夏、南宋、大理及吐蕃這七個區域，建立的「中國」就西起今額爾齊斯河，東至鄂霍次克海，東部擁有朝鮮半島東北部，西南包括今克什米爾地區以及喜馬拉雅山南麓的不丹、錫金及今緬甸東北部和泰國北部。再次，從文化上講，「中國」也是一個文化概念，一般即指漢族（華夏）文化區。在特殊情況下，「中國」就成了王朝法統的同義詞。例如在西晉以後，東晉和南朝政權雖然已經離開了傳統的中心地區，但都以西晉的合法繼承人自居，自認為是真正的「中國」，而把北方的政權稱為「索虜」。但北方的政權卻認為自己滅了西晉，奪取了這塊傳統的中國地區，當然就成了「中國」，而東晉和南朝只不過是偏於一隅的「島夷」。所以，今天我們研究歷史，論述歷史問題中提到的中國，應該具有歷史特定的含義。

其次、臺灣島內原住民在沈有容征倭以前，已經與大陸有了密切的商貿往來關係。據陳第的《東番記》記載，在沈有容征倭之前，鄭和下西洋時，就曾經來到臺灣島，「永樂（明成祖年號）初，鄭內監航海諭諸夷，東番獨遠竄，不聽約。」〔註17〕雖然鄭和是否到達臺灣本島，目前還無可靠資料來證明，但陳第《東番記》所記載的情況，是真實可信的。當時臺灣島上已經有來自漳泉沿海的大陸居民，通曉原住民的語言，並與原住民進行著頻繁的貿易往來。「漳、泉之惠民、充龍、烈嶼諸澳，往往譯其語，與貿易，以瑪瑙、磁器、布、鹽、銅簪環之類，易其鹿脯、皮角。間遺之故衣（舊衣服），喜藏之，或見華人，一著（穿衣服），旋復脫去。」〔註18〕

〔註17〕陳第：《東番記》，《閩海贈言》，第35～36頁。
〔註18〕陳第：《東番記》，《閩海贈言》，第35～36頁。

　　第三、沈有容臺灣征倭之役，其目的不僅是保護大陸的商民，在客觀上也保護了臺灣的原住民。此點《東番記》上也有記載。當時原住民始皆聚居濱海，嘉靖（1522～1573 年）末，屢遭倭焚掠，乃避居深山，「倭鳥銃長技（長槍），東番獨恃鏢，故弗格（無法打勝敵人）」，「萬曆壬寅冬（1602 年），倭復據其島，夷及商、漁交病。」〔註19〕這說明，沈有容出兵臺灣剿倭，使臺灣當地原住民及商旅漁民，避免再受倭寇之騷擾，故有：「倭破，收泊大員，夷目大彌勒輩率數十人叩謁，獻鹿饋酒，喜為除害也。予親睹其人與事，歸語溫陵陳志齋先生，謂不可無記，故掇其大略。」〔註20〕

　　第四、沈有容從臺灣撤回後，儘管明朝軍隊沒有在臺灣島上長期固定駐防，但當時臺灣已被明朝正式納入軍事防禦區域內，成為中華海防的戰略要地。從明代徐光啟的《海防迂說》、黃承玄的《條議海防事宜疏》及《題報倭船疏》等文件中，都將臺灣的基隆、淡水等臺灣要地，作為確保澎湖外洋安全的必要，故稱臺灣為「門外要地」，「不在東西洋之數，附列於此。」〔註21〕特別是徐光啟的《海防迂說》中，明確提出：「雞籠、淡水，彼圖之久矣；累年伐木，不以造舟，何所用之？度必且多為營壘，我復安坐而待計！彈丸黑子之地，其人雖習刀鏢諸技，以當火器必不敵；故兵動，將不舉，舉則必守，守則必固，已而漸圖東番以迫澎湖，我門庭外，遍海皆倭矣。」〔註22〕而《題報倭船疏》記載了福建海道副使韓仲雍等官員，嚴辭詰問日本使者之言辭，也明確表明臺灣是明王朝防禦的區域，並警告日本人不許涉跡之意：「何故侵擾雞籠、淡水？何故謀據北港？」〔註23〕、「汝若戀住東番，則我寸板不許下海，寸絲難望過番，兵交之利鈍未分，市販之得喪可睹矣！歸示汝主，自擇處之」〔註24〕，明末莆田人周嬰的《東番記》中也記道：「泉、漳間民，漁其海者什七，薪其嶺者什三。語言漸同，嗜欲漸一。……疆場喜事之徒，爰有郡縣彼土之議。」〔註25〕這段文字除了記載沿海居民與臺灣原住民一道開發寶島的史實外，還特別提到明朝地方官吏，曾有過在臺灣設立府縣等行政機構的計劃。

〔註19〕陳第：《東番記》，《閩海贈言》，第 35 頁。
〔註20〕陳第：《東番記》，《閩海贈言》，第 36 頁。
〔註21〕張燮：《東西洋考）、中華書局，1981 年，第 104 頁。
〔註22〕徐光啟：《海防迂說》，《明經世文編選錄》，大通書局，1995 年，第 220 頁。
〔註23〕《題報倭船疏》，《明經世文編選錄》，第 256 頁。
〔註24〕《題報倭船疏》，《明經世文編選錄》，第 256 頁。
〔註25〕周嬰：《遠遊篇》卷十二，中國國家圖書館藏縮微製品。

三、對臺灣原住民確切記載──陳第的《東番記》

1602 年沈有容率艦赴臺追剿倭寇時，62 歲的參謀陳第隨同沈有容來到臺灣，因此有機會接觸到了臺南附近的原住民（西拉雅族），親身體驗了臺灣的原住民風土民情。返回大陸後，陳第向友人談及在臺灣的所見所聞。友人聽後，鼓勵陳第為文記之，陳第於是寫下了約一千五百字的《東番記》（1603 年），成為有史以來最早較詳細地記載臺灣實際情況的文獻。由於是其親身經歷的記錄，故被研究者稱為「最古的臺灣實地考察報告」。其具體內容如下：

> 東番夷人不知所自始，居彭湖外洋海島中。起魍港（嘉義布袋）、加老灣（鹿耳門附近），歷大員（臺南附近）、堯港（高雄茄定）、打狗嶼（高雄旗津）、小淡水（屏東東港）、雙溪口（嘉義溪口）、加哩林（臺南佳里）、沙巴里（金包里或淡水）、大幫坑（臺北八里），皆其居也，斷續凡千餘里。種類甚蕃，別為社，社或千人，或五六百。無酋長，子女多者眾雄之，聽其號令。性好勇喜鬥，無事晝夜習走。足蹋皮厚數分，履荊刺如平地，速不後犇馬，能終日不息，縱之，度可數百里。鄰社有隙（紛爭）則興兵，期而後戰。疾力相殺傷，次日即解怨，往來如初，不相讎。所斬首，剔肉存骨，懸之門，其門懸骷髏多者，稱壯士。
>
> 地暖，冬夏不衣。婦女結草裙，微蔽下體而已。無揖讓拜跪禮。無曆日、文字，計月圓為一月，十月為一年，久則忘之，故率不紀歲，艾者老耄，問之，弗知也。交易，結繩以識，無水田，治畲種禾，山花開則耕，禾熟，拔其穗，粒米比中華稍長，且甘香。采苦草，雜米釀，間有佳者，豪飲能一斗。時燕會，則置大罍，團坐，各酌以竹筒，不設肴。樂起跳舞，口亦烏烏若歌曲。男子剪髮，留數寸，披垂；女子則否。男子穿耳，女子斷齒，以為飾也。地多竹，大數拱，長十丈。伐竹構屋，茨以茅，廣長數雉。族又共屋，一區稍大，曰公廨。少壯未娶者，曹居之。議事必於公廨，調發易也。
>
> 娶則視女子可室者，遣人遺瑪瑙珠雙，女子不受則已；受，夜造其家，不呼門，彈口琴挑之。口琴，薄鐵所制，齧而鼓之，錚錚有聲。女聞，納宿，未明徑去，不見女父母。自是宵來晨去必以星，累歲月不改。迨產子女，婦始往婿家迎婿，如親迎，婿始見女父母。遂家其家，養女父母終身，其本父母不得子也。故生女喜倍男，為

女可繼嗣，男不足著代故也。妻喪復娶，夫喪不復嫁，號為鬼殘，終莫之醮。家有死者，擊鼓哭，置屍於地，環福以烈火，乾，露置屋內，不棺。屋壞重建，坎屋基下，立而埋之，不封，屋又覆其上，屋不建，屍不埋。然竹楹茅茨，多可十餘稔。故終歸之土，不祭。

當其耕時，不言不殺，男婦雜作山野，默默如也。道路以目，少者背立，長者過，不問答，即華人侮之，不怒。禾熟復初，謂不如是，則天不佑、神不福，將凶歉，不獲有年也。女子健作；女常勞，男常逸。盜賊之禁嚴，有則戮於社。故夜門不閉；禾積場，無敢竊。器有床，無几案，席地坐。穀有大小豆、有胡麻、又有薏仁，食之已瘴癘；無麥。蔬有蔥、有薑、有番薯、有蹲鴟，無他菜。果有椰、有毛柿、有佛手柑、有甘蔗。畜有貓、有狗、有豕、有雞，無馬、驢、牛、羊、鵝、鴨。獸有虎、有熊、有豹、有鹿。鳥有雉、有鴉、有鳩、有雀。山最宜鹿，儦儦俟俟，千百為群。

人精用鏢。鏢，竹棅鐵鏃，長五尺有咫，銛甚。出入攜自隨，試鹿鹿斃，試虎虎斃。居常禁不許私捕鹿。冬，鹿群出，則約百十人即之，窮追既及，合圍衷之，鏢發命中，獲若丘陵，社社無不飽鹿者。取其餘肉，離而臘之；鹿舌、鹿鞭、鹿筋亦臘；鹿皮、角委積充棟。鹿子善擾馴之，與人相狎習。篤嗜鹿，剖其腸中新咽草將糞未糞者，名百草膏，旨食之，不厭，華人見，輒嘔。食豕不食雞，畜雞任自生長，惟拔其尾飾旗；射雉，亦只拔其尾。見華人食雞雉，輒嘔。夫孰知正味乎？又惡在口有同嗜也？

居島中，不能舟；酷畏海，捕魚則於溪澗，故老死不與他夷相往來。永樂初，鄭內監航海諭諸夷，東番獨遠竄，不聽約，於是家貽一銅鈴，使頸之，蓋狗之也。至今猶傳為寶。始皆聚居濱海，嘉靖末，遭倭焚掠，乃避居山。倭鳥銃長技，東番獨恃鏢，故弗格。居山後，始通中國，今則日盛。漳、泉之惠民、充龍、烈嶼諸澳，往往譯其語，與貿易；以瑪瑙、磁器、布、鹽、銅簪環之類，易其鹿脯、皮角。間遺之故衣，喜藏之，或見華人，一著，旋復脫去。得布亦藏之。不冠不履，裸以出入，自以為易簡云。

野史氏曰：異哉東番！從烈嶼諸澳，乘北風航海，一晝夜至彭湖，又一晝夜至加老灣，近矣。乃有不日不月，不官不長，裸體結

繩之民，不亦異乎？且其在海而不漁，雜居而不䛲，男女易位，居瘞共處。窮年捕鹿，鹿亦不竭。合其諸島，庶幾中國一縣。相生相養，至今曆日書契，無而不闕，抑何異也！南倭北虜，皆有文字，類鳥跡古篆，意其初有達人制之耶？而此獨無，何也？然飽食嬉遊，於於衎衎，又惡用達人為？其無懷、葛天之民乎？自通中國，頗有悅好，奸人又以濫惡之物欺之，彼亦漸悟，恐淳樸日散矣。萬曆壬寅冬，倭復據其島，夷及商、漁交病。浯嶼沈將軍往剿，余適有觀海之興，與俱。倭破，收泊大員，夷目大彌勒輩率數十人叩謁，獻鹿饋酒，喜為除害也。予親睹其人與事，歸語溫陵陳志齋先生，謂不可無記，故掇其大略。

《東番記》的篇幅雖然不長，成就無法與郁永河所著的《裨海紀遊》[註26]相比，但《東番記》創作的年代比荷蘭人的《蕭壟城記》[註27]早二十年，更是比《裨海紀遊》早了近一百年，所以《東番記》可以說是大陸漢民族對臺灣原住民的初體驗，有其特殊的歷史意義與價值。

首先，《東番記》寫作於十七世紀初的 1603 年，正是所謂的大航海時代。葡萄牙人、西班牙人、荷蘭人的船艦紛紛東來，尋求海外殖民地及貿易商機。剛結束戰國時代的日本，一度亦對海外殖民與貿易興趣濃厚。而以前被中華王朝帝國忽視的臺灣本島，因各海盜集體的活躍，正式進入到王朝帝國的視野中，沈有容的赴臺征倭行為，宣示著臺灣島已經進入中華王朝帝國的防禦區域內，而陳第的《東番記》中，對臺灣原住民的記載，第一次使臺灣原住民成為中華民族的「神衣木茹之民」，證明了中華民族輿圖之廣的包容性。

其次，《東番記》是作者親臨其地，根據自己的耳聞目睹和實地調查訪問得來的，文中不僅詳細記載了臺灣平埔族原住民的生活習俗，而且還記有臺灣準確的方位和具體的地名，故文章內容涉及到原住民的地理分布、政治社會組織、文化程度、衣食住行、風俗習慣、婚姻形態、喪葬儀式、生活禁忌、動物

[註26] 郁永和所記的《裨海紀遊》，是臺灣第一本遊記文學。郁永河於康熙 36 年（公元 1697 年）來臺採硫，事後寫了一本小書，記載他這次來臺的所見所聞。因《東番記》僅敘述臺南附近的風土民情，且創作年代比郁永河早了近百年，但內容較為簡略。因此，一般都將《裨海紀遊》視為是以中文創作的臺灣遊記文學之始。http://www.tonyhuang39.com/tony0400/tony0400.html。

[註27] 1623 年，荷蘭人的船舶曾造訪臺灣，留下一篇《蕭壟城記》，成為西方世界最早記錄臺灣原住民的文獻。蕭壟，是一處位於現在臺南縣佳里鎮的原住民村落。

植物等，是一部較為詳盡的「臺灣早期的調查報告」。儘管它不是能完全包括全島原住民的描述，但對後人瞭解四百前的臺灣原住生活生產狀況，有很大的幫助。其資料的可靠性、準確性以及內容的豐富性，均遠超過以往的記載。所以，陳第的好友陳學伊，在讀完《東番記》之後所作的《題東番記後》一文中，說：「東番之人記載也，方自今始。」〔註28〕

第三，陳第的《東番記》，對大陸漢民族與臺灣原住民的關係，也進行了較為細緻的說明。「居山後，始通中國，今則日盛。漳、泉之惠民、充龍、烈嶼諸澳，往往譯其語，與貿易；以瑪瑙、磁器、布、鹽、銅簪環之類，易其鹿脯、皮角。間遺之故衣，喜藏之，或見華人，一著，旋復脫去。得布亦藏之。不冠不履，裸以出入，自以為易簡云。」〔註29〕可以推測，當時大陸福建漳州、泉州人，已經與臺灣原住民關係密切，不僅能譯高山族語言，且有多種貨物交易；而且當時原住民喜歡收藏漢服，可見與漢人也多接觸。但陳第也提出，「自通中國，頗有悅好，奸人又以濫惡之物欺之，彼亦漸悟，恐淳樸日散矣。」認為少數漢人奸商欺詐臺灣原住民，會導致破壞高山族原有淳樸的社會風氣。這也從另外的視角證明漢民族與原住民通商已久，交往頻繁的歷史證明。

第四，陳第的《東番記》不僅記載了臺灣原住民社會生活的情況，同時也記述了沈有容率明軍水師剿撫東番這一歷史事實。「浯嶼沈將軍往剿，余適有觀海之興，與俱。」〔註30〕《東番記》中關於此項的記載，是臺灣成為中華明王朝帝國海防要地的重要歷史見證。

小結

綜上所述，大量歷史資料證明，早在明朝時期，臺、澎地區就已經成為大明帝國防倭抗倭的前哨陣地。而最能證明臺灣與大陸中華民族王朝帝國關係的，應當是明將沈有容擊退在臺活動倭寇。沈有容東征臺灣之前，儘管大陸與臺灣之間時有民間往來，但似乎中華王朝對臺灣本島不甚瞭解，所以才有「沈子當私募漁人直到東番，圖其地裏，乃知澎湖以東，上自魍港，下至加哩林，往往有嶼可泊。」〔註31〕之感慨。從陳學伊《題東番記後》中的感歎，也可悟出這種意味，「余讀古史云，義農之世，皆神衣木茹之民，竊以為載籍久闊，

〔註28〕陳學伊：《題東番記後》，《閩海贈言》，第 36 頁。
〔註29〕陳第：《東番記》，《閩海贈言》，第 36 頁。
〔註30〕陳第，《東番記》，《閩海贈言》，第 36 頁。
〔註31〕陳第，《舟師客問》，《閩海贈言》，第 38 頁。

謬悠之語，矣足深信，乃今讀東番記方信其證之非謬，夫古史所記輿圖之北也。東番之去吾泉也，僅幾日程耳，乃其裸體結繩，不異古史所云，則信乎輿圖之廣，古今記載之所不及者尤多也。」〔註32〕故可以這樣認為，明王朝以前的臺灣，是中華王朝邊緣區域中的一個島嶼，由於其沒有統一政權的建立，故當其處於平靜且沒有外力侵擾之時，並沒有引起中華王朝帝國的重視，而當臺灣受到外部侵擾，並可能發展到危機閩海安全之時，臺灣島自然被納入到中華王朝帝國的防禦區域內，成為「天下帝國」的一個部分。隨軍友人陳第所寫的《東番記》，從另外的視角證明漢民族與原住民通商已久，交往頻繁的歷史證明，也可以明證那個時期臺灣就成為中華明王朝帝國海防要地。

〔註32〕陳學伊，《題東番記後》，《閩海贈言》，第36頁。

第三章　漢民族在臺灣的落地生根

　　臺灣走向世界，不是由於荷蘭殖民者的入侵，而是隨著海上商業活動的興起，臺灣海上中轉站的作用顯現後，漢人海商、海盜及西方殖民主義者東來而引起。由於臺灣歷史研究中的去中國化，對一些歷史事實在敘述上存在著歷史虛無主義的問題。一些歷史研究在研究臺灣史中，有意不提出在荷蘭人來到臺灣以前，顏思齊、鄭芝龍等漢民族人，早期對臺灣的進駐及開發，明顯有去「中國化」的意涵。另外，此問題也涉及到一般史著中將該時期荷蘭人的殖民統治認定為三十八年，筆者也認為與歷史事實稍有差異，因在荷蘭統治的同時期，鄭芝龍對臺灣也有控制與開發。

一、顏思齊、鄭芝龍等人早於荷蘭人來到臺灣

　　連橫在《臺灣通史》中曾言：「臺灣固海上荒島，我先民入而拓之，以長育子姓，至於今是賴。」〔註1〕此言之所以正確，在前章已經就早期大陸與臺灣的互動，做過基本的分析，即早在 1602 年時，沈有容即率軍到達臺灣，並由隨行者陳第記下《東番記》，記述了臺灣原住民的情況。此時已經陸續有大陸人來到臺灣。荷蘭人的記載亦可證明：「荷人到達大員之前，福島已有中國人居住，多為商人和流民，但具體數目不明。中荷文史料對此均無記載。」〔註2〕

　　由於目前沒有更多的史料來具體證實，此時有多少大陸人在臺灣活動，故推斷在此時大陸人到臺灣，可能是人員較少且流動性較大的。而有史可證的第

〔註 1〕連橫：《臺灣通史》下冊，商務印書館，1996 年，第 508 頁。
〔註 2〕程紹剛譯注：《荷蘭人在福爾摩莎》，經聯出版，2000 年，第 54 頁。

一批在臺灣開闢農地，從事耕作，並且建置部落的大陸移民，是明末福建漳州顏思齊〔註3〕等人，時間要遠早於荷蘭人。

顏思齊生年不詳，卒於 1625 年 9 月，字振泉，福建漳州海澄人，十七世紀東亞海上的知名海盜。顏思齊在正史中的紀錄非常稀少，只有 1635 年盧化鼇所著《太史李公居鄉頌德碑記》及明代官書《崇禎長篇》提到，這可以確認顏思齊在歷史上確屬真實存在。目前關於他的資料多來自於清朝江日升的《臺灣外記》。

根據該書的描述，顏思齊精於武藝，早年因遭宦家之辱，殺其僕人而逃往日本。在日本數年之後，家境逐漸富裕，又仗義輸財，廣交豪傑，號稱「日本甲螺」。當時顏思齊與楊天生、鄭芝龍、李德、洪昇、陳衷紀等二十六人結拜，在日本當地逐漸成為一股不可小覷的勢力。他們因不滿日本德川幕府的統治，密謀起事造反，眾推顏思齊為盟主，不幸事泄，遭幕府遣兵搜捕。

1621 年 8 月 15 日，顏思齊率眾分乘十三艘船出逃，駛至九洲西海岸的外島洲仔尾，陳衷紀建議逃往臺灣：「吾聞琉球（臺灣舊稱）為海上荒島，勢控東南，地肥饒可霸，今當先取其地，然後侵略四方，則扶餘之業可成也。」〔註4〕

顏思齊等人歷時八天八夜，於 8 月 23 日抵達臺灣。連橫先生在《臺灣通史》說：「顏思齊入臺，早於荷人三年。」蔣師轍《臺灣日記》也證明此點。他在書中稱：「天啟元年（1621）漢人顏思齊入臺，鄭芝龍附之。」〔註5〕可見顏、鄭到臺灣時間可能是 1621 年。

顏思齊密謀造反一事，現亦無任何史料佐證。另有學者根據荷蘭東印度公司史料判斷，顏思齊可能是李旦的手下，負責李旦在臺灣的活動和實際運作李旦的武裝集團。〔註6〕但不管怎樣，在臺灣開發史上，顏思齊是最早率眾縱橫臺灣海峽，招徠漳泉移民，並對臺灣進行大規模有組織的拓墾者，因而被尊為「開臺王」、「第一位開拓臺灣的先鋒」。連橫的《臺灣通史》中，人物列傳亦「以思齊為首」。

〔註3〕顏思齊（一五八九至一六二五），字振泉，海澄縣人。生性豪爽，仗義疏財，身材魁梧，並精熟武藝。臺灣開發史上，顏思齊最早率眾縱橫臺灣海峽，招徠漳泉移民，對臺灣進行大規模的有組織拓墾，因而被尊為「開臺王」、「第一位開拓臺灣的先鋒」。《臺灣通史》為臺灣歷史人物列傳，「以思齊為首」。

〔註4〕連橫：《臺灣通史》下冊，商務印書館，1996 年，第 508 頁。

〔註5〕江日升：《臺灣外紀》，福建人民出版社，第 350 頁。

〔註6〕湯錦吧：《開啟臺灣第一人鄭芝龍》，果實出版社，2002 年，第 120～121 頁。

顏思齊到臺灣後，「入北港，築寨以居，鎮撫土番，分汛所部耕獵。」〔註7〕從連橫的描述來看，顏思齊入臺的地點在北港（魍港），今之笨港，即指今天的雲林縣西部。進駐的顏思齊部下，也開始在北港附近修築城寨，進行農業耕作及漁獵生活，並與原住民有衝突產生，初步莫定了霸踞臺灣的基礎。次年，顏思齊於諸羅山（今嘉義）打獵途中染傷寒病逝。顏思齊死後，部下歸鄭芝龍統領。

北港即今天台灣嘉義，據學者考證，當時顏思齊以其為根據地，擁有9座城寨。〔註8〕他們在臺灣本島墾荒、農耕和漁獵，為臺灣早期開發作出了自己的貢獻。顏思齊、鄭芝龍在臺灣立足後，漳州，泉州等地百姓爭相歸附，開闢土地，建立部落。隨著顏、鄭勢力不斷膨脹，閩南的父老鄉親，特別是那些生活所迫，為其壯志所動的少年紛紛投奔，據林再復先生考證，大致有三千餘人。其中包括鄭芝龍的兩位胞弟鄭芝虎和鄭芝豹，他們為鄭氏家族日後控制臺灣莫定了基礎。

根據《臺灣文化志》的記載，當時「獎勵臺灣內地之墾拓，亦在不少。崇禎年間，全閩大饑，鄭芝龍為之建策，請巡撫熊文燦，以舟舶移饑民數萬於臺灣，人給銀三兩，三人給牛一頭，使墾島荒。」〔註9〕

關於此點，在《聖武記》及黃宗羲的《賜姓始末》中也有記載。另外，早在《臺灣府志》編纂之前的歷史書籍，諸如《臺海使槎錄》、《鄭成功傳》等，都認為「臺有居人，自芝龍等始」、「臺灣有中國民自思齊始」等，故可以認定，儘管在這以前，漢民族與臺灣的互動關係，僅有沈有容征東番，及陳第的《東番記》的具體文字記載數據，但從顏思齊起，對臺灣記載開始多起來，「能見其多數定居蓋始於此。」〔註10〕

二、荷蘭統治同期鄭芝龍對臺灣的控制與開發

臺灣「三民書局」版本教科書中認為：「荷蘭是第一個統治臺灣的近代國家，在荷蘭統治時代，臺灣也第一次被納入世界經貿體系。」〔註11〕這種觀點是否有疏漏，必須從鄭芝龍對臺灣的控制與開發上考查。

〔註7〕連橫：《臺灣通史》下冊，商務印書館，1996年，第508頁。
〔註8〕林再復：《臺灣開發史》，臺灣三民書局，1987年，第8頁。
〔註9〕（日）伊能嘉矩：《臺灣文化志》（上），第72頁。
〔註10〕（日）伊能嘉矩：《臺灣文化志》（上），第72頁。
〔註11〕薛化元編著：《歷史》第一冊，2006年8月，第23頁。

　　1625 年 9 月顏思齊故後，眾推鄭一官為盟主，繼統其業，樹旗招兵，下設參謀、總監軍、督運監守、左右謀士等，代統一寨眾目，在臺灣建立了初具規模的具有海盜性質的鄭氏地方統治政權。

　　鄭一官自立門戶後，從福建招徠了鄭興、鄭明、楊耿、陳暉、鄭彩等部將。他將部下分為十八先鋒，結為「十八芝」，並從此改名為「芝龍」，而不再稱「一官」。鄭芝龍繼續拓墾大業，勢力不斷壯大，成為當時盤踞在臺灣的東南沿海海上最大的武裝海盜集團。

　　鄭芝龍在臺灣站穩腳跟後，由於其出身及特殊的人生經歷，產生想回歸大陸故里的想法。鄭芝龍的父親鄭紹祖（一說為鄭士表）本為泉州知府蔡善繼的下屬官吏。芝龍十歲之時，戲投石子，誤中太守額，太守本欲擒之治罪，但「見其相貌而怒解，曰：子相當大貴。」〔註12〕在鄭芝龍在臺灣建立根基後的 1626～1627 年間，閩南發生嚴重旱災，遍野赤土，許多村落連草根樹皮都被吃盡。鄭芝龍利用此機會，自率船隊襲擊福建漳浦，劫掠金門、中左所（今廈門）和廣東靖海、甲子等地，不久又回師福建，再犯廈門，襲銅山（東山），陷舊鎮，擊敗金門游擊盧毓英、福建總兵官俞諮皋的進剿，縱橫東南海上，聲勢所向披靡，官兵疲於奔命，莫可奈何。奔襲中，鄭芝龍等還招撫了泉州饑民數萬人赴臺拓墾，沿海饑民及無業者競往投靠。這一仗鄭芝龍打敗官兵和許心素，使廈門從此成為鄭氏的地盤，勢力日益強盛，官兵不能敵，也代表著泉州幫勢力的興起。

　　據連橫的《臺灣通史》記載，鄭芝龍駐守安平城（臺南市）時，其貿易範圍相當廣大，幾乎壟斷了臺灣海上的貿易，並享有海上貿易管制權。「芝龍幼習海，群盜多故盟，或在門下。就撫後，海舶不得鄭氏令旗，不能往來。每舶例入二千金，歲入以千萬計，以此而富國。」〔註13〕以上資料說明，儘管鄭芝龍沒有得到當時的明政府的授權，但他憑藉自己的割據勢力，已經得以建立具有政權性質的機構，為自己進一步控制臺灣找到一個強大的保護傘。即是在當時貿易條件下，各船隻必須執有鄭氏令旗，才能往來於海上。其令旗有兩個作用：一為船隊提供保護，掛有鄭氏令旗可令貪財之人不敢搶掠。二則代表已經鄭氏許可，是「合法」船隻。正是因為鄭芝龍具有自己的官方政權及武裝力量，

〔註12〕陳支平主編：《福建新通志·清列傳——鄭芝龍》，廈門大學出版社，2004 年，
　　　　第 411 頁。
〔註13〕連橫：《臺灣通史》下冊，商務印書館，1996 年，第 510 頁。

才使各過往船隻必須「例入二千金」。所謂「例入」意思是指鄭收的稅金。故其年收「以千萬計」，富可敵國。由於鄭芝龍的海盜集團財力物力雄厚，統治安平時期，其開鑿的海上通道直通城中。「築城安平，船隻直通臥內。」〔註14〕江日升的《臺灣外紀》也證實了這一情況，既所謂開通海道，直至其內，可通洋船。

由於鄭芝龍當時擁有龐大的武裝力量，掌管臺灣海峽周圍的貿易活動，他擁有的船隊頻繁往來於日本、菲律賓、中國大陸之間，並把持海上貿易。根據荷蘭人的記載，在 1627 年前後時期，駐紮在臺灣的鄭芝龍武裝海盜集團擁有龐大的力量，「海盜們擁有約 400 條帆船，60,000～70,000 人。」〔註15〕儘管鄭芝龍與同住紮在臺灣的荷蘭人和平相待，但在海上貿易上，荷蘭人也必須服從其控制。這對荷蘭殖民者造成很大威脅，荷蘭船隻一在中國海露面，就為鄭芝龍集團截獲。「一官（鄭芝龍）長期以來與我們友好往來，以禮相待，但最終在海上不加區別對所有船隻予以攔截。」〔註16〕當時荷蘭的統治範圍只侷限於今臺南市「熱蘭遮城」及「普羅民遮城」兩城，根本無力治理全島，城外是鄭芝龍的天下。「海盜控制中國沿海，將我們在大員和中國沿海的人之間的聯繫切斷，我們的人如同被圍困在城堡中一樣。」〔註17〕

荷蘭人為此欲與當時的明政府地方官府聯合，共同對付鄭芝龍。「對中國人的求援，我們的人通過商人許心素答覆他們，若福建省最高官員和水軍司令即巡撫與都督親自書面提出，並保證准許中國人對大員和巴城的自由貿易，我們將以現有力量，不需中國水軍增援，趕走海盜一官及其同夥。」〔註18〕但最終還是與鄭芝龍一起，騙得了允許自由到大員與巴城的貿易。「從商人那裡收到巡撫和都督的兩封信。他們在信中要求我們協助驅除海盜一官，並保證，事成之後將永久准許其臣民自由到大員和巴城貿易。在此基礎上我們決定將海盜趕走，並認為此事輕而易舉。」〔註19〕

從荷蘭人記載來看，1627 年駐臺荷蘭軍與鄭芝龍軍隊的戰爭，也是一個荷蘭人騙取貿易權的「雙簧」。因為荷蘭人先將出兵圍剿消息告訴了鄭芝龍。

〔註14〕連橫：《臺灣通史》下冊，商務印書館，1996 年，第 510 頁。
〔註15〕程紹綱譯注：《荷蘭人在福爾摩莎》，經聯出版，2000 年，第 78 頁。
〔註16〕程紹綱譯注：《荷蘭人在福爾摩莎》，經聯出版，2000 年，第 78 頁。
〔註17〕程紹綱譯注：《荷蘭人在福爾摩莎》，經聯出版，2000 年，第 80 頁。
〔註18〕程紹綱譯注：《荷蘭人在福爾摩莎》，經聯出版，2000 年，第 78 頁。
〔註19〕程紹綱譯注：《荷蘭人在福爾摩莎》，經聯出版，2000 年，第 78 頁。

「1 月 16 日,我們的人將此計劃告知海盜一官,並於 13 號率上述快船與帆船離開廈門,南下迎擊海盜。」〔註20〕此役當然以荷蘭失敗而告結束。如果此情況屬實的話,那麼可能推想鄭芝龍當時對臺灣控制能力。也證明一直到 1627 年,荷蘭人的統治區域十分有限,並未蓋及臺灣全島,特別是在此時期北部還有西班牙人的統治,故荷蘭人統治臺灣的年代是否是三十八年,非常值得懷疑。

從以上分析來看,在 1628 年鄭芝龍降於福建巡撫熊文燦以前,對臺灣有絕對的控制權力。儘管他只是作為漢民族的海盜之首,但在十六、十七世紀歐洲人東來初期,順應時代潮流,以臺灣本島為根據地,以海上的軍事勢力作為後盾,遠涉外洋,縱橫三千公里的海域,以大無畏的精神抗衡和挑戰歐洲人的海上霸權,稱雄於閩臺海疆,繼沈有容將臺灣納入到中華防禦體系後,又將東南沿海的海上的貿易權控制在中華民族的手中,故早在荷蘭人控制臺灣以前,以鄭芝龍等為代表的漢民族,已經將臺灣帶入世界貿易體系中。

三、荷、西統治臺灣時期的評價

15、16 世紀,隨著文藝復興運動及資本主義在歐洲的萌展,出現了對商業資本和財富的渴望。當時歐洲的主要貿易對象是東方,尤其來自中國、印度和南洋各群島的絲綢、寶石、香料等奢侈品。由於當時與東方的貿易被威尼斯、熱那亞壟斷,西歐國家決定自己探索通往東方的航路,因而發現美洲新大陸、好望角新航路,進而縮短了亞洲與歐洲的距離,世界也進入了殖民體系的初期。

17 世紀初,西方重商主義者加緊勢力東漸的步伐,而此時正值明帝國結束了鄭和七下西洋的行動,逐漸關閉起國門,對外實行海禁政策時期。東亞及東南亞各海上通航要害,自然成為葡萄牙、西班牙及荷蘭等早期殖民者角逐的區域。1557 年,葡萄牙人向當時的大明政府取得居住權,成為首批進入中國的歐洲人。而此時西班牙人取得了菲律賓的呂宋島,荷蘭人佔據了爪哇,竟相在遠東海面上展開商業和殖民競爭。

1570 年,西班牙人攻佔了馬尼拉,並逐漸使其發展成為東方僅次於日本的,中國商品的第二大外銷市場。西班牙人自美洲的殖民地運來大量的白銀購入中國貨物,從中獲得巨大的商業利潤。而荷蘭人意欲打破這個框架,建立起

〔註20〕程紹綱譯注:《荷蘭人在福爾摩莎》,經聯出版,2000 年,第 78 頁。

與中國的直接貿易往來，甚至想獨自壟斷與中國的貿易，這必須截斷中國商品除荷屬地區外的其他外運航路。《東印度事務報告》對此有多處記載，荷蘭人對中國人與馬尼拉的貿易視為眼中釘，並伺機「在中國選擇幾個適切地方」作為據點，「攻取澳門或佔據中國沿海另一合適的地方，是我們獲取對中國貿易的當務之急。」〔註21〕

澳門在此時早已經被葡萄牙人佔據，荷蘭人只好轉向澎湖。1602 年，荷蘭東印度公司（荷語：Vereenigde Oostindische Compagnie, VOC）正式成立。1604 年，荷蘭人韋麻郎趁澎湖無兵駐守開入澎湖。當年 10 月 25 日明朝派遣沈有容將軍諭退韋麻郎。在 11 月 18 日沈有容抵達澎湖，和荷蘭人進行交涉。沈有容向荷蘭將領韋麻郎表明，明朝不允許荷蘭人在澎湖通商，並透露福建當局擬派兵進剿的信息。而韋麻郎終於知難而退。沈有容退荷有功，明朝也為沈有容立碑紀念，碑上刻著「沈有容諭退紅毛番韋麻郎」等大字。石碑在 1919年出土，現存於澎湖馬公大天后宮內的清風閣。

1619 年，荷屬東印度公司總督庫恩正式建立巴達維亞城，並使其逐漸發展成為亞洲的商品貿易的集散地和政治軍事擴張中心。同年，還聯手英國，在東編打擊其共同敵人葡萄牙人和西班牙人。1621～1622 年間，先後兩次以日本平戶為基地，與英國人聯合組織船隊到馬尼拉海域附近，截擊來往船隻，破壞西班牙人與中國的貿易。同時，還單獨派艦隊前往澳門及中國福建沿海，打擊葡萄牙人，以促進荷蘭東印度公司對中國的貿易。

為了盡快壟斷對華貿易，1622 年 4 月，由萊爾森率領 16 艘船、1,300 人的艦隊，來攻取澳門。同時定下「無論攻取澳門能否成功，我們命令他們在澎湖築堡作為我們的基地，因為此地據說比澳門更為便利。」〔註22〕6 月 24 日，荷蘭人分為十一分隊，六百多人，開始攻打澳門，但很快被擊退，同時萊爾森司令也受傷，荷蘭人被迫退到澎湖。在荷蘭人退據到澎湖後，萊爾森便親自到各處察找，「大員灣成為他們所發現最優良的海灣」。〔註23〕

澎湖群島位於今天的臺灣海峽上，東距臺灣本島約 50 公里，西離中國大陸約 140 公里，由 90 個大小島嶼組成，總面積約為 128 平方公里。澎湖最早在四千五百年前即有人居。唐宋時期開始有漢民族人定居。文獻對澎湖最早的

〔註21〕程紹綱譯注：《荷蘭人在福爾摩莎》，經聯出版，2000 年，第 7 頁。
〔註22〕程紹綱譯注：《荷蘭人在福爾摩莎》，經聯出版，2000 年，第 10 頁。
〔註23〕程紹綱譯注：《荷蘭人在福爾摩莎》，經聯出版，2000 年，第 15 頁。

記載出現於南宋，樓鑰《攻媿集》卷八十八泉州知府《汪大猷行狀》文中，描述汪大猷為保護平湖的漢人不被毗舍耶人（臺灣原住民）所劫掠，在平湖造屋二百間遣將駐守。平湖與澎湖在閩南語中發音相近，學界普遍認同平湖即澎湖。由此可知中國最晚在南宋時期，就已經派兵駐守，將澎湖收為版圖。元朝時，隨著移民日益增多，設置了巡檢司，對澎湖進行行政控制。

退回到澎湖的荷蘭人開始在島上修建城堡，打算長期佔據此地，以使明朝政府屈服，壟斷貿易。但這種侵略行為，不但沒有獲得貿易准許，還給荷蘭人帶來很大的麻煩，「因為我們在與中國咫尺相隔的澎湖建堡將引起中國人的極大反感」〔註 24〕。雙方經過長時間的交涉依然未果，這對荷蘭的貿易影響很大，荷蘭人認識到「他們認為維持對澎湖的行政管轄，比與我們在那裡的貿易更加重要，以至於需要戰爭來解決」，〔註 25〕故在交涉的同時，赴臺灣尋找適合的落腳之地，經多方察看，「沒能發現比位於北緯 23 度的福爾摩莎本島西邊的大員灣更合適的港灣」〔註 26〕。雙方對峙近兩年，最終在中國地方官員的允諾下，於 1624 年 8 月撤出澎湖，退據到臺灣的大員。

值得注意的是，荷蘭人退到臺灣，是當時明政府地方官員在信中給予的答覆。這能否算作荷蘭與當時中國之間的政府行政行為，還非常值得懷疑。

荷蘭人在 1624 年退據大員後，著手建立「熱蘭遮城」，「我們的人是於 8 月 1 日，率領所有船隻和人員攜帶各種物品撤離澎湖，向大員進發，到達那裡後，馬上築起一座城堡，至此，我們與中國人的糾紛似乎告一個段落。」〔註 27〕

但荷蘭人退踞到臺灣大員時，臺灣已經有鄭芝龍的「九寨」海盜政權存在，之後在 1626 年又有西班牙人在北部建立的政權，故將 1624 年起就算成荷蘭人統治臺灣的起始點是否正確，還有待於進一步深入研究。因為在 1628 年鄭芝龍降明以前，臺灣是鄭、荷、西的三足鼎立之勢。即使在 1628 年以後，鄭芝龍依然對臺灣有著很大的影響，這也是以後鄭氏家族收復臺灣的基礎，故1624～1662 年單純地作為荷、西殖民統治臺灣時代，是不全面的歷史觀。

小結

在臺灣開發史上，顏思齊是最早進入臺灣定居開發的。他招徠漳州、泉州

〔註 24〕程紹剛譯注：《荷蘭人在福爾摩莎》，經聯出版，2000 年，第 15 頁。
〔註 25〕程紹剛譯注：《荷蘭人在福爾摩莎》，經聯出版，2000 年，第 38 頁。
〔註 26〕程紹剛譯注：《荷蘭人在福爾摩莎》，經聯出版，2000 年，第 38 頁。
〔註 27〕程紹剛譯注：《荷蘭人在福爾摩莎》，經聯出版，2000 年，第 46 頁。

之民眾，橫渡臺灣海峽，對臺灣進行大規模有組織的拓墾，使得漢民族農耕文化開始在臺灣落地扎根，因此他被尊為「開臺王」、「第一位開拓臺灣的先鋒」。連橫的《臺灣通史》中，人物列傳亦「以思齊為首」。1625 年顏思齊病故之後，民眾又推鄭芝龍為盟主。鄭芝龍繼統其業，繼續拓墾大業，勢力不斷壯大，結為「十八芝」，下設參謀、總監軍、督運監守、左右謀士等，在臺灣建立了初具規模的具有海盜性質的鄭氏地方統治政權，使得漢民族文化在臺灣得以落地生根。

第四章　中華體制在臺灣的建立——
　　　　　明鄭政權

　　鄭成功尊稱「延平郡王」、「開臺尊王」、「開臺聖王」，是中國歷史上的民族英雄。在近代中國以前的歷史人物中，鄭成功是最值得我們紀念的歷史人物之一。以鄭成功為代表的鄭氏家族，在中國近代西力東漸的過程中，以私人海外貿易的形式，逐漸取代朝貢貿易成為中國對外貿易的主體，並以家族商業的形式，將中國納入到世界貿易體系之中。他領導的收復臺灣的軍事鬥爭，驅逐了荷蘭殖民者，維護了中華民族的利益，捍衛了中國主權和領土的完整，因而具有極其重大的歷史意義。鄭成功在臺灣建立了第一個漢人政權，也帶來漢人移民潮。鄭成功及其後人在臺灣統治的明鄭時期，引進中國明制的宮室、廟宇和各種典章制度，奠定了臺灣成為以漢民族文化為主的社會，為後來清朝正式將臺灣收歸到中國的版圖奠定了先期的各種條件。

一、鄭成功對臺灣的收復

　　十六世紀以後，外國侵略者的魔爪開始伸向我國大陸東南沿海和臺灣地區。1571 年，西班牙人在馬尼拉建立殖民地後，就以此地為東亞貿易的中心，逐步征服菲律賓其他島嶼。1602 年 3 月，荷蘭人成立了荷蘭東印度公司，發動一系列戰爭，以奪取西班牙、葡萄牙於東亞的殖民地。此後荷蘭人在雅加達、平戶等地陸續開設商館，惟與中國貿易進展不順。荷蘭人認識到只封鎖馬尼拉並不夠，必須改變戰略，在靠近中國的地方建立據點，搶走菲律賓群島的對華貿易。1604 年，荷蘭人韋麻郎打算進攻澳門，以作為與明朝貿易的基地。因

被葡萄牙人擊退，韋麻郎轉而趁明軍無汛兵防守時，佔領了澎湖。明軍將領沈有容率兵到澎湖，要求韋麻郎離開。韋麻郎迫於此壓力且無法順利與中國貿易因而離開。因此事件，在澎湖的三后中現在還留有《沈有容諭退紅毛番韋麻郎等》碑。1622年，荷蘭總督獲知西班牙人意圖佔領臺灣，遂派雷約生率領600人進攻澳門，若失敗則轉往澎湖或臺灣設立貿易據點。但荷軍奪取澳門與澎湖的作戰都告失敗，最後於1624年轉進南臺灣。

當荷蘭人進入臺灣之時，鄭芝龍已經在臺灣經營多年。1626年（天啟六年）時閩南發生非常嚴重的旱災，鄭芝龍攻入廈門，後又攻打銅山等地。同年，鄭芝龍招撫泉州饑民數萬人赴臺灣進行拓墾。此時期鄭芝龍集團的勢力非常強大，至1627年已有帆船四百多艘，60000至70000人。〔註1〕由於明朝實行海禁，視其為非法，更視其為海盜。明負責與荷蘭人貿易的許心素建議荷蘭東印度公司聯手打擊鄭芝龍，但東印度公司卻暗中通告了鄭芝龍，鄭芝龍打敗副總兵俞諮皋，殺對手許心素。鄭芝龍對百姓很仁慈，不但不殺人，甚至救濟貧苦，威望比官家還高。

1628年，福建又遭大旱，饑民甚眾。鄭芝龍在明朝官員熊文燦的支持下，再度招納漳、泉災民數萬人，用海船運到臺灣墾荒定居。在臺灣歷史上，鄭芝龍是組織大規模移民的第一人。臺灣土地肥沃，因此而引發了漢人向臺灣島移民的浪潮，這是歷史上首次大規模有組織的由大陸向臺灣移民。當時荷蘭東印度公司統治臺灣南部，在大員（今臺南市）修築熱蘭遮城、普羅民遮城兩城，駐防近兩千人，但大陸移民卻多達數萬。此外本島的貿易商業上，在日本鎖國後，只許中國人和荷蘭人前往貿易，鄭芝龍借由對日本的貿易，因而更富。

鄭芝龍對明朝廷表示以「剪除夷寇、剿平諸盜」為己任，詔授海防游擊，任「五虎游擊將軍」，離開他多年經營的海上根據地臺灣，坐鎮閩海。此時，鄭芝龍有部眾3萬餘人，船隻千餘艘，仍率領原部，為明廷守備沿海以防海盜倭寇和荷蘭人進攻。

1633年，新任荷蘭臺灣長官普特曼斯為迫使明朝開放貿易，企圖用武力強佔大陸沿海，派出八艘戰艦，不宣而戰，明朝的廈門官員在駐軍遭到荷蘭人痛擊後，採取息事寧人態度，找人與荷蘭人疏通，然求和失敗，福建巡撫鄒維璉檄調諸將，大集舟師，準備痛擊荷蘭侵略者，身任「五虎游擊將軍」的鄭芝龍擔任戰鬥前鋒，實際負責運籌指揮這場戰鬥。鄭芝龍舟渡漳州海澄，誓師出

〔註1〕程紹剛譯注，《荷蘭人在福爾摩莎》，聯經出版社，2000年，第78頁。

發。不久在澎湖的海戰中，焚毀荷船一艘，生擒荷將一名，擊斃荷兵數百。10月，由鄭芝龍與荷蘭人在金門再戰，焚毀荷蘭快艇一艘，並捕獲另一艘快艇，普特曼斯狼狽退回臺灣。經此一役，鄭芝龍聲勢大振，荷蘭方面轉而表達今後想在臺灣、而不是強勢前往福建尋求對華貿易的意願，由鄭芝龍派船到臺灣進行貿易。鄭芝龍也不願長期樹敵，因此在一位住在熱蘭遮城的同安商人林亨萬居間協調下，雙方同意進行貿易往來。鄭芝龍剪除群雄，並把海上力量納入地方官府體制，取得制海權，合法掌控東西洋貿易制度的運作，原來害怕海賊伏擊的中國商船開始源源駛向臺灣。

此後幾年間，鄭芝龍平粵寇，征生黎，擊退侵廈荷夷，消滅海上巨盜劉香。1640年，明廷擢升鄭芝龍為福建總兵官，署都督同知。1644年，南明弘光皇帝冊封鄭芝龍為南安伯，福建總鎮，負責福建全省的抗清軍務。1645年，大明弘光朝覆亡，鄭芝龍、鄭鴻逵兄弟在福州奉明唐王朱聿鍵為帝，年號隆武，鄭芝龍被冊封為南安侯。

清入關以後，鄭芝龍在同鄉洪承疇的利誘下，鄭芝龍不顧兒子鄭成功及鄭鴻逵等人的反對，決意帶著其他幾位兒子北上向清軍投降，不料清軍將領博洛背約，不但將鄭芝龍與諸子一同挾往燕京，更出兵攻打鄭家的故鄉閩南南安。鄭成功本就不願父親鄭芝龍降清，帶著部分兵將出走金門。而鄭成功的母親田川氏在清軍進攻南安時自縊，更堅定了鄭成功自己抗擊清軍的決心。

鄭成功到達金門之後，便開始於沿海各地招兵買馬、收編鄭芝龍的舊部，更在南澳募集了數千兵力。1647年1月，鄭成功在烈嶼（小金門），以「忠孝伯招討大將軍罪臣國姓」之名誓師反清。

1648年，南明浙江巡撫盧若騰等人來歸，鄭成功蓄積實力後再次出擊，攻克同安縣。五月，鄭軍圍攻泉州。七月，清軍靖南將軍陳泰、浙閩總督陳錦、福建提督趙國祚等轉而攻擊同安，鄭軍不敵，守將、軍民死傷無數。不久，大清援軍抵達泉州，鄭成功乃解泉州之圍，愴然退回海上。1649年，鄭成功改奉永曆年號為正朔。後永曆帝冊封他為延平王，故亦有稱其為鄭延平者。

1650年，鄭成功經歷潮州之役之後，開始謀劃收復廈門。當時鄭成功的族叔（一說族兄）鄭彩、鄭聯的軍隊駐紮在廈門。藉口鄭聯在廈門橫征暴斂、使民不聊生，採取施琅的獻策用計圖取廈門。鄭成功趁著鄭彩離開廈門的時機，前往廈門拜訪鄭聯，鄭聯因親族關係並未設防，慘遭刺殺身亡。鄭彩得知鄭聯的死訊，更加不敢與鄭成功作對，回到廈門後便將兵權都交了出來；鄭成

功親自接收了鄭彩、鄭聯大部分的部隊，並且實際取得廈門、金門作為根據地。

1651 年，鄭成功克復平和、漳浦、詔安、南靖等地。取得江東橋戰役的勝利。不久即攻下長泰。攻克長泰之後，鄭成功集結大軍進攻漳州府城。四月，清朝為解漳州之圍，於是募集百艘船艦進犯廈門。鄭成功遂派陳輝、周瑞等率領百餘艘戰艦迎擊，於崇武大敗清軍，取得崇武戰役的勝利。鄭軍在海上大捷，因而對漳州城的施壓沒有稍減；然而漳州守軍亦相當頑強，使得圍城的勢態持續超過半年。九月，清軍將領固山額真（都統）金礪率領了萬人大軍開抵福建，進入泉州府；鄭成功才下令解除漳州之圍以待敵軍。

鄭成功將部隊布置於江東，來伏擊金礪軍，但卻遭金礪固山識破，兩軍展開混戰。鄭軍於交戰失利後，只能撤退以確保海澄、廈門的安全。1653 年，4 月，金礪進軍海澄，與鄭成功展開激烈戰鬥。在清軍的猛烈炮火之下，鄭成功部隊損失慘重，許多部將戰死。5 月，鄭成功偵知清軍火藥錢糧不繼，於是誘敵決戰，趁清軍大舉渡河之際，以火攻大破金礪，取得海澄戰役的勝利。

鄭成功此時期採取與清政府談判來修養生息。1654 年 11 月，清軍漳州協守劉國軒向鄭成功投降，引鄭軍進入漳州府城；漳州總鎮張世耀見大勢已去，與以下官員盡皆向鄭軍投降。12 月，鄭軍分兵進擊，拿下同安、南安、惠安、安溪、永春、德化諸縣，軍隊進入興化地方。1655 年，因為永曆帝和鄭成功勢力相隔遙遠，永曆帝特准鄭成功設置六官及察言、承宣、審理等官方便施政，同時允許他委任官職，武官可達一品，文職可達六部主事。鄭成功每次拜封官員，都請朱術桂和明朝宗室在旁觀禮，以示尊重體制。鄭成功同時將廈門（當時稱中左所）改名為思明州，並建造演武亭，以便鄭成功親自督察官兵操練。

1655 年 9 月，清軍定遠大將軍和碩鄭親王世子濟度率三萬大軍入福建，會同駐閩清軍準備進攻廈門。鄭成功決定放棄已佔領的漳、泉兩府屬邑，並拆毀城牆讓清軍無所屯紮，藉此鞏固金、廈的防禦。與此同時，還派遣部將率領舟師兩路進擊，一路北上浙江，一路南下廣東，令清軍腹背受敵、難以兼顧頭尾。北上鄭軍連戰皆捷，攻入舟山；南下鄭軍雖一度攻取揭陽，卻遭到清援軍擊潰，死傷慘重。1656 年 4 月，濟度調集各路水師進攻廈門，於圍頭海域遭鄭軍痛擊，清軍大敗而歸。鄭軍取得泉州戰役的勝利。12 月，鄭成功部隊又在閩東北取得護國嶺戰役的勝利。

1658 年，鄭成功統率水陸軍十七萬與浙東張煌言會師，決定大舉北伐。大軍進入長江之前，於羊山海域遭遇颶風，損失非常慘重，只得暫且退回廈門。

次年，鄭成功再次率領大軍北伐，會同張煌言部隊順利進入長江，勢如破竹，接連攻克鎮江、瓜洲，接連取得定海關戰役、瓜州戰役、鎮江戰役的勝利，包圍了南京。但南京之戰爭，使鄭成功遭受到前所未有的大敗。鄭成功大軍遭到清軍突襲，致使鄭軍損兵折將，包括甘輝、萬禮、林勝、陳魁、等大將皆死於是役。此役兵敗之後，鄭成功想攻取崇明，作為再次進攻長江的陣地，卻久攻不克，只好全軍退回廈門。

南京之戰可說是鄭成功生涯當中最重要的一役，卻是先盛後衰，以大敗收場，使鄭成功的反清大業受到致命挫折。北伐南京失敗後，鄭成功所部元氣大傷，並且面臨軍糧嚴重不足的問題。為了解決大軍的後勤給養，鄭成功決定前往臺灣。1661 年，鄭成功親率將士二萬五千、戰船數百艘，自金門料羅灣出發，經澎湖，向臺灣進軍。

當時荷蘭在臺灣擁有兩大防禦要塞，即是位於大員（今臺南安平）的熱蘭遮城及位於臺江內陸赤崁地方的普羅民遮城。4 月 30 日，鄭軍經由鹿耳門海道進入臺江內海並於禾僚港（今臺南市北區開元寺附近）登陸，意圖先求取防禦薄弱的普羅民遮城。隨後鄭軍在臺江海域與荷蘭軍艦展開海戰，並取得臺江內海控制權，並同時在北線尾地區擊敗荷蘭陸軍，以優勢兵力包圍普羅民遮城。5 月 4 日，普羅民遮城守軍出降。

經歷九個多月的奮戰，鄭成功的大軍徹底擊敗了荷蘭軍隊，迫使荷蘭人於1662 年 2 月 1 日簽字投降。鄭成功收復臺灣後，採取了許多措施大力開發臺灣，推行屯田，寓兵於農，發展生產，促進漢族與高山族同胞團結等措施，為臺灣的政治、經濟和文化發展做出了巨大貢獻。

二、漢民族文化體制在臺灣的初建

1662 年，奉大明王朝為正朔的延平王鄭成功在臺灣建立的鄭氏政權，總共經歷五王，前後二十二年，直至 1683 年被清收復，這個時期在歷史上被稱為「明鄭時期」。這一時期是漢民族文化在臺灣扎根開花的重要時期。

1. 建立以郡縣為代表的中央政治行政體系

鄭成功在大陸發展時，曾獲南明永曆帝特准設置六官方便施政，並可委任官職，武官最高許達一品，文職可達六部主事。1661 年，鄭成功收復臺灣後，將「赤崁」改為「東都明京」，設立「承天府」為臺灣最高行政機構，仿明朝中央官制，設立了六官；府城又分為東安、西安、宋南、鎮北四坊，各

設首領，管理事務；府之下設二縣，承天府以北叫天興縣、以南叫萬年縣。這是漢民族最早在臺灣這塊地上設置郡縣、建立中央政治體系的開始。1664年8月，又將昇天興縣與萬年縣改為天興州、萬年州；在澎湖安撫司的基礎上，又加南北路兩安撫司。這樣鄭氏的「東寧王國」的行政體系為一府、兩州、三司。

2. 建立「東寧王國」實施地方割據

鄭成功收復臺灣以後，依然優待禮遇明朝宗室，接待魯王世子朱弘桓、瀘溪王朱慈曠、巴東王朱江、樂安王朱俊、舒城王朱著、奉南王朱熺、益王朱鎬等明朝宗室到臺灣。1663年，鄭經繼位延平王後，迎寧靖王朱術桂到臺灣，並在承天府府署（今臺南市赤崁樓）旁的西定坊建立寧靖王府邸，並供歲祿。每當拜封官員之時，鄭經都請寧靖王和其他宗室在旁觀禮，以示尊重體制。明鄭在政治上以明朝之一部自居，奉南明永曆帝為正主，以「永曆」為年號，但實際統治者為延平王。

1664年8月，鄭經乃謹守藩封，廢「東都」稱號，以「東寧」稱全臺灣，並以「東寧國王」自稱，但仍然使用「招討大將軍」的印信、「永曆」年號。此時期的鄭經雖仍使用「永曆」的年號，但其性質已經變為「地方割據政權」。

3. 地方治理實施「里甲制度」

鄭成功收復臺灣後，大體沿用明朝的政治體系，在中央設吏、戶、禮、兵、刑、工六部，來管理政務。在地方則仿內地的里甲制度，實施了以「里」單位的地方行政制度，即是地方行政上實施「里」制，當時臺灣分為文賢里、仁和里、永寧里、新昌里、新德里、依仁里等24個里，也就是當時漢人移民的中心地帶，從北向南已經達到瑯嶠。另外在「里」設有「社」，社置鄉長，十戶為牌，牌有首，十牌為甲。甲有道，十甲為保，保有長，理戶籍之事。人民的遷移、職業、婚嫁、生長必須報告，然後由總理定期呈報。

4. 農業經濟方面

鄭成功收復臺灣的目的在於以此為光復大陸的根據地，給養大軍是其據臺後最重要的事情，為了解決軍隊兵糧問題，不論鄭成功或鄭經時期基本上都實施「寓兵於農」的策略，也是諸將士平日分散各耕地，按鎮分營盤田、文武官田、按地開墾，後續開發的營盤田、官田、私田等，明鄭時期拓墾的田地超過一萬八千四百五十四甲以上。大量田地的開墾，造就了農耕文化的盛行。

5. 漢文化教育

　　鄭經以陳永華為總制，掌理國政，陳永華治國方法與目標為：十年成長，十年教養，十年成聚。「建聖廟，立學校」為其普通文化教育的方式，並仿明朝在廟旁設立國子監。同時廣設社學，並設立府學與州學。每三年舉行一次考試。在宗教方面，亦遵循明制，崇尚道教真武大帝信仰，根據統計當時建廟 8 座。不過建廟數目最多的是關帝廟，可能跟當時臺灣移民都是軍人居多，並崇祀戰神有關。

　　鄭成功更在荷蘭殖民者手中收復臺灣，使臺灣回到中國懷抱，維護了中國的領土完整。鄭氏家族還將大量大陸民眾帶往臺灣，對臺灣進行開發及中華文化的傳播。對鄭成功及後人在臺灣建立的政權，在臺灣的臺灣史研究中，有使用「明鄭」、「鄭氏」、「漢人」政權等的用語，這在史學上是有著根本不同的意義的。使用「鄭氏」則是將鄭成功在臺灣建立的政權看成為鄭氏的個人家族政權。使用「鄭氏」、「家族」等用語，實質上有意將鄭成功統治臺灣所帶有的「中國意識」進行消解，將其作為單純的家族政權來看待，以達到與中國意識的脫離。而使用「漢人政權」的用語，就更有其意識形態的意涵。「漢人政權」就是將以「明鄭」、「清」、「中華民國」所代表的中華民族在臺灣的政權，與荷西、日本所代表的殖民地政權，都看成是外來政權，其「去中國化」的意味非常明顯。

　　「明鄭」說明鄭成功在臺灣所建立的政權，與大陸的中華王朝政權之間的關係是屬從關係，不管這種政權的方式如何，是中華王朝政權的延展。歷史的史實就是鄭成功家鄭氏與明王朝的關係極為密切，鄭芝龍曾受明朝招撫，鄭成功年青時受唐王賞識，得以賜皇家姓氏，並改名為成功。其在父親鄭芝龍降清後，仍舊尊明王朝為「正朔」，鄭芝龍在廈門、金門所建立的政權，屬明朝政府的流亡政權。那麼鄭成功在臺灣所建立的政府，當然也是屬明朝政府的流亡政權。

　　按當時民族發展史觀來看，在明末清初民族大融合之時，所謂「國家」與「疆域」的變化也處於頻繁變動期。被滿族佔領地區，自是清王朝的區域，而沒有被清佔領的地區或勢力不及地區，還屬明王朝。1661 年，鄭成功撤離金門，攻取臺灣島，其後在臺灣建立的政權，雖從形勢上看似一個家族的政權，但實質上卻是以明朝作為其正朔。其實深追究的話，中國歷代王朝基本上都是家族政權，這是中華民族幾千年來發展史上的一個重要特點。而隨著一個民族

或幾個民族的興起、發展與衰落，其各民族之間的融合會加速，以家族為代表的一部分人掌握了政權，新的王朝就建立了。而前一個衰落的家族王朝，必然以各種方式來抵抗。鄭成功在大陸及臺灣的政權，正是這種性質的政權。故鄭成功在臺灣所建立的政權性質，就是這種中華民族家族政權的一種。關於此點，連「去中國化」嚴重的各版本教科書也沒有迴避。「鄭氏為第一個來自中國的政權，實施中國傳統王朝行政體制。」〔註2〕「鄭成功驅逐荷蘭人，開啟鄭氏王朝，建立臺灣第一個漢人政權。」〔註3〕「鄭成功一意復明，1658 年再度率兵北上，震動南京；但不久，便因後繼不足，退守廈門、金門，並決意攻取臺灣，作為反攻的基地。1661 年明代最後一位皇帝永曆過世，明朝正式滅亡，但鄭氏仍奉明朝永曆為正朔。」〔註4〕這其中出現的諸如「中國」、「漢人」等用詞如何，其意都是指「明王朝」這點是無可爭議的。故鄭成功在臺灣建立的政權，是具有封建思想的中華王朝帝國的流亡政權的意涵。而就其政權體制建構特點也證明此點。

1662 年鄭成功驅逐荷蘭人後，隨後即仿傚明政府郡縣制，來制定當時臺灣的行政規則，改赤崁地方為東都明京，將普羅民遮城改為承天府，以今鹽水溪為界，置天興縣、成年縣。同時，在中央行政組織上，也如同明朝一樣，設立吏、戶、禮、兵、刑、工等六部。這些內容亦可證明鄭成功在臺灣的政權具有中華王朝帝國的一般政權的形態。

鄭成功攻取臺灣的目的，是在此建立「反清復明」的根據地，在臺灣所建立的政權，是中華明王朝帝國政權在臺灣的延續。故將其視為單純的個人家族政權，是不符合歷史事實的。

三、怎樣評論鄭成功收復臺灣

筆者以為，當今，臺灣與大陸之間因各種因素還處於分離的狀態。特別是當今的臺海局勢與百年前的情形十分相似，故研究以鄭成功為代表的整個鄭氏家族在臺灣的活動，就更有必要，也具有現實意義。特別是中國「一帶一路」21 世紀海上絲綢之路倡議的提出，也需要我們深入研究及借鑒以鄭成功為首的鄭氏家族海上貿易的歷史。

〔註2〕《歷史1》，全華科技圖書股份有限公司（以下簡稱全華版本），第30頁。
〔註3〕《歷史》第一冊，南一書局股份有限公司（以下簡稱南一版本），第32頁。
〔註4〕《歷史1》，翰林出版事業股份有限公司（以下簡稱翰林版本），第41頁。

（一）臺灣「自古就是中國神聖領土的一部分」

臺灣早在冰河時代與大陸相連，後來由於地質結構的改變，才與大陸分離成為一個島嶼。臺灣島歷史上一直都處於傳統中華王朝勢力範圍之內。大量歷史古籍的記載也證明這一歷史史實。近三十幾年來，臺灣的臺灣史研究學者，將臺灣有文字記載的歷史說成為「四百年」〔註5〕，其中所言有文字記載的歷史即來自《東番記》。實際上此說法未必科學，也有其目的性，但《東番記》也是大陸方面的記載。

《東番記》為1602年明朝大將軍沈有容〔註6〕率軍赴臺灣擊退倭寇時隨行人員陳第所寫。此「記」記述了臺灣原住民的情況，並提及那時就已經陸續有大陸人來到臺灣。連橫在《臺灣通史》中曾言：「臺灣固海上荒島，我先民入而拓之，以長育子姓，至於今是賴。」〔註7〕此言極為正確。明朝時期就已經陸續有大陸人來到臺灣。荷蘭人亦記載「荷人到達大員之前，福島已有中國人居住。」〔註8〕

此後顏思齊、鄭芝龍開始在臺灣活動，漳州，泉州等地百姓爭相歸附，開闢土地，建立部落。隨著顏、鄭勢力不斷膨脹，閩南的父老鄉親，特別是那些

〔註5〕此說法原自於臺獨史學者史明的《臺灣四百年史》，此後臺灣的臺灣史學者均沒用此種說法。

〔註6〕沈有容（1557～1627），字士弘，號寧海，安徽宣城市人。1579年中應天武試第四名，後北上投軍，先後在薊遼、閩浙、登萊等邊防或海防前哨服役。因屢立奇功，由旗牌官逐步擢升為都督同知。在沈有容一生四十餘載的軍旅生涯中，有數十年是鎮守在福建沿海。正是在這期間，他曾率軍三次進入臺灣、澎湖，殲倭寇，驅荷蘭入侵者，成功地保衛了臺灣。第一次1602年冬，倭寇侵佔東番（臺灣），四處殘害我福建商民與臺灣原住民同胞。沈有容冒颱風之險，率21艘戰艦拼死渡海，前往東番，全殲了這股倭寇，使福建商民與高山族同胞重見天日。第二次是1604年，荷蘭東印度公司韋麻郎等擁三艘巨艦，趁明軍換防之際，佔領了馬公島（澎湖島）。他們以互市為名，企圖向葡萄牙佔領澳門一樣永遠佔領澎湖列島。沈有容在福建八閩軍心思遁的危殆情勢下，經過嚴密部署，不顧自身安危，單舟馳往荷蘭艦船，指陳利害，嚴正曉諭，不費一槍一彈便迫使韋麻郎退兵。第三次是在1617年，日本幕府將軍德川家康，命令長崎代官村山安等佔領臺灣，沈有容先以威名製服明石道友一軍，然後率水師在東沙島（白犬島）合璧圍困，採取以倭制倭的辦法，迫使在該島頑抗的倭寇棄械投降。沈有容三次保衛臺灣，其功於國於臺，殊非淺顯。現在臺灣澎湖縣馬公市澎湖天后宮還留有「沈有容諭退紅毛番韋麻郎等」的石碑，為臺灣現存年代最早的石碑。

〔註7〕連橫，《臺灣通史》下冊，商務印書館，1996年，第508頁。

〔註8〕程紹綱譯注，《荷蘭人在福爾摩莎》，經聯出版，2000年，第54頁。

被生活所迫，為其壯志所動的少年紛紛投奔，為鄭氏家族日後控制臺灣莫定了基礎。根據《臺灣文化志》記載，當時「崇禎年間，全閩大饑，鄭芝龍為之建策，請巡撫熊文燦，以舟舶移饑民數萬於臺灣，人給銀三兩，三人給牛一頭，使墾島荒。」〔註9〕關於此歷史，在《聖武記》及《賜姓始末》中也有記載。另外，諸如《臺海使槎錄》、《鄭成功傳》等，都認為「臺有居人，自芝龍等始」、「臺灣有中國民自思齊始」等，故可以認定漢民族與臺灣的互動關係，最早記載於沈有容征東番及陳第的《東番記》，但從顏思齊、鄭芝龍起，對臺灣的文字記載才開始多起來，「能見其多數定居蓋始於此。」〔註10〕此後荷蘭人乘虛於 1624 年又再次佔領了臺灣。1661 年 3 月，民族英雄鄭成功從侵略者手中奪回我國領土臺灣。此後不久臺灣就正式收歸到中國版圖之中。

回顧臺灣的歷史，可以看出臺灣從來就不是個獨立的「國家」。正如習近平總書記在《在福建省暨泉州市各界紀念鄭成功收復臺灣 335 週年大會上的講話》中指導的那樣：「臺灣自古就是中國的神聖領土的一部分」。臺灣雖與大陸之間有數次分分合合的經歷，但兩岸同屬一中的屬性並沒有因為歷史的變遷而有質變，故兩岸未來一定會走向終極統一，這是歷史發展的大方向，是不以人的意志為轉移的。

（二）鄭成功是「我國歷史上一位傑出的民族英雄」

16 世紀以後，外國侵略者的魔爪開始伸向我國大陸東南沿海和臺灣地區。1624 年，荷蘭殖民者侵佔了我國臺灣，在臺灣實行殘酷的殖民主義統治，並經常向福建沿海地區進行掠奪騷擾。臺灣人民為了擺脫外來侵略者壓迫，1652年爆發了大規模的抗荷起義。福建沿海軍民為了抗擊荷蘭殖民者的侵略行徑，也進行了長期艱苦的鬥爭。1659 年，鄭成功屯兵廈門，開始準備東征收復臺灣。1661 年 2 月，鄭成功召開軍事會議，果斷地作出東征收復臺灣的決定。4月 21 日，他親自率領 2 萬 5 千名官兵、數百艘戰船，從金門料羅灣出發。在臺灣人民的支持下，鄭成功和東征臺灣的將士們經過 9 個多月的英勇奮戰，徹底擊敗了荷蘭殖民者，迫使殖民者在 1662 年 2 月 1 日簽字投降，被侵佔長達38 年之久的臺灣終於回到了中國的懷抱。故習近平在「講話」中認為：「鄭成功不愧是我國歷史上一位傑出的民族英雄。他的歷史功績在於以大無畏的英稚氣概，克服種種困難，把荷蘭殖民者從臺灣趕走，使臺灣擺脫了外來侵略者

〔註9〕伊能嘉矩，《臺灣文化志》（上），第 72 頁。
〔註10〕伊能嘉矩，《臺灣文化志》（上），第 72 頁。

的統治，阻止了西方外來勢力對中國的侵略，維護了中國領土的完整，在中國歷史上寫下了光輝的一頁，永遠值得後人紀念。」

史料證實，在 1628 年鄭芝龍降於福建巡撫熊文燦以前，鄭氏家族對臺灣有絕對的控制權力。儘管他們只是作為漢民族的海盜之首，但在十六、十七世紀歐洲人東來初期，順應時代潮流，以臺灣本島為根據地，以海上的軍事勢力作為後盾，遠涉外洋，縱橫三千公里的海域，以大無畏的精神抗衡和挑戰歐洲人的海上霸權，稱雄於閩臺海疆，繼沈有容將臺灣納入到中華防禦體系後，又將東南沿海的海上的貿易權控制在中華民族的手中，故早在荷蘭人控制臺灣以前，以鄭芝龍等為代表的漢民族，已經將臺灣帶入世界貿易體系中。這為鄭成功收復臺灣奠定了基礎。

鄭芝龍曾受明朝招撫，鄭成功年青時受唐王賞識，得以賜皇家姓氏，並改名為成功。其在父親鄭芝龍降清後，仍舊尊明王朝為「正朔」，鄭芝龍在廈門、金門所建立的政權，屬明朝政府的流亡政權。鄭成功在臺灣所建立的政府，當然也是屬明朝政府的流亡政權。

鄭成功收復臺灣後，更在臺灣進行了大量的開發措施，仿傚明政府郡縣制，來制定當時臺灣的行政規則，改赤崁地方為東都明京，將普羅民遮城改為承天府，以今鹽水溪為界，置天興縣、成年縣。同時，在中央行政組織上，也如同明朝一樣，設立吏、戶、禮、兵、刑、工等六部。這些都證明鄭成功在臺灣的政權，具有中華王朝帝國的一般政權的形態。

鄭成功攻取臺灣的目的，是在此建立「反清復明」的根據地，在臺灣所建立的政權，是中華明王朝帝國政權在臺灣的延續。故一些臺獨歷史學者將鄭成功家族在臺灣建立的政權，視為單純的個人家族政權，是不符合歷史事實的。

（三）紀念鄭成功「弘揚維護祖國領土完整的崇高愛國主義精神」

國家領土完整，是每個主權國家的神聖權利，也是國際法的基本原則。但近代隨著西方資本主義的發展，其對商業資本和財富的渴望，使其走上對外殖民擴張的道路。這種殖民擴張伴隨著赤裸裸的掠奪與壓迫。鄭成功所處的年代，正是歐洲資本主義的初期發展階段，並開始野蠻的原始積累對外擴張時期。一場以算與火的征服為標誌的殖民活動，便在世界許多角落展開。殖民主義者霸佔土地、掠奪財富，手段之殘酷無以復加。但是，在三百多年前，殖民地人民普通處於尚未覺醒階段，對殖民主義者的侵略本質還處於難以全面認識之時，要組織起來和殖民主義者進行鬥爭，並從他們手中奪回被霸佔的土地

在當時的世界歷史上並不多見。

按當時民族發展史觀來看,在明末清初民族大融合之時,所謂「國家」與「疆域」的變化也處於頻繁變動期。被滿族佔領地區,自是清王朝的區域,而沒有被清佔領的地區或勢力不及地區,還屬明王朝。1661 年,鄭成功撤離金門,攻取臺灣島,其後在臺灣建立的政權,雖從形勢上看似一個家族的政權,但實質上卻是以明朝做為其正朔。其實深追究的話,中國歷代王朝基本上都是家族政權,這是中華民族幾千年來發展史上的一個重要特點。而隨著一個民族或幾個民族的興起、發展與衰落,其各民族之間的融合會加速,以家族為代表的一部分人掌握了政權,新的王朝就建立了。而前一個衰落的家族王朝,必然以各種方式來抵抗。鄭成功在大陸及臺灣的政權,正是這種性質的政權。故鄭成功在臺灣所建立的政權性質,就是這種中華王朝家族政權的一種。

故從近代民族主義的角度來講,鄭成功率兵東進,用武力把荷蘭殖民主義者驅逐出臺灣。這一偉大的壯舉,為世代的中國人民樹起一面鮮豔的愛國主義旗幟,樹立起一面捍衛國家領土獨立和完整的旗幟,這兩面旗幟使鄭成功的復臺功業彪炳千秋,永垂中華青史。故習進平認為鄭成功「光輝名字是與愛國主義精神緊密聯繫在一起的,這種崇高的愛國主義精神,是中華民族酷愛自由、反對民族壓迫、富於革命鬥爭精神的生動體現。……紀念鄭成功收復臺灣的偉大壯舉,緬懷鄭成功的歷史功績,弘揚鄭成功維護祖國領土完整的崇高愛國主義精神,這是很有意義的。」

愛國主義歷來是中華民族最為濃厚的歷史情感,是凝聚和鼓舞各族人民團結奮鬥的一面旗幟,是中華民族一種巨大的精神力量。在當代中國,愛國主義同社會主義有機地統一於建設有中國特色社會主義的偉大實踐,是鼓舞全國人民實現民族振興的強大動力。要繼承愛國主義傳統,弘揚鄭成功的愛國主義精神,增強民族振興和國家富強的責任感、使命感、緊迫感,進一步激發各族人民的愛國熱情,團結包括臺灣同胞、港澳同胞和海外僑胞在內的所有愛國力量,發展最廣泛的愛國統一戰線,齊心協力,奮發圖強,為中華民族的全面振興作出積極的貢獻。

(四)福建在兩岸關係中「擔負著重要責任」

福建與臺灣有著深層的歷史淵源。福建和臺灣的「地緣近、血緣親、文緣深、商緣廣、法緣久」的「五緣」關係,決定了福建在發展兩岸關係中的獨特地位和作用。尤其是改革開放以來福建從對臺前線轉變為對臺交流與合作的

前沿平臺，在貿易、投資、人員往來等方面與臺灣的交流與合作都走在全國前列。從三十多年的歷史回顧來看，福建對臺關係發展的歷程中可以清晰地看出福建在兩岸關係中的地位與作用。

習進平在「講話」中也明確提出：「福建面對臺灣，在發展兩岸關係，實施祖國統一中處於特殊的地位，擔負著重要的責任。」福建是鄭成功的故鄉，也是眾多臺灣同胞的祖籍地。「南天留祠宇，稱名則婦孺皆知」，在閩臺兩地，鄭成功的光輝業績到處流傳，臺南的赤嵌樓、延平郡王祠，南安的鄭成功陵墓，廈門的日光岩水操臺等，都是全國著名的史蹟。

在兩岸關係發展的三十多年中，福建積極發揮對臺的「五緣」優勢，在許多方面先行先試，為擴大兩岸交流與合作，推動兩岸關係發展作出了重要貢獻，充分體現了福建在兩岸關係中的獨特性和重要性。

在兩岸關係發展的每個關節點，中央都賦予福建「先行先試」政策，福建也大力貫徹落實，並取得成效，凸顯福建在兩岸關係和貫徹中央對臺方針政策中的先行作用、試驗作用和推動作用。經過近三十年的發展，兩岸已呈現全方位、大交流、大合作的局面，兩岸實現「三通」、經貿往來日益密切。

未來，在民進黨重新執政以後，兩岸關係可能出現一些干擾性因素，故福建應進一步發揮「五緣」優勢，抓住加快建設海峽西岸經濟區的機遇，爭取對臺合作更高層次上有所突破，並推動閩臺經貿合作在更廣泛的領域裏獲得雙贏，為推動祖國統一作出更大的貢獻。

（五）兩岸的統一是「中華民族共同的根本利益所在」

實現國家的完全統一，是海內外中華兒女的共同心願，是中華民族根本利益所在，對實現國家繁榮富強和民族偉大復興具有巨大的推動作用。故習進平在講話中提出：「目前，臺灣與祖國大陸人為隔離的狀態，違背了包括臺灣同胞在內的全體中國人民的根本利益。」國家的「完全統一是海峽兩岸同胞的共同心願，是中華民族共同的根本利益所在，是不可阻擋的歷史潮流。」

首先，實現國家完全統一是中華民族偉大復興的歷史任務之一。兩岸目前的現狀，是由於冷戰體製造成的。在冷戰體制已經瓦解，但冷戰思維依然存在的今天，實現國家完全的統一，是民族復興的重要標誌。沒有國家的完全統一，就沒有完全意義上的民族復興。中華民族的偉大復興，既是一個走向現代化的實現繁榮強盛的過程，同時也是一個實現國家完全統一的過程。只有實現國家的完全統一，才能更好地在國際上展現中華民族團結奮進、朝氣蓬勃的雄姿，

使中華民族真正屹立於世界民族之林。

其次，維護國家的統一是中華民族的愛國主義傳統。國家的統一，反映了人民對於和平和安定的渴望與追求，也是經濟社會發展和進步的表現，更有利於各民族之間的親密合作和交流。民族團結和國家統一始終是中華民族歷史發展的主流。在中國歷史上，出賣國家民族利益、製造分裂的人，歷來被人民所唾棄；各族人民以堅忍不拔的意志，同各種分裂勢力及其活動進行堅決鬥爭。故中華民族富有愛國主義傳統，它是動員和鼓舞中國人民團結奮鬥的一面旗幟，是維護民族團結和國家統一、推動我國是和歷史前進的巨大力量和共同的精神支柱。

第三，實現國家完全統一是中國人民不可動搖的堅強意志。民族團結和國家統一，符合我國各族人民的根本利益，符合中國社會發展的歷史潮流。實現祖國完全統一是包括臺灣同胞在內的所有海內外中華兒女的共同心願。中國共產黨代表中國最廣大人民的根本利益，始終高舉愛國主義的偉大旗幟，把捍衛民族尊嚴、實現祖國完全統一、維護國家主權和領土完整作為自己神聖的歷史使命，並帶領中國人民為之英勇奮鬥。無論在國家統一的道路上遇到多大的艱難險阻，無論國內外敵對勢力如何阻撓破壞，都動搖不了黨和人民實現國家完全統一的堅定信念和堅強決心。

目前世界處於一元向多元格局轉變的重要期，中國共產黨提出「和平統一、一國兩制」的科學構想，是解決臺灣問題、完成祖國和平統一大業的基本方針，但也沒有放棄武力解決的可能。希望臺灣未來民進黨執政當局以民族大義為重，真正回到一個中國的立場上來，為發展兩岸關係、實現祖國統一邁出切實的步伐。同時，我們也相信無論在前進道路上有多少困難，國家的完全統一定要實現，也一定能夠實現。

小結

綜上所述，對鄭成功收復臺灣的評價問題，學術界歷來有爭議。一種說法是，鄭成功發兵收復臺灣，是被動的。因為，在清軍的重重壓制之下，東南沿海幾為不保，鄭成功可以迴旋的戰略餘地越來越小，為了找到一個安全的根據地抵抗滿清和從事反清復明大業，不得已而兵發臺灣。另一種說法是，鄭成功收復臺灣是早有計劃的，持這種說法的是我國著名人類學家、民族學家廈門大學的人類學字陳國強教授，他認為，鄭成功收復臺灣是早有計劃的，是代表中

國人民反抗外國侵略的意志和光榮傳統，而不是為抗清所迫才去收復臺灣的。
〔註 11〕還有學者認為，鄭成功復臺的主觀動機既非為了把臺灣作為抗清的基地，也不是為驅逐荷夷，收復中國的領土。鄭收復臺灣的動機只有一個：要占其地，治其民，割據一隅，自立一方，然後等待機會，徐圖大舉，建立全國性的鄭氏統一政權。〔註12〕

　　筆者以為，真正促使鄭成功下決心收復臺灣的因素當然是多個方面的，其中最重要的就是鄭成功軍隊在清政府的巨大軍事壓力下，急需要臺灣這塊能夠解決幾十萬兵員的糧餉物資供應的後方基地；且根據各種渠道，包括何斌提供臺灣的情況，知道荷蘭在臺灣的兵力部署情況，能夠做到出戰必勝。另外，臺灣的大部分的漢民都是鄭芝龍組織移民渡海而去的，有許多鄭芝龍的追隨者，有著較好的群眾基礎。不管當時鄭成功當時收復臺灣的原因如何，從歷史的長河來看，鄭成功從荷蘭人手裏收復了臺灣並在臺灣建立第一個漢民族中央集權政權，將大陸的「唐山」文化帶入臺灣，使中國的基因深刻地印在臺灣這塊土地上。鄭成功在臺灣的建立的政權，雖是「地方割據」性質，但其打的是大明的旗幟，代表是歷史上中國的「明朝」，後人稱之為「明鄭」。而「明鄭」這種地方割據政權，在中國朝代更替時期是常有的政權存在形式。也是清政府收復臺灣，臺灣成為中國領土的歷史依據。

〔註11〕陳國強，《論鄭成功的歷史貢獻》，《福建學刊》，1993 年 01 期。
〔註12〕莫樹燦，《淺析鄭成功收復臺灣的主觀動機》，《東南文化》，1990 年 03 期。

第五章 清統一臺灣納入版圖的國際法意義

　　1661 年鄭成功收復臺灣與 1683 年施琅將軍代表清政府統一臺灣，是對臺灣歷史發展走向造成深遠影響的兩次軍事行動。鄭成功作為收復臺灣的民族英雄，其歷史地位得到了極高的評價。而施琅作為清朝統一臺灣的主將，則始終未能得到應有的肯定。在對施琅的評價中，首先應該弄清楚的是清朝與臺灣鄭氏的戰爭性質。鄭成功去逝後臺灣「鄭經集團」已經變成分裂割據勢力，所以施琅與臺灣鄭氏之間的戰爭，在性質上是維護國家統一反對分裂的正義戰爭。臺灣在地緣上是中國大陸的離島，在歷史上一直以中華王朝帝國邊緣的一部分而存在。十七世紀隨著西方殖民者東漸，由於其背靠大陸面向太平洋的地緣位置，開始成為海盜及西方殖民者的蝸居地，也開始其重要的變更時期。特別是施琅將軍統一臺灣，使臺灣從不被重視的地緣邊緣地帶，正式納入「大清帝國」的疆域版圖內，並建制進行長期有效的統治，完成了臺灣作為中國領土近代國際法上的主權實踐。

一、施琅統一臺灣是中國歷史上最大規模的跨海戰役

　　清朝入關之初，因忙於統一戰爭，無暇顧及臺灣。康熙繼位以後，清朝內地的反抗逐漸平息，政局趨於穩固，而在臺灣的鄭氏則時刻想侵擾清政權，成為清政府東南大患。

　　鄭成功收臺的次年即病逝，繼位的鄭經利用康熙初年三藩之亂之機會，渡海西攻清朝福建，甚至廣東沿海。1673 年，清廷下詔撤「三藩」，導致吳三桂

起兵反清。次年，耿精忠在福州響應，自稱總統兵馬大將軍，分三路出兵：東路攻浙江溫、臺、處三州；西路攻江西廣信、建昌、饒州；中路攻浙江金華、衢州，並請臺灣鄭經攻廣東潮州、惠州，同時邀臺灣鄭經由海道取沿海郡縣為聲援，一時兵勢甚盛。

三藩之亂後期，清軍逐漸佔據優勢，鄭氏在閩粵沿海的勢力開始被驅逐出去。一方面，鄭氏不斷對東南沿海的侵襲影響到清朝東南賦稅之地的穩定，同時也不利於南方民心的穩定；另一方面，臺灣的鄭氏也被認為是明朝正統，成為反清復明的最後基地。臺灣繼續孤懸海外，不利於多民族封建專制主義中央集權國家的鞏固和統一。因此，清朝收取臺灣勢在必行。

早在康熙初年，清朝就與臺灣鄭氏當局有了交流。1662 年，鄭成功病逝後不久，清廷即派人前往廈門招撫鄭經。其時，鄭經與其叔父鄭世襲正處於火並之中，鄭經害怕清廷「指日加兵，內外受困」，因此，陽奉陰違，虛與應付，以「苟延歲月」。鄭成功死後，鄭經繼承其位，則提出「請如琉球、朝鮮例，不登岸，不剃髮易衣冠」。清廷當然不會答應，雙方仍成對峙局面。當年十月，清軍分三路攻廈門等地，清軍擊敗鄭軍，攻佔了廈門。鄭經退守銅山。後鄭軍軍官眼看大勢已去，紛紛率兵降清，致使鄭軍在大陸沿海據點紛紛失守。

1664 年，清廷授福建提督水師總兵官施琅為靖海將軍，令其統帥水師，前往征剿鄭經。施琅率水師先後三次渡海，均因颱風襲擊而未成功。1667 年，清廷又派福建招撫總兵官孔元章先後兩次渡海招撫鄭經，但鄭經仍頑固地堅持所謂「朝鮮例」，招撫未成。1668 年，康熙令施琅來京師，商討進兵臺灣的大計。

施琅到京師後，詳陳武力統一臺灣的意見，但因當時天下初定，沿海地區人心未穩，施琅的意見未被採納。不過，康熙帝意識到武力統一臺灣只是時間問題，因此儘管未採納施琅的意見，但命其為內大臣，留在京師，以備應急之用。

三藩之亂結束後，清朝的統治更加穩固，收復臺灣事宜就被提上了日程。康熙對收取臺灣的事務十分熱心，1677 年，恢復福建水師體制。1679 年，康熙任命湖南嶽州水師總兵官萬正色為福建水師提督。至是年年底，福建水師有戰船已經達到 240 艘，官兵 28580 名。同年，清政府實施遷界令，嚴重打擊鄭氏王朝的貿易，糧食補給也出現問題，鄭經下令每戶人家每個月必須多繳一斗米，將領也必須用自己的俸祿充軍，仍沒辦法解除危機。

　　1680 年，鄭經和清朝的戰爭失利，放棄廈門、金門，退往臺灣。福建總督姚啟聖打算趁勢進攻臺灣，但遭福建水師提督萬正色反對，加上一些大臣支持萬正色的看法，康熙也顧慮在西南的吳世璠未解決，決定暫緩進攻。

　　1681 年，鄭經中風而死，鄭氏臺灣內部發生政變，年僅 12 歲的鄭克塽繼任延平王，大權實際上為馮錫範、劉國軒掌握，鄭氏官員向心力開始動搖，負責與清朝談和的傅為霖甚至願當內應。姚啟聖認為這是進攻臺灣的好時機，但萬正色仍反對出兵。姚啟聖便向康熙帝推薦施琅。康熙帝也不滿萬正色反戰的態度，便同意施琅擔任水師提督，萬正色調任陸師提督。

　　按照康熙的規劃，應由姚啟聖、萬正色、巡撫吳興祚一起商討作戰，施琅卻打算排除姚啟聖等人的節制，以便能全權進攻臺灣，不過康熙帝只同意吳興祚負責後勤，仍然命令姚啟聖和施琅共同出兵。

　　1682 年 4 月，福建水師提督施琅向康熙密陳征臺征討臺灣的方案，主要內容為，其一，明鄭的間諜潛伏福建甚多，所以必須使用反間計，亂其黨羽而讓他們彼此猜疑；第二，實施聲東擊西的策略，刻意釋放假消息，聲稱清軍要利用北風進軍；第三，明鄭的水師已經在澎湖加強佈防，可能駐屯的地方是西嶼南段的兩個港口及澎湖的最大港；第四，這次發兵的地點已不再是金門，也不是姚啟勝所主張的福州，而是漳州府詔安縣的銅山，即今天的東山島。

　　1682 年 6 月 10 日，清軍抵達銅山島，姚啟聖和施琅卻在爭執出兵時機，姚啟聖主張利用冬天的北風，施琅主張利用夏天的南風，導致清軍無法順利出兵。最後康熙於 11 月 15 日裁定由施琅負責前線作戰，姚啟聖改任負責後勤，才讓施琅如願取得統帥權。12 月 1 日，施琅率領約 21000 人，軍艦 238 艘前往興化平海衛訓練軍隊。而姚啟聖雖主張出兵，但沒有放棄談判，且負責談判的劉國軒不接受剃髮易服，談判因此破裂。在這裡必須強調的是，清政府一直都是希望透過談判來化解與鄭氏的矛盾，從鄭成功舉兵開始，針對鄭成功的有 6 次，針對鄭經的有 8 次，加上最後這次前後總共達 15 次之多，最終皆以失敗而告終。第 15 次談判破裂之後，康熙帝下令施琅盡速進攻。

　　鄭經於 1680 年退守臺灣後，澎湖成為前線要地，但當時的防守十分薄弱。後施琅抵達廈門以及傅為霖為清軍內應事情爆發，劉國軒前往澎湖以強化守備，他在娘媽宮、風櫃尾、四角嶼、雞籠嶼四處築城，又在東蒔、西蒔、內塹、外塹、西嶼頭、牛心山等險要之處設置炮臺，還在海邊建造矮牆並配置火銃，阻止清軍登陸。後劉國軒得知施琅的進攻目標是澎湖，便從臺灣本島調鄉兵到

澎湖，並將商船以及私人用船都改為軍艦以便應戰。

1683 年 7 月 8 日，施琅從銅山島出發，姚啟聖也撥 3000 人同施琅出征，當時清軍大約有 24000 多人，大鳥船 70 艘、趕繒船 103 艘、雙帆居船 65 艘。10 日，施琅進攻娘媽宮，以速度快的鳥船當作先鋒。劉國軒讓林升、江勝指揮水軍，邱輝為先鋒，自己在娘媽宮港口督戰。當時受風勢阻擾，清軍不敢前進，只有以藍理為首的 7 隻艦隊突入鄭軍。施琅再派出第二波鳥船部隊，交戰不久後開始漲潮，一些清軍船隻被海水沖向岸邊，鄭軍趁勢將艦隊分成兩翼包圍清軍。施琅見狀趕緊突入鄭軍，想解救被圍困的船隻，在交戰中被火銃射傷右眼，後撤離戰場，到西嶼附近的海上。

由於此時正是颱風季，施琅於 11 日返回八罩島。八罩島地形險惡，船隻遇暴風很容易撞上島邊的暗礁。劉國軒趁機親自進攻清軍卻被施琅擊退。施琅趁勢於 12 日先派戰船攻取澎湖港外虎井嶼、桶盤嶼。

16 日，施琅發動總攻擊，將艦隊分成三路，即中路：共有 56 艘船，分成 8 隊，每隊有 7 艘船。由施琅親自指揮，作為主力進攻娘媽宮；右路：共有 50 艘船，由總兵陳蟒等從澎湖港口東側東蒔攻入雞籠嶼、四角嶼，之後會合中央部隊夾攻鄭軍；左路：共有 50 艘船，由總兵董義等從澎湖港口西側內塹攻入牛心灣，讓鄭軍誤判清軍要在此地登陸；剩下約 80 艘當後援部隊。

此時海上吹起西北風，鄭軍順著風勢進攻，一時處於優勢，清將朱天貴被炮擊而死。但施琅並沒有退縮。中午時分，海上風向開始轉向為南風，風向的轉對清軍十分有利。施琅命令全軍反攻，順著風勢發射各種火器，並且以數船圍攻鄭軍一船，鄭軍全面崩潰，江勝戰死、邱輝自焚。共斃傷鄭軍 12000 人，俘 5000 餘人。擊毀、繳獲戰船 190 餘艘。劉國軒眼見大勢已去，率領殘餘部隊從北面吼門退往臺灣，澎湖各島鄭軍都向施琅投降。清軍陣亡 329 人，傷 1800 餘人，船隻無一損失。

施琅用月餘左右時間戰勝鄭軍拿下澎湖後，考慮臺灣水道非常險惡，進軍困難，施琅決定暫緩進攻，採取攻心戰術，讓鄭氏王朝從內部崩潰。施琅在澎湖禁止殺戮，張榜安民，還發布《安撫輸誠示》，以裂解鄭氏軍隊的人心。施琅還派原劉國軒副將曾蜚赴臺。派人醫治受傷戰俘，並配給他們衣服、糧食，再將士兵送回臺灣。施琅還採用各種辦法拉攏鄭軍將領為內應，防守淡水的何佑首先投降，其他將領也跟進。

澎湖為臺灣門戶，一旦失守，臺灣即失去了屏障。由於鄭氏集團政治腐敗，

所以清廷統一臺灣得到臺灣各族人民的支持和擁護，清軍至臺灣時「百姓壺漿相繼於路，海兵皆預制清朝旗號以迎王師」。9 月 3 日，施琅率軍在臺灣登陸。鄭克塽於 9 月 5 日向施琅投降，並於 10 月 8 日剃髮易服，明鄭王朝正式滅亡。

二、「棄留問題」的真實意涵是治臺策略的討論

清政府通過 15 次談判未果，最後通過施琅準備多年的大海戰才最終平定臺灣的鄭氏割據政權。但此時就臺灣的統治方式，清政府內部出現了不同的聲音，即後來歷史學上所謂的「臺灣棄留論」。

實際上所謂「臺灣棄留論」是清政府內部對臺灣統治政策的討論。1683 年 7 月 16 日，澎湖之戰施琅大勝。7 月 13 日，鄭克塽派人前來澎湖請降，施琅以鄭氏必須將人民土地納入版圖作為受降條件之一。9 月，施琅將軍奏請康熙帝，就清軍在臺灣的去留問題給予指示。這裡所謂的「去留問題」是指清軍是否要繼續駐守還是退出臺灣，而不是要放棄臺灣之意。

歷史上的中國一直都是陸權國家，歷朝歷代的危險都來自大陸地區的各少數民族。因臺灣遠離中土，並有臺灣海峽隔海相望，以當時的交通技術而言是十分不方便的，又由於當時的朝臣們的地理知識有限，對新興的國際法也沒有瞭解，更沒有親自到過福建及參加征臺之役，因此難以理解臺灣的重要性。因此就連康熙皇帝也認為臺灣無足輕重，「臺灣海外地方，無甚關係」「即臺灣未順，亦不足為治道之缺」「海賊乃疥癬之疾，臺灣僅彈丸之地，得之無所加，不得無所損」[註1]。

一般研究界認為主張「放棄」臺灣的代表人物是內閣大學士李光地，因他提出：「臺灣隔在大洋以外，聲息皆不通」，主張「空其地，任夷人居之，而納款通貢，即為賀蘭有亦聽之」。[註2] 另外，還有一些朝廷官員認為，臺灣土地狹小，人口稀少，財賦無多，又遠隔重洋，如派兵駐守，不僅糜費糧餉，而且鞭長莫及，主張僅守「澎湖」。

10 月，福建總督姚啟聖接兵部密函得知此事後，於 7 日具疏密函，提出「今幸克取臺灣矣，若棄而不守，勢必仍作賊巢，曠日持久之後，萬一蔓延再如鄭賊者，不又大費天心乎」「查粵東之瓊州、江南之崇明，均係孤懸海外，今俱入版圖者」「況臺灣廣土眾民，戶口十數萬，歲出錢糧似乎足資一鎮一縣

〔註 1〕《清聖祖實錄選輯.文叢 65》，第 127 頁。
〔註 2〕《榕村續語錄》，轉引自戚嘉林：《臺灣史（一）》，第 300 頁。

之用，亦不必多費國帑，此天之所以為皇上廣輿圖而大一統也，似未敢輕言棄置也。查澎湖係泉州府晉江縣所屬地方，明季提標每年委游擊一員，帶兵一千六百名輪班防守，今亦應躊而行之，以成唇齒輔車之勢。」〔註3〕

　　清政府就軍隊是否「派兵」駐臺納入行政的爭論朝野莫衷一是。在事關臺灣命運的關鍵時刻，施琅慷慨陳詞，直抒己見，於12月12日提出臺灣史上具有深遠歷史意義的《恭陳臺灣棄留疏》，其內容如下：

　　　　太子少保、靖海將軍、靖海侯、兼管福建水師提督事務、臣施琅謹題。為恭陳臺灣棄留之利害、祈睿裁事：竊照臺灣地方，北連吳會，南接粵嶠，延袤數千里，山川峻峭，港道迂迴，乃江、浙、閩、粵四省之左護；隔離澎湖一大洋，水道三更餘遙。查明季設水澎標於金門所，出汛至澎湖而止，水道亦有七更餘遙。臺灣一地，原屬化外，土番雜處，未入版圖也。然其時中國之民潛至、生聚於其間者，已不下萬人。鄭芝龍為海寇時，以為巢穴。及崇禎元年，鄭芝龍就撫，將此地稅與紅毛為互市之所。紅毛遂聯絡土番，招納內地人民，成一海外之國，漸作邊患。至順治十八年，為海逆鄭成功所攻破，盤踞其地，糾集亡命，挾誘土番，荼毒海疆，窺伺南北，侵犯江、浙。傳及其孫克塽，六十餘年，無時不仰廑宸衷。

　　　　臣奉旨征討，親歷其地，備見野沃土膏，物產利薄，耕桑並耦，魚鹽滋生，滿山皆屬茂樹，遍處俱植修竹。硫磺、水藤、糖蔗、鹿皮，以及一切日用之需，無所不有。向之所少者布帛耳，茲則木棉盛出，經織不乏。且舟帆四達，絲縷踵至，餉禁雖嚴，終難杜絕。實肥饒之區，險阻之域。逆孽乃一旦凜天威，懷聖德，納土歸命；此誠天以未闢之方輿，資皇上東南之保障，永絕邊海之禍患，豈人力所能致？

　　　　夫地方既入版圖，土番、人民，均屬赤子。善後之計，尤宜周詳。此地若棄為荒陬，復置度外，則今臺灣人居稠密，戶口繁息，農工商賈，各遂其生，一行徙棄，安土重遷，失業流離，殊費經營，實非長策。況以有限之船，渡無限之民，非閱數年難以報竣。使渡載不盡，苟且塞責，則該地之深山窮谷，竄伏潛匿者，實繁有徒，和同土番，從而嘯聚，假以內地之逃軍閩民，急則走險，糾黨為祟，

〔註3〕余文儀：《繼修臺灣府志，文叢（121）》，第663頁。

造船製器，剽掠濱海；此所謂藉寇兵而齎盜糧，固昭然較著者。甚至此地原為紅毛住處，無時不在涎貪，亦必乘隙以圖。一為紅毛所有，則彼性狡黠，所到之處，善能鼓惑人心。重以夾板船隻，精壯堅大，從來乃海外所不敵。未有土地可以託足，尚無伎倆；若以此既得數千里之膏腴復付依泊，必合黨夥竊窺邊場，迫近門庭。此乃種禍後來，沿海諸省，斷難晏然無慮。至時復動師遠征，兩涉大洋，波濤不測，恐未易再建成效。如僅守澎湖，而棄臺灣，則澎湖孤懸汪洋之中，土地單薄，界於臺灣，遠隔金廈，豈不受制於彼而能一朝居哉？是守臺灣則所以固澎湖。臺灣、澎湖，一守兼之。沿邊水師，汛防嚴密，各相犄角，聲氣關通，應援易及，可以寧息。況昔日鄭逆所以得負抗逋誅者，以臺灣為老窠，以澎湖為門戶，四通八達，游移肆虐，任其所之。我之舟師，往來有阻。今地方既為我得，在在官兵，星羅棋佈，風期順利，片帆可至，雖有奸萌，不敢復發。臣業與部臣蘇拜、撫臣金鋐等會議之中。部臣、撫臣未履其地，去留未敢遽決；臣閱歷周詳，不敢遽議輕棄者也。

伏思皇上建極以來，仁風遐揚，宜聲遠播，四海賓貢，萬國咸寧；日月所照，霜露所墜，凡有血氣，莫不臣服。以斯方拓之土，奚難設守，以為東南數省之藩籬？且海氛既靖，內地溢設之官兵，盡可陸續汰減，以之分防臺灣、澎湖兩處。臺灣設總兵一員、水師副將一員、陸師參將二員，兵八千名；澎湖設水師副將一員，兵二千名。通共計兵一萬名，足以固守。又無添兵增餉之費。其防守總兵、副、參、遊等官，定以三年或二年轉升內地，無致久任，永為成例。在我皇上憂爵重祿，推心置腹，大小將弁，誰不勉勵竭忠？然當此地方初闢，該地正賦、雜餉，殊宜蠲豁。見在一萬之兵食，權行全給。三年後開徵，可以佐需。抑亦寓兵於農，亦能濟用，可以減省，無庸盡資內地之轉輸也。

蓋籌天下之形勢，必求萬全。臺灣一地，雖屬多島，實關四省之要害。勿謂被中耕種，猶能少資兵食，固當議留；即為不毛荒壤，必藉內地挽運，亦斷斷乎其不可棄。惟去留之際，利害攸繫，恐有知而不言。如我朝兵力，比於前代，何等強盛，當時封疆大臣，無經國遠猷，矢志圖賊，狃於目前苟安為計，劃遷五省邊地以避寇患，

致賊勢愈熾而民生顛沛。往事不臧，禍延及今，重遺朝廷宵旰之憂。
臣仰荷洪恩，天高地厚，行年六十有餘，衰老浮生，頻愧報稱末由。
熟審該地形勢，而不敢不言。蓋臣今日知而不言，至於後來，萬或
滋蔓難圖，竊恐皇上責臣以緘默之罪，又焉所自逭？故當此地方削
平，定計去留，莫敢擔承，臣思棄之必釀成大禍，留之誠永固邊圉。
會議之際，臣雖諄諄極道，難盡其詞。在部臣、撫臣等耳目未經，
又不能盡悉其概，是以臣於會議具疏之外，不避冒瀆，以其利害自
行詳細披陳。但事關朝廷封疆重大，棄留出自乾斷外，臺灣地圖一
張，附馬塘遞進御覽。緣係條議臺灣去留事宜，貼黃難盡，伏乞皇
上睿鑒施行。〔註4〕

　　施琅在奏疏中首先闡明了臺灣的「戰略樞紐」地位：「竊照臺灣地方，北
連吳會，南接粵嶠，延袤數千里，山川峻峭，港道迂迴，乃江、浙、閩、粵四
省之左護。」「臺灣一地，雖屬多島，實關四省之要害。」用「江、浙、閩、
粵四省之左護」九個字，指出了臺灣對我國東南沿海的戰略屏障作用。用「一
守兼之」四個字，揭示了臺灣與中國東南沿海的戰略關聯價值。

　　施琅還在奏摺中提出要固守臺灣，「如僅守澎湖，而棄臺灣，則澎湖孤懸
汪洋之中，土地單薄，界於臺灣，遠隔金廈，豈不受制於彼而能一朝居哉？是
守臺灣則所以固澎湖。臺灣、澎湖，一守兼之。」「即為不毛荒壤，必藉內地
挽運，亦斷斷乎其不可棄。」

　　施琅以其數十年對臺灣的認知理解，以征戰臺海親身經歷為佐證，以其一
腔熾熱的愛國熱忱，深刻闡述如果臺灣棄而不守，必將重歸荷蘭人之手，將成
為中國百年之大患。

　　施琅所上的這道奏疏，其歷史意義遠遠超過出兵收復臺灣，促使臺灣保留
在清朝版圖之中，對於鞏固東南海防和固有領土主權具有深遠的歷史影響。

三、新時期重新評價施琅統一臺灣的重要性

　　在福建晉江市施琅紀念館中，有這樣一副對聯：「平臺千古，復臺千古；
鄭氏一人，施氏一人。」有學者認為「鄭成功收復臺灣，作為反清復明的基地，
乃立足於中國的統一；而施琅之平定臺灣，實現國家統一，只是這一統中國的

〔註4〕《靖海紀事》，臺灣文獻叢刊第13種，臺北：臺灣銀行經濟研究室，1995年，
　　　　第60～62頁。

統治者是愛新覺羅氏的清政府。但是站在整個中華民族的立場來看這一問題，其實質並沒有什麼兩樣。」〔註5〕筆者認為這只是歷史研究者個人的觀點，如果從大的歷史觀、國際法的視角、從中華民族偉大復興的角度來看，兩者之間有著質的不同。完成祖國統一大業是中華民族的共同目標，是二十一世紀中華民族復興的關鍵所在。現今臺灣當局已經完全不顧歷史及現實，進行全方位的「去中國化」，在臺獨的道路上越走越遠。兩岸目前的現狀與「鄭氏」時期十分相像，所以我們要重新評價施琅統一臺灣的重要性，增強我們推進祖國統一大業的信念。

1.「革命史觀」及特殊的「兩岸關係」帶給施琅評價的負面影響

中華人民共和國建立後長期的「革命史觀」，早期僅正面宣傳鄭成功擊退荷蘭殖民者「收復」臺灣的事蹟，對鄭成功後人在臺灣的統治及傾向偏安，作了忽略；對施琅也鮮有著墨，只在提及鄭成功時才略帶說明。自從具有「臺獨」傾向的民進黨籍陳水扁於 2000 年當選臺灣地區領導人以後，大陸官方出於對宣傳「統一」的考慮，才大規模正面評價施琅，稱其為維護國家統一的英雄，而民間往往對施琅評價具有爭議甚至有負面評價。造成這種不正確的評價當然有各種因素，但筆者以為主要是由於大陸長期的「革命史觀」及海峽特殊的「兩岸關係」所造成。

「革命史觀」也稱為「革命史範式」，它的理論基礎是馬克思主義關於社會基本矛盾的學說，根據這一學說在階級社會兩大對立階級之間的矛盾，最集中地反映了該社會發展階段的基本矛盾，考察和研究社會矛盾及社會基本矛盾的運動發展，就能把握歷史發展中最本質的內涵，揭示歷史發展的內在規律性。

按照這一理論框架，帝國主義與中華民族的矛盾，封建主義與人民大眾的矛盾，是中國近代社會的兩大基本矛盾，爭取民族獨立以反對帝國主義、爭取社會進步反對封建主義是近代社會發展的主要趨勢，並以此作為評價歷史世界歷史人物的主要標準和參照系。

在這一理論框架中，反帝反封建是中國近代的時代基調和主要內容，發生於近代一百多年來的階級鬥爭、革命鬥爭就被給予更多的關注。在這種史觀的指導下，具有反帝反封建性質的鄭成功收復臺灣，就更被史學研究者所關注、重視和高度的評價。特別是在革命史觀之下，個人崇拜又十分流行的年代，由

〔註5〕王鐸全：《關於鄭成攻與施琅的評價》，《學術月刊》1982 年第 8 期，第 6 頁。

於施琅兩次歸順之舉，其評價必然會出現了一些偏差。隨著「革命史觀」向「現代化史觀」及多元史觀的發展，諸多的學者及研究已經對施琅統一臺灣已經做出了修正性的新評價。

在臺灣方面，日據時期殖民統治者為了向臺灣民眾宣傳統治的正當性，借鄭成功母親日本血緣之說來大力宣傳鄭成功，使「國姓爺」在臺灣深入人心。而民間將鄭成功表現出的植根於儒家觀念和閩臺歷史文化的悠遠傳統中的「遺民忠義精神」，並超越了對某一特定朝代和皇帝的「愚忠」，昇華為廣泛意義的民族精神和愛國主義精神，在日據時代的臺灣民眾中傳衍不息，成為大多數臺灣民眾保持其漢民族精神和祖國認同的重要因素之一。戰後隨著國民黨遷臺，在臺的國民黨當局更同情明鄭之「正統」意識形態，所以施琅將軍長期只能得到負面評價，民間也同情鄭家，將施琅視為與吳三桂一樣的漢奸賣國賊。特別是隨著臺灣所謂「臺灣意識」高漲，在「臺獨」勢力的眼中，施琅是代表大陸進犯臺灣的侵略者，因而評價也以負面居多，對施琅的宣傳似乎也成為禁忌。

2. 施琅統一臺灣後臺灣府的設立——中國臺灣領土主權的國際法確立

施琅統一臺灣後，清廷內部產生了一場對臺灣的棄留之爭。在大臣中主張守而不棄者，居然只有姚啟聖和施琅等少數人。施琅因有臺灣生活的經歷，對臺灣的情況也非常熟悉，對臺灣在地緣上的重要性也有充分的認識。故他在上《恭陳臺灣棄留疏》中，明確提出「臺灣一地，雖屬外島，實關四省之要害」「棄之必釀成大禍，留之誠永固邊圉」。這顯現出他的遠見卓識，在他的倡議下，清政府於 1684 設立臺灣府，隸屬於福建省，臺灣被納入中國版圖，完成國際法上中國對臺灣國家領土主權的最後確定。

傳統國際法上領土的取得方式，第一是先占，國家有意識的先占無主地。第二是實效，國家對某些土地進行長期的不受干擾的佔有從而取得領土的方式。另外還有「割讓、征服、添附」等五形式。鄭成攻從荷蘭殖民者手裏收復臺灣後雖打著反清復明的旗號，但建立起來的政權卻是家族性質的「地方割據政權」。

施琅將軍統一臺灣是奉大清皇帝之命，臺灣收復後馬上設立隸屬於福建省的臺灣府，下設臺灣縣、鳳山縣、諸羅縣，由臺廈兵備道分轄，隸屬福建省。臺灣設府置縣，從此被納入清朝中央政府管轄之下，加快了臺灣從邊陲到內地化的進程。康熙末年，臺灣「北至淡水、雞籠，南盡砂馬磯頭，皆欣然樂郊，

爭趨若鶩」。「國家初設郡縣，管轄不過百餘里，距今未四十年，而開墾流移之眾，延袤二千餘里，糖穀之利甲天下。」〔註6〕經過近四十年的開發，臺灣已經成為中國東南沿海一個富庶的寶島。

今天我們稱「臺灣清朝時期」，意指臺灣由 1683 年施琅將軍統一臺灣至1895 年中日甲午戰敗後「馬關」割占，由中國清朝統治的時間，共 212 年。由於清政府在臺灣的建制及長期有效統治，使臺灣及澎湖列島等島嶼的領陸、領水、領空以及領陸和領水的底土都成為中國的國家領土的一部分。因領土主權是國家對其領土行使的最高的和排他的權力主權。所以，中國對臺灣就具有了領土所有權、領土管轄權、領土主權。

1895 年《馬關條約》對臺灣的割讓，是日本軍國主義對外侵略擴張的前提下，以戰爭的手段強制產生的，這是嚴重違反國際法的，故第二次世界大戰後，中國根據《開羅宣言》、《波茨坦公報》等國際法，實現了現在國際法所承認的領土變更，即是「收復失地和歸還領土：為恢復國家的歷史性權利而發生的領土變更」，臺灣再次回到中國的懷抱。

3. 施琅的「因剿寓撫」和平統一方式值得學習及借鑒

所謂「照朝鮮事例」首先由鄭成功提出。順治十一年（1654）二月，清鄭議和，鄭成功對清朝使節表示：「兵馬繁多，非數省不足安插，和則高麗朝鮮有例在焉。」〔註7〕顯然鄭成功是想佔據中國南部「數省」，作為像朝鮮一樣向清朝稱臣納貢的藩屬國。鄭經退守臺灣後，雖然仍奉南明的永曆年號，但是他的政權本質，與鄭成功時代顯然不同，而儼然以「獨立王國」的姿態出現。1663年 10 月，清朝攻克廈門和金門等「鄭氏」在大陸的據點。隨後清朝派遣人到「鄭氏」在大陸的據點——銅山招撫。鄭經公然宣稱：「臺灣遠在海外，非中國版圖，先生（主）在日，亦只差『剃髮』二字。若照朝鮮例，則可。」〔註8〕鄭經的說法明顯就是試圖將「鄭氏」在臺灣的「割據政權」，變成朝貢體系下的「朝鮮」和「琉球」那樣的藩屬國家，這是清政府不能接受的，所以斷然拒絕其要求，並果斷出兵佔據了銅山。而清朝軍隊也試圖乘勝登陸臺灣，但遭遇颱風未果返回。

〔註 6〕藍鼎元：《複製軍臺疆經理書》，《東征集》卷《鹿洲全集》下冊，蔣炳劍、王鈿點校，廈門大學出版社，1995 年，第 552 頁。
〔註 7〕楊英：《先王實錄校注》，陳碧笙校注，福建人民出版社，第 69 頁。
〔註 8〕江日昇：《臺灣外志》，吳德鐸標校，上海古籍出版社，第 245 頁。

　　1664 年 8 月，鄭經廢東都稱號，以「東寧」稱全臺灣，並以「東寧國王」自稱，在與清廷大臣的書信中，還自稱「建國東寧」。康熙派重臣招撫鄭經，鄭經居然拒絕清廷所許的「八閩王」及「沿海各島」招撫條件，聲稱：「不佞（鄭經自稱）亦何慕於爵號，何貪於疆土！」公然宣稱「啟國東寧」，與清抗衡，要求彼此「互市通好」，儼然以「外國」自居，稱「臺灣非屬中國版圖」，「今日東寧，版圖之外另闢乾坤……又何慕於藩封，何羨於中土哉！」鄭經已經完全背叛了其父鄭成功所倡導的臺灣自古以來就是中國領土的宗旨。

　　1667 年、1669 年，清廷又兩次派人到臺灣議撫，鄭經均堅持「照朝鮮事例」，和議均未成功。康熙為了招撫鄭經，以和平的方式統一臺灣，前後用了20 年的時間，進行了七次招撫，不斷做出各種讓步，甚至最後給予「鄭氏」以高度自治之禮讓，但鄭經卻得寸進尺。1683 年 5 月，康熙皇帝就此發布上諭稱：「臺灣賊皆閩人，不得與琉球、高麗比。如果悔罪，薙髮歸誠，該督撫等遴選賢能官前往招撫。或賊聞知大兵進剿，計圖緩兵，亦未可料，其審察確實，倘機有可乘，可令提督即遵前旨進兵。」〔註 9〕康熙皇帝明確指出臺灣人都是福建人，當然也就是中國人，臺灣自然不是如琉球、高麗一樣的外國於是清政府與臺灣鄭氏的矛盾，也因之由抗敵質變為維護國家統一的鬥爭。

　　施琅將軍向康熙帝上了著名的《邊患宜靖疏》和《盡陳所見疏》，堅定了康熙帝剿臺的決心。施琅也曾兩次領軍征臺遇風不順。1681 年康熙帝授施琅福建水師提督，加太子少保銜，命其「相機進取」；施琅遂得積極進行攻臺的部署準備。施琅一到任，隨即積極督造戰船，訓練水卒，籌措一切征臺事宜。鑒於以往的教訓，施琅把選擇出兵的季節、時間、風向等條件作為一件大事，派專人查閱氣候數據，並進行了海情和風向、風力的實地觀測，制定了詳細的作戰計劃。施琅將軍當年在京師時醞釀成熟的「因剿寓撫」之策，得以付諸實施。他提出「我軍暫屯澎湖，扼其吭，拊其背，逼近巢穴，使其不戰自潰」作戰方案，邊整軍備戰，邊對臺灣鄭氏集團展開和平攻勢。在施琅將軍以戰逼和策略面前，鄭克塽不得不宣告無條件歸順大清。施琅將軍雖以武力開始，卻是以和平方式統一臺灣，主要與他實施的統臺方針有關係。

　　馬英九曾言「中國歷史上分合都靠戰爭，兩岸正改寫歷史。」今天兩岸的現狀與當年「明鄭」時期十分相像，故海峽兩岸的研究者及相關單位都應當研究與借鑒施琅當年的「因剿寓撫」之策，以最包容的心態努力實現和平統一的實現。

〔註 9〕《「清實錄」臺灣史資料專輯》，康熙二十二年五月二十三日，第 55 頁。

4. 施琅統一臺灣使中國獲得巨大的海疆提高了海權意識

因施琅將軍統一臺灣，使中國的陸地邊界、水域邊界、空中邊界、地下邊界都有了新的內容。今天我們主張臺灣是中國領土不可分割的一部分，主張釣魚島及南沙群島的中國所屬，都得益於當年施琅將軍統一臺灣後，中國領土主權在臺灣的確立。戰後隨著臺灣的回歸，中國領土除大陸及其附屬島嶼外，還包括臺灣島、澎湖列島、東沙、西沙及南沙群島等領土，總面積 1045 萬平方公里，陸地邊界約 2 萬公里，海岸線長約 18,000 公里。我們大陸海岸及各附屬島嶼都有 12 海里領海，然後有毗連經濟區，還有 200 海里專屬經濟區，這個範圍是《聯合國海洋法公約》所認定的，我們有 300 萬平方公里海洋權益，這是我們的海疆。這裡有中華民族巨大的利益，它的海底礦藏、水生物、漁業，包括島嶼、島礁，包括油氣資源、海底可燃冰等，都是巨大的。21 世紀是海洋的世紀，中國的發展和國家安全對海洋需求越來越大，應該構建怎樣的海洋戰略來維護國家利益，是我們面臨的一個重要問題。

海洋是人類發展的大自然寶庫，對這一部分我們的認識是不夠的。中國在歷史上是個陸權國家，雖有過輝煌的鄭和下西洋的歷史，但近代由於閉關鎖國，海洋意識非常淡薄，對歐洲工業革命以後「西力東漸」所帶來的海上威脅並沒有充分的認識。1840 年，帝國主義國家從海上入侵，八國聯軍、英法力量迫使我們簽訂一系列的屈辱條約。第一次鴉片戰爭的《南京條約》，第二次鴉片戰爭的《北京條約》等。所以我們才開始注意海洋問題，發展海軍，也把海上看成威脅的方向。

新中國成立後國民黨退據到臺灣，現在敵對狀況基本沒有改變。臺海兩岸目前的現狀，連帶著釣魚島問題、南海問題，使我們看到海洋帶給中國的威脅所在。實質上這些都是美國在太平洋東部的圍堵戰略，絕不僅僅是漁業資源問題、島嶼之爭。所以，中國海疆最大的問題就是臺灣問題。

今天我們要從施琅統一臺灣的歷史過程中得出，臺灣統一是歷史的必然。海洋不是威脅，是未來發展的前途所在，要強化全民的海洋意識，並建立強大海軍，使中國有能力保護自己的海洋權益，並將海洋變為中國未來真正的發展方向。

5. 施琅統一臺灣的歷史也昭示著兩岸統一是歷史的必然

施琅將軍統一臺灣後清政府二百多年實效統治，已經在國際法上確定了臺灣是中國領土不可分割的一部分。戰後 1945 年依據國際法中「收復失地和

歸還領土條款：為恢復國家的歷史性權利而發生的領土變更」原則，臺灣再次回歸到中國的懷抱，兩岸目前的現狀是由於 1949 年國民黨遷臺形成「割據政權」所造成，兩岸之間的問題是中國的內政問題。

一個時期以來，臺灣獨派力量一直在推動漸進式臺灣公投和臺獨入憲，統獨議題已成為島內最大政治。臺灣居民有權決定臺灣的前途，但必須是同大陸人民共同決定，臺灣無權單方面決定臺灣前途；臺灣有權通過公決決定臺灣前途，但必須是在大陸政府同意放棄臺灣領土主權並承擔責任之後。國際上從來沒有出現過未經主權國政府同意僅僅通過某部分領土上的居民公決單方面決定該部分領土主權歸屬的法理和事例。臺灣領土主權屬包括臺灣居民在內的全體中國人民，故臺灣的前途是兩岸全體中國人共同決定的。

在國際法和國際政治上，「一個中國」既是歷史又是現實並被國際決大多數國家所接受。臺獨的本質是要將中國一分為二，在國際上建成一個新的國家，改變中國的國際法和國際關係現狀，這完全不同於由誰來代表中國的政府合法性之爭。一個獨立的臺灣將有權在國際上自由地尋求政治和軍事合作，自由地締結政治軍事同盟，並迫使大陸面臨同臺灣劃分領海、島嶼和專屬經濟區的問題。臺灣統獨公投的實質不是要決定臺灣人民前途，而是要決定兩岸關係的前途，決定全中國人民的前途。按照國際法的慣例，臺灣獨立的前提是需要得到大陸的同意。這是因為，在國際上，中華人民共和國政府作為原中華民國政府的繼承者，繼承了對臺灣領土的主權，即使對臺灣領土的管轄權主要是由臺灣當局行使，但並未改變臺灣領土主權屬中國的性質。

國際法允許主權國家以武力維護國家領土主權，允許主權國家對武裝分裂勢力採取軍事行動。國際法不鼓勵國家分裂，不僅因為國際法是建立主權國家基礎之上的法律體系，而且因為國際社會如果對分裂主義勢力讓步，等於打開了潘多拉魔盒，只能導致越來越多的戰亂和災難，危害世界和平。

小結

綜上所述，回顧歷史我們可以看到，臺灣作為中華王朝帝國邊緣的一部分，從來就沒有以「國家」的形式而存在，其本質上更不同於諸如「琉球」等藩屬國。1661 年鄭成功收復臺灣，將其從荷蘭殖民者手裏收回到祖國的懷抱，但其後的「鄭氏」卻打著「大明」旗號，實行著「地方割據」。1683 年施琅將軍代表清政府統一臺灣，臺灣才從不被重視的地緣邊緣地帶，正式納入到「大

清帝國」的疆域版圖內，並進行有效統治長達二百多年，從國際法上踐行其為中國領土重要組成部分，並成為戰後中國收復臺灣的國際法依據。當前兩岸的現狀與「明鄭」時期十分相像，故施琅將軍「因剿寓撫」以武逼和的統一方式，非常值得兩岸借鑒與學習。統一是歷史的大趨勢，它關係到中華民族偉大復興的成敗。在今天兩岸這種形勢下，對施琅將軍的豐功偉績必須大力肯定、宣揚及讚美，對中華民族統一大業做出巨大貢獻的施琅將軍也必將永垂史冊、留芳千古！

第六章　朝貢體系下的朝鮮與日本

　　1683 年清政府統一臺灣納入版圖，從國際法上踐行完成了其為中國的領土。而此時期的世界已經處於重要的變革時期。由於十五世紀末期歐洲人發現了通往印度洋和美洲的航路，自此，逐利的重商主義者開啟了世界範圍的殖民主義時代，商業和貿易中心也逐漸由地中海轉向大西洋，出現了葡萄牙、西班牙、荷蘭、法國、英國等殖民國家，它們的殖民地和擴張活動遍及世界各地，同時也傳播了歐洲的制度和文化。而在近代性質的國家關係出現之前，東亞地區的國家關係形態是朝貢體系，主要國家有中國、朝鮮、日本、安南、琉球、暹羅等。各國主要通過朝貢與中國建立起上下等級關係，雖然遠近親疏有別，但大多是中國的藩屬國，唯有日本有些特別。日本雖然也曾受到過中國的冊封，也曾不定期的向中國進行過朝貢，但對於如何處理對外關係，卻有著不同的觀念與政策措施，而且接近近代之前的清朝初期時期曾以互市國的形式與中國交往。

一、以中國為中心的朝貢體系

　　中國是東亞最大的文明古國，傳統東亞的朝貢體系是以中國為核心形成的。中國統一的多民族國家之建立與發展，是華夏族人與周邊少數民族反覆進行民族征服戰爭、實現民族統治而實現的。秦漢隋唐中央集權國家，為統一的多民族國家的形成，發揮了奠基作用。雖然歷史上周邊的少數民族，也曾佔據過中原，契丹、女真也建立過遼、金政權，與宋王朝把中國一分為二，蒙古與滿族建立過元、清王朝，但他們是生產方式後進的民族，仍繼承了中原漢民族世代承襲的觀念及其措施，與周邊國家維持著朝貢的做法與制度。中華帝國的

疆界，西接中亞細亞，東至庫頁島，北達漠北，南至南海團沙群島。包括內地18省，東北地區、內蒙古25部59旗、外蒙古4部82旗、烏粱海地區、青海蒙古29旗、西藏、新疆地區，周邊是朝貢國，以華夷觀念為基礎的朝貢國際關係形態。

古代中國人是直觀地認知世界的，天圓地方說是直觀認知的結晶。虛渺的蒼天是神意的源泉，帝王以天命成為天下之主。周代通過分封，形成天子為宗主，諸侯、番邦為藩屬的格局，宗主和藩屬的關係通過「賓禮」來維繫，主要內容是朝聘之禮儀，即天子接受諸侯、番邦朝覲和遣使聘問的儀式，唐代以後又增加了天子對番邦遣使冊封的儀式，因之，東亞以中國為中心，形成了朝貢的國際關係形態，清朝初期又細化成「朝貢國」與「互市國」。清代禮部負責東南鄰國及海道來華的南洋、西洋各國（元明時期，東洋指日本、琉球、呂宋、蘇祿等，西洋包括占城、真臘、暹羅、爪哇、滿喇加、蘇門答臘、錫蘭、榜葛喇、古里、忽魯謨斯，以至天方等）〔註1〕的事物，西北、西南的外藩則歸理藩院（前身是1636年設立的蒙古衙門主要負責處理滿蒙關係，1638年改為理藩院是與六部並列的機構。後來管轄範圍擴展至內外蒙古、察哈爾、青海、西藏、新疆以及西南土司地區各民族）〔註2〕掌管。

區別華夷的標誌，在於有無禮的存在。華夷之別並非僅僅是意識形態，而且是一定歷史條件下民族差異的客觀存在。夷狄表示承認中原王朝的優越性的方式，是向中原王朝朝貢。以朝貢為媒介形成的東亞傳統國際關係形態，即是朝貢體系的具體內容。它是以慕化主義和不治主義為基本觀念，由中原王朝與夷狄作為以前者為中心的上下關係而建立起來的國際秩序。後者向前者朝貢、前者羈縻後者，這種關係就是宗主與藩屬的關係。也是若干國家的聯合體制，各國之間不發生直接關係，完全由對中國王朝的直接關係規定的一元化上下秩序構成的，宗主國原則上不干涉藩屬國的內政。此種秩序本身的變化，不取絕於周邊民族間的鬥爭，而是取決於中國王朝「德化」力量的大小。對外擴張只是偶發現象，並非是常態化的本質特徵。

朝貢制度對朝貢國的具體做法皆有具體可行的規定。貢期：清王朝規定，朝鮮每年、琉球每隔一年、安南每三年、暹羅每四年、蘇祿每五年，老撾和緬甸每十年朝貢一次。貢道：朝貢使一行必須按照指定的路線從邊境前往北京，

〔註1〕王爾敏：《五口通商變局》，廣西師範大學出版社，2006年版，第18頁。
〔註2〕王立誠：《中國近代外交史》，甘肅人民出版社，1991年版，第7頁。

貢獻的物品須是各國的方物，拜謁皇帝的朝貢使要呈奏表文，為本國國王討封，並行三跪九叩之禮。皇帝冊封朝貢國國王要賜予「印」，允許其使用中國的年號和遵奉「正朔」並回賜物品。通商與朝貢本來是朝貢關係的兩個側面，中國王朝關心的是朝貢的政治意義，朝貢國關心的是通商上的物質價值。隨著中國王朝的弱化，朝貢制度已經不能作為夷狄歸化的標誌，而成了夷狄靠通商來追求自身利益的表現。

中國為中心的古代國際體系以恩義倫理為機制，所以，中國古代外交制度中，互市是不可或缺的一環。清代以前，完全是貢市一體，清朝初期開始，實行貢市分流。1685 年廢除海禁，設立粵、閩、浙、江四個海關，純為通商而來的日本、法國、美國、瑞典等國，不必受禮儀限制，不拘時間和數量，只要交齊海關稅餉即可到開放的口岸通商。

朝貢作為東亞傳統的國際關係制度，是在明清時趨於完備的。明朝於 1587 年編纂的《大明會典》中，列舉了 123 個朝貢國。清王朝於 1764 年編纂的《大清會典》中，列舉了朝鮮、琉球、安南、老撾、暹羅、蘇祿、緬甸和葡萄牙、羅馬教皇國、荷蘭等為朝貢國。其實西方國家只是與清朝發生商貿關係，並非是完全意義上的朝貢之國，因為他們並非是在政治上接受清朝的上國地位，而是西方殖民者東來的表現，應該準確的說是出現了廣州一口通商體制下的「互市」制度（1757 年對外貿易僅限廣州，扶持「公行」等防範外國人的做法），後來在殖民者武力衝擊下，又演變成五口通商制度。

二、典型朝貢體系的代表——朝鮮

中國古代，邊疆的概念有其特定的文化含義，不僅如此，邊疆概念還有特定的、不同於西方以主權概念為中心的含義，並長期存在於古代東亞的國際秩序中，成為東亞國家間的邊疆規則。主權為中心的西方領土概念與此具有涇渭分明的區別，邊界是近代國家概念，是指相關國家通過簽立條約、各方會勘確定的國家之間的分界線。二者無法相提並論，忽視與故意混淆的做法，是對歷史的不負責任，是製造領土爭端與矛盾的歷史錯誤。

漢語疆域和版圖原本都是古代中國統治範圍概念，經過近現代西方國際法概念的滲入，以及國際關係的實踐，整合為現代漢語表述國家領土範圍的概念。疆域和版圖的古今詞義雖然有著繼承關係，不過彼此語境卻有諸多不同，概念涵義也不盡一致。古今歧義對我們認識古今中國的異同不無誤導，甚至可

能將我們的視野膠著於古人立場而與今人形成隔膜。因此，對古代中國、疆域、版圖的歷史概念作一辨析，可以為準確表述上述概念提供一個參考。

古代中國的疆域。「疆」的本意是「國界」、「邊界」的意思。這種「界」的含義，又由「疆場」—「田邊」發展而來。疆場被訓為田界，引申為國界。「域」的解釋是「封境」，就是疆界、境地、範圍的意思。還可指代邦國、封邑。疆域合稱，指國土、境界，實際上是講國家或政權的統治範圍。

王朝中國的疆域理念主要由君權天授和宗法制度構成。歷代王朝的王權思想與疆域理念，形成的疆域層次大致可分為三大類型：有效統治範圍（政區包括特殊政區）、實際控制範圍（屬國、屬夷、屬部、土司、蠻夷長官、藩屬）、理論上的統治範圍（實際上是中外關係，隱喻理論上應屬王朝中國）。疆域多層次性，各王朝不盡一致。總的來講，內設政區，外施羈縻。

古代中國的版圖是合成詞。所謂版，是指木板或竹板，版又通板，板籍是講書寫在板上的戶籍。通過「畫野分州」，括戶置民，用黃冊或魚鱗冊記錄，實行編戶齊民。所謂圖，一般指的是輿圖。版圖並不能簡單等同輿圖。版圖之圖專指政區圖，與屬民居地有關，是征派賦役的依據。版圖合稱，指戶口冊和疆域圖。是行政區範圍。24 史中本紀的歲末往往記有人口、賦役、收入支出等內容；地理志所記政區也常常有人口內容，這種人地關係的記述，表示國家實際控制的人口以及這部分人居住、生產、活動的地域。這是王朝國家行政的範圍。版圖只和疆域層次中有效統治那部分相匹配，與控制範圍有些聯繫，與疆域理論上的統治範圍並無必然聯繫。總之，版圖是王朝統治範圍比較清晰的表述。疆域概念因有複雜的理念具有多義性，比較含混，這是王朝中國的一個特點。在古代中國周邊的疆域上分布著一些與其有藩屬關係的鄰國。

藩屬關係在中國歷史上有兩種存在形式。一種是中央政權與地方少數民族政權之間建立的封貢關係，在當今的歷史研究中被稱為「內藩」。另一種是中國中央政權與域外的國家或部族建立起來的封貢關係，被稱為「外藩」。清入關前朝鮮就是其屬國，由禮部負責其事務。順康雍時期，國家政局漸趨穩定，明朝時的藩屬國，主動向清朝奉表稱臣，藩屬關係開始壯大。琉球、安南、暹羅、蘇祿（菲律賓群島南部島國）、南掌（老撾）等國相繼入貢。乾隆時期，清朝的高度繁榮和統一推動宗藩關係進入全盛期，藩國數量激增。

中國的清史學家錢實甫先生較早地注意到了清朝屬國的類型問題，他認為清朝的屬國只有兩種分法。第一種是「朝獻之列國」，包括遣敕使、或由陪

臣帶回敕諭之國，如朝鮮、安南等國。第二類是「互市之群藩」，即「往來貿易」之國，同屬無朝貢義務而只限於通商關係的「外國」。至於「革新面內之部落」，因「含糊其詞」，實則烏有。〔註3〕光緒朝《大清會典》也採用兩分法，一種是「四夷朝貢之國」，有如下七國：朝鮮，琉球，蘇祿，安南、逞羅，緬甸、南掌；另一種是「通市」之餘國。〔註4〕

張永江先生對此提出不同看法，他根據乾隆朝《大清會典》的說明：「凡四夷朝貢之國，東曰朝鮮，東南曰琉球，蘇祿，南曰安南、遏羅，西南曰西洋、緬甸、南掌，皆遣陪臣為使，奉表納貢來朝。凡敕封國王，朝貢諸國遇有嗣位者，先遣使請命於朝廷，朝鮮、安南、琉球親命正負使奉敕往封，其他諸國，以敕授來使賚回，乃遣使納貢謝恩。」〔註5〕因乾隆朝會典中將西洋列於朝貢之國，張永江堅持《清朝通典》第九十七卷的說法，認為道光朝之前還應該是三分法。他將「革新面內之部落」解釋為乾隆朝的西洋各國，包括荷蘭、意大利、葡萄牙。他們是新興的殖民國家，17 世紀後才與清朝接觸，主要目的為謀求建立商業貿易體制。除荷蘭加入到朝貢體制外，其餘兩國均脫離與清朝中央的接觸。道光朝之後，「革新面內之部落」才合併到「互市之群藩」中。〔註6〕張永江先生注意到了分類的階段性。

從《清朝通典》第九十七卷和乾隆朝的《大清會典》的分類，不難發現，清朝對有朝貢義務的屬國待遇不一樣，有親命敕使者，有不派敕使者，說明清朝劃分藩國的類型標準是依據對藩國的重視程度。中朝之間主要是封貢關係，兩國的貿易始終處於低潮〔註7〕。

朝鮮作為中國的鄰邦小國，一直崇尚文治，國家的軍事力量十分薄弱，很難應付強大的外族入侵。因此李成桂從建國之日起，就把國家的安全繫於中國，主張「以小事大，保國之道。」〔註8〕朝鮮歷事明清兩朝，素以恭順著稱，明清帝王對其也格外施恩，為朝鮮開出許多特例。《大清會典》對各朝貢國人數有嚴格限定，惟朝鮮無定數。各國貢使在北京會同館的貿易，或三日、五日

〔註3〕 錢實甫：《清代的外交機關》，三聯出版社，1959 年，11～12 頁。
〔註4〕 （光緒朝）《大清會典》，卷 39《禮部賓客清吏司》。臺灣文海出版社，1987 年。
〔註5〕 （乾隆朝）《大清會典》，卷 56，《禮部賓客清吏司·賓禮·朝貢》。乾隆二十八年刊本。
〔註6〕 張永江：《清代藩部研究》，黑龍江出版社，2001 年，42～43 頁。
〔註7〕 宋慧娟：《清代中朝宗藩關係嬗變研究》，2005 年 12 月吉林大學博士論文，第 10 頁。
〔註8〕 《高麗史·崔瑩傳》，卷 113，386 頁。

結束，惟朝鮮、琉球不拘限期。〔註9〕在朝廷中的站位，朝鮮也位居各藩國之首。

　　明末清初之際，朝鮮就與後來建立清朝的後金訂立了《南漢山城規則》，其主要內容是：

　　1. 絕交明朝，奉清為正朔。

　　2. 朝王應派長子和另一子、諸大臣派子或弟為人質，隨清軍回京（瀋陽）。

　　3. 朝鮮軍隊當隨時聽從後金調遣。

　　4. 除每年進貢一次外，聖節、正朝、冬至、中宮千秋、太子千秋及有慶弔俱需獻禮。

　　5. 使節往來之例，勿違明朝舊例。

　　6. 清之戰俘逃回朝鮮者當及時送還，刷還兀良哈人。

　　7. 新舊城垣不許擅築。

　　8. 朝鮮可繼續與日本貿易，但當導其使者朝拜清朝。

　　9. 兩國大臣可締結婚約，以固和好。最後規定了朝鮮歲幣種類與數額。〔註10〕

　　從此，清（後金）與朝鮮的主臣之禮告成，雙方形成藩屬關係。

　　中國古代分封制中受到皇帝封賜的最高爵位為王，所以，清朝帝王冊封朝鮮國最高首腦為國王。國王的繼承人也要比清朝的太子降一級，稱為世子。國王的妻子不能稱皇后，而稱之為王妃。國王發布的命令或決定必須杜絕用詔、敕、諭等屬皇帝專用的詞彙，只能曰「教」，在朝鮮實錄中經常有「王教曰」的字樣，即為宗藩關係的規制使然。朝鮮國王給中國皇帝「四大節」的表箋，都要嚴格按照禮部規定的格式—「事大文書式」書寫，開頭為「朝鮮國王臣姓諱」，結尾書寫中國皇帝的年號月日，鈐用中國頒發的印信，歲時則用清朝曆書。

　　朝鮮國王的使臣對中國皇帝則自稱「陪臣」，意比中國大臣再遜一等。至於朝鮮國王與清帝所封親王的關係，在 1637 年的招降儀式上，朝王被列於清朝諸親王貝勒之首，王世子列於諸親王貝勒之中，二子、三子列於末位。朝鮮貢使在清廷的站位則列於親王之後，其他屬國之前，體現出清政府對朝

〔註 9〕（光緒朝）《大清會典》，卷 39,《禮部賓客清吏司》。臺灣文海出版社，1987 年。
〔註 10〕《李朝仁祖大王實錄》，十五年正月戊辰，3593～3594 頁。

鮮的重視。

　　朝鮮國王因襲王位後，首先要向中國皇帝報告，受清帝冊封，此外，受到冊封的還有王妃、世子。若遇國王無子嗣，應國王所請，冊封世弟等。在清代的中朝宗藩關係存續期間（1637～1895 年），除 1696 年（康熙三十五年）朝鮮請封世子首次未獲批准外，所有請封都如願以償。

　　清代皇帝十分重視中朝之間的禮儀規制，它是維繫兩國關係和諧發展的基本因素。康熙朝是清朝入關後，各種制度制定、理順、落實的關鍵期，在對待朝鮮的禮儀規範問題上，康熙帝也給與嚴格監督管理，不許朝鮮馬虎怠慢，否則將被視為不忠不孝，受到指責和懲處。1689 年（康熙二十八年）末，朝鮮奏請冊立王妃，因奏文中的「後宮」二字，屬諸侯不當用之稱謂，且有「立」字，犯玄燁的「玄」字諱，康熙帝十分不滿，要求朝鮮國王肅宗予以解釋。〔註11〕肅宗承認「前請封側室張氏書內，有應避諱字樣，不行避諱，又稱德冠後宮，實屬違例，惟候嚴加處分。」康熙帝最終「從寬免議」。〔註12〕1690 年（康熙二十九年），朝鮮謝恩使李潛的名字（溶）與國王諱音（焜）相似，又遭到清帝的質疑，全城君李溶則將「溶」字改作「混」字。〔註13〕1695 年（康熙三十四年），朝鮮謝恩使給太子的箋中，因有「干蠱」二字，康熙帝認為「用字不合，殊欠敬慎」，〔註14〕禮部議請罰該國王銀 1 萬兩，並將進貢例賞「裁革三年」，康熙帝也以「寬免」為示。〔註15〕康熙帝雖未對朝鮮犯諱進行責罰，但卻向朝鮮提出警示，令其引以為戒。

　　清朝派往朝鮮使者的任務有冊封、弔祭、向朝鮮傳達皇上、皇后、皇太后的去逝消息，以及調查處分朝鮮有罪過者，被查勘者上自國王下至平民百姓。清所派使團的職位順治中期以後只有正、副使各一名、隨行翻譯（通官）兩至三名，加上跟役一般不超過三十人。

　　朝鮮方面把中國使者一概稱為敕使，迎敕禮儀基本沿用明制。在敕使出發之前，先有牌文從驛站快速傳遞至朝鮮王廷，朝鮮王廷立即組織「迎接都監廳」

〔註11〕《李朝肅宗實錄》，十五年十二月辛巳，4137 頁。

〔註12〕《清聖祖實錄》，二十九年八月壬午，第 5 冊，638 頁。

〔註13〕《李朝肅宗實錄》，十六年十月辛未，4141 頁。

〔註14〕（朝鮮）鄭昌順編：《同文匯考補編・使臣別單》。第 11 冊，臺灣矽庭出版社有限公司，1978 年，555 頁。

〔註15〕（朝鮮）鄭昌順編：《同文匯考補編・使臣別單》，第 11 冊，臺灣矽庭出版社有限公司，1978 年，557～558 頁。

開始行動。從敕使渡江直至入王京，一路都有朝鮮高官照料。其間國王還會派出宣慰使（二品以上大員）問安、宴享。敕使抵達漢城，從迎恩門、崇禮門到敦化門，到處彩綢飄揚，鼓樂喧天，朝鮮領議政率大臣肅迎。一般情況下，國王於次日會率文武百官行郊迎禮，然後舉行頒敕大典。依據敕書內容不同，頒敕典禮也各不相同。敕使離館之日，國王要率諸大臣行郊送禮，派出伴送使一路護送至義州，然後再由清朝的鳳凰城將迎回。

朝鮮使團依據出使任務的不同，使團的名稱也不相同，大致分為 7 類：1. 貢使—為進獻貢品而來。在冬至、正朝、聖節朝鮮當進獻貢品，年末進獻歲幣，通常稱為「四大貢」。2. 陳奏使—報告國內情況，或請清政府幫助解決問題，或回答清廷詰問。3. 進賀使—祝賀清廷新帝即位、平亂等大事。4. 告哀使—向清廷告訃、請諡。5. 陳慰使——慰問清廷重大哀事。6. 謝恩使—對清廷的恩惠表示謝意。7. 問安使—清帝有重大舉動時（如出兵、祭祖），遣使問安。貢使最初是分別送行的，從 1645 年（順治二年）起，將「四大貢」合而為一，在每年的農曆十二月下旬進貢歲幣時一併完成。

朝鮮使者進入中國境內，由鳳凰城守尉直接管理，沿途護行，進京後，由禮部會同館全權負責一切接待事宜。朝鮮使團到達北京的兩天之內，必須到禮部送呈賀表或咨文，行三跪九叩禮。在謹見皇帝之日，「主客司官暨館卿大使等，率貢使至午門前朝房抵候，引入貞度門。皇帝御太和殿，百官行禮畢，序班引貢使暨從官詣丹揮西班末，聽贊行三跪九叩禮。」〔註16〕陛見之後，由禮部主持的頒賞典禮也比較隆重。頒賞典禮是禮部代表皇帝回賜給國王及使團的禮物，不能有一點馬虎。頒賞之日，豫設案於午門外道左，陳賜物於案臺，使節照樣行三跪九叩禮，跪受主客司官奉命頒給國王、貢使及從人的賜物。朝鮮使團到京的一日三餐均由禮部安排，回程還發給肉、米等物供旅途消費。

可見，清朝對朝鮮的封貢禮儀及其制度是比較健全的，朝鮮也長期接受清朝的當時方式的支配，兩者是明確的封貢關係，具有穩固的封建主從關係。

三、東亞傳統體系中的特殊成員——日本

中國古代由於受華夏中心意識的支配，容易動輒就把一切對外關係視之為具有君臣主從關係的朝貢關係，影響了對朝貢關係真實性和演變的準確認識，特別是像與日本的朝貢關係。日本與中國的朝貢關係演變很大，不能概而

〔註16〕《欽定大清會典事例》，卷 505，臺灣新文豐出版公司，1976 年，第 11794 頁。

言之。

　　東漢王朝曾授予日本印鑒，公元 57 年，漢光武帝賜「漢委奴國王」。但中國統治者歷來視朝貢為一種政治歸順的象徵，中外交往的諸多形式一概被冠以朝貢之名，對有些國家，特別是與中國距離較遠的國家來說，朝貢其實就是貿易的官方託辭，甚至是雙方間發生的首次政治經濟聯繫，難以與朝貢的本意相提並論。

　　三國時期，據《三國志魏志倭人傳》記載，238 年，日本邪馬臺國女王卑彌呼派使節難升米、副使都市牛利攜生口 10 人、土布 2 匹至帶方郡，請求進京朝獻，一行抵達洛陽後，魏明帝盛禮接見，封卑彌呼為「親魏倭王，假金印紫綬」。此後 8 年，雙方使節來往達五次之多。魏晉時期，是日本大和國的倭五王時代，五王的名字是贊、珍、濟、興、武，井上清認為，倭五王仍按照公元一世紀中葉奴國王歷來的傳統，都和中國皇帝建立君臣關係，企圖取得中國皇帝的保證，許其作為南朝鮮國王，行使統治權。他所說的皇帝是劉宋政權的統治者。從劉宋政權建立到南宋政權之間的 59 年中，倭五王遣使貢獻達到 10 次，倭王珍被宋文帝封為「詔除安東將軍、倭國王」。此後，興、濟、武，都被授予安東大將軍的稱號。多次請封的目的是以封號為資本，稱雄日本列島，並對除百濟以外的朝鮮南部擁有軍事干涉權。是鑒於當時東亞國際關係狀況，通過獲得中國皇帝的承認來在日本列島及其朝鮮南部形成自己的勢力範圍，行使名正言順的統治權。是以承認東亞國際體系規則，並非真正臣屬中國的政治圖謀。

　　唐朝時期，日本主要派遣遣唐使，已達到學習中國文化的目的。從當時日本的變化可以清楚地看到，日本在政治上並未臣屬中國，但是文化交往卻很頻繁，日本吸收了中國的佛教等大量的文化，借鑒了中國的政治制度，模仿了中國的建築式樣，利用了中國的文字基礎，實施了一系列的社會改革。但是 894 年停止了遣唐使的派遣，宋朝與日本的官方往來就中斷了。

　　明朝是中日關係密切的時期，萬曆年間修訂的《明會典》，將朝貢國分為東南夷、北狄、東北夷、西戎等。該書卷 105《朝貢一・東南夷上》列有 19 個國家，日本名列其中。綜合《明實錄》以及一些史籍的記載，以朝貢次數多寡、週期長短、與明王朝的關係疏密，明代的主要朝貢國包括日本。〔註17〕

　　如何以歷史現象所呈現的本質差異及其形態特徵來對中外朝貢關係進行

〔註17〕李雲泉：《朝貢制度史論》，新華出版社，2004 年版，第 69 頁。

分類，並據此判定每個朝貢國所屬朝貢關係的類型，有助於更全面的理解朝貢制度。

韓國學者全海宗在《韓中朝貢關係概觀》一文中，將彼此關係劃分為「典型的朝貢關係」、「準朝貢關係」、「非朝貢關係」三種類型。魏志江教授則分為兩種，即「禮儀性的朝貢關係」和「典型而實質的朝貢關係」。日本即屬前者類型，其根本特徵就是不具有政治上的臣屬性。〔註18〕

李雲泉認為，根據朝貢次數多寡、政治隸屬關係的強弱及對中國文化認同程度，明代朝貢國大致可分為三種類型：一是典型而實質的朝貢關係。主要特徵是朝貢國嚮明朝稱臣，定期遣使朝貢，採用明朝年號、年曆等，明朝對其國王予以冊封、賞賜，對其貢物進行回賜等。具有較強的政治隸屬性，是封建君臣主從關係在對外關係上的延伸和宗藩關係的具體體現，主要指明朝與屬國的關係。屬此類的有朝鮮、琉球、安南、占城等，二是一般性的朝貢關係。指在一定程度上認同中國文化，並曾接受明朝皇帝授予的封號，定期或不定期來華朝貢的國家，如日本便是其中之一。此種關係不具有君臣主從關係的真實內涵，隨意性較強，朝貢的經濟意義更為明顯。三是名義上的朝貢關係。是純粹的貢賜貿易關係。很多國家是以朝貢為名，行貿易之實。

日本自1374年開始朝貢明政府，被規定十年一貢，貢道是由寧波府經京杭運河，前往北京。倭寇問題一直是明朝統治者的心腹之患，出於國家安全的考慮，洪武年間為防止倭寇的騷擾，明太祖遣使詰責。永樂初，在規定日本貢期貢道的同時，也對其貢船、貢使數量作了限制。但是並未奏效。可見明朝對日本的朝貢貿易要求是進行了一定的限制，以此來減少貿易量和防禦倭寇的侵擾。而日本並不遵守限制規定，仍然積極開展朝貢，以此來達到貿易的目的。1592年豐臣秀吉入侵朝鮮後，斷絕了同明王朝的藩屬關係。

清朝時期，只在1647年順治帝的詔書中出現日本的字眼，其中提到「東南海外琉球、安南、暹羅、日本諸國，附近浙閩，有慕義投誠納款來朝者，地方官即為奏達，與朝鮮等國一體優待，用普懷柔。」〔註19〕除此之外並無日本來朝貢的記載。〔註20〕日本只是在長崎一地和中國有貿易關係。

琉球是明王朝的藩屬，1608年日本德川幕府要求琉球國王為日本與明朝

〔註18〕魏志江：《全海宗教授的中韓關係史研究》，《中國史研究動態》，1999年第1期。
〔註19〕《清世祖實錄》卷30，順治四年二月駿未。
〔註20〕李雲泉：《朝貢制度史論》，新華出版社，2004年版，第137頁。

復交作媒介，翌年德川幕府派薩摩藩軍隊侵入琉球，強行將大島、德之島、鬼界島、沖永良部、與論島等五島作為直轄地，與論島以南作為琉球國王的封地，要求琉球國王繼續嚮明朝朝貢。1612 年～1622 年 10 年間，德川幕府迫使琉球四次派遣朝貢使。明政府苦於財源枯竭，一改舊制，詔諭琉球以後由兩年一貢，改為十年一貢。〔註21〕

　　而《日本書紀》、《續日本紀》、《南島志》等日本古籍，也記載了早期琉球與日本的關係。由於地緣上的關係，琉球在歷史上與中國、日本都有著密切的聯繫。

四、琉球國與日本薩摩藩的異常關係

　　琉球由於特殊的地理位置，便以對明朝貢貿易為便利條件，積極開展與日本的中轉貿易。當時的幕府也積極配合，並設有「琉球奉行」之職，專門負責對琉球的貿易。後來四強藩之一的薩摩藩，逐漸掌握了對琉球的貿易特權。為了加強對薩琉之間來往商船的管理，從 1508 年開始，薩摩藩向琉球渡航商船發行「印判」。1566 年後，薩摩藩又加強了對琉球渡航商船的管理，對沒有「印判」的商船採取沒收商品、扣押船隻的嚴格措施。薩摩藩的「印判」制度，實際上是想通過強迫琉球王國接受薩摩藩的制度，進一步控制琉球的海上貿易。

　　1586 年 7 月，豐臣秀吉出兵討伐薩摩藩，並於 1587 年 5 月平定了九州。戰爭的失敗使薩摩藩陷入經濟危機，不但失去許多土地，且因龐大的軍費支出，使財政不堪重負。薩摩藩地處火山地帶，土地貧瘠，農業不發達，經濟基礎薄弱，與琉球的貿易成為其經濟的重要來源。故薩摩藩也希望琉球能夠臣服於日本，以達到壓制琉球「服屬」納貢，並稱如果琉球不肯，可用兵征服。1588 年 8 月，豐臣秀吉通過薩摩藩要求琉球王國臣服日本，1590 年 2 月，薩摩藩遣使赴琉，要求琉球王國向日本朝貢。琉球國王尚寧不想得罪日本，遂向薩摩藩遣使，獻禮修好。

　　1591 年，豐臣秀吉用兵朝鮮，豐臣秀吉讓島津氏出面，要求琉球出兵，琉球三司官見信後大為驚愕，並通過明朝商船，將此事告訴中國。雖然此次對琉球王的「改易」沒有成功，但顯示了日本對琉球王的政治支配的強烈欲望。

　　另外，豐臣秀吉還派島津家征到琉球徵收軍糧，琉球國王負責外交事務的三司官謝名親方利山（又名鄭迴，鄭迴是福建長樂移民鄭肇祚的後裔。1540 年

〔註21〕崔丕：《近代東北亞國際關係史》，東北師範大學出版社，1992 年版，第 35 頁。

出生於琉球國久米村，其父鄭祿任通事一職。16 歲作為官生前往明朝，入學國子監達六年之久，歸國後任職於琉球國朝廷，負責管理響明朝朝貢的事務，領浦添間切謝名村地頭。1579 年隨馬良弼赴明朝朝貢。1606 年，57 歲的鄭迴被任命為三司官，成為琉球歷史上第一位擁有中國血統的三司官）拒絕了這一要求。豐臣秀吉惱羞成怒，威脅進攻琉球王國。尚寧被迫答應交出一半糧餉，剩餘部分薩摩藩提出願為墊付，但要求日後償還。琉球王國答應了薩摩藩的要求。這樣，琉球王國就欠下薩摩藩一筆債，而討債也成為薩摩藩入侵琉球的一個藉口。

1597 年，豐臣秀吉第二次遣兵入侵朝鮮，但在中朝聯軍的抗擊之下，侵朝日軍未能達到目的。第二年豐臣秀吉死去，日軍退回國內。而此時中國的明王朝也開始實施嚴格的海禁，禁止對日貿易，日本只得通過南方的薩摩藩與琉球進行的貿易，從東南亞運回海產品和一些奢侈用品，又從琉球與明朝的貿易當中獲得所需要的緊缺物資，從而使琉球的經濟發展非常繁榮。從琉球與大明貿易上獲得好處，成為日本財政上不可缺少的財源。

1603 年，德川家康經過「關原之戰」，開啟了幕府政權的大幕。幕府向薩摩藩島津忠恒（義弘之子、後改名家久）頒發「朱印狀」，使薩摩藩獲得了與東亞各地的貿易權。島津家久繼位成為薩摩藩藩主後，為克服財政困難，強化權力基礎，開始制定侵略琉球的戰爭計劃。幕府想要佔有琉球與中國貿易的好處，便指示薩摩藩，要求琉球王國向江戶幕府遣使「來聘」。但琉球國王尚寧未予理睬。

1605 年 7 月，德川家康又令平戶藩藩主松浦鎮信派人與琉球王國接觸，要求琉球王國「來聘」，又遭拒絕。幕府便慫恿薩摩對琉球實施控制。薩摩的島津義久、島津義弘與島津忠恒等人，商議計劃入侵琉球北部的大島，但沒有具體實施。但島津義久根據幕府的意見，致書琉球要求來聘，而幕府對島津氏征討琉球作了秘密許諾，甚至為此免去了薩摩的築城費用。

1606 年，島津家久與薩摩藩重臣商議出兵奄美大島。由於內政問題的困擾，其計劃最初遭到薩摩藩重臣的反對。但是，島津家久堅持己見，上京以「石綱船」建造耗資巨大，薩摩藩財政困難，征服琉球王國可重振薩摩藩的經濟，並可通過琉球王國修復因戰爭斷絕的對明貿易等為由，最終說服了德川家康。1606 年 6 月 17 日，江戶幕府批准了薩摩藩侵略琉球的戰爭計劃。這樣，島津家久把薩摩藩的琉球政策作為江戶幕府對明王朝政策的重要組成部分，以江

戶幕府的中央權力為背景，將侵略琉球王國的戰爭計劃推向深入。

1607 年 5 月，德川家康再次命令薩摩藩催促琉球王國「來聘」。對於江戶幕府和薩摩藩三番五次地要求「來聘」，謝名親方利山嚴詞拒絕。因「來聘」問題產生的矛盾成為薩摩藩入侵琉球的又一個藉口。

1609 年 2 月，島津義久致書琉球王尚寧：「業已再三通信。龜井武藏守想作琉球王，是我因舊情向太閣請求而中止的，但卻忘記恩情。又，追懲朝鮮之時，殿下也有違尊命。前年琉船漂流之際，將軍將之送還本國，但有欠回報之禮。加之將軍欲使貴國為媒介，使大明國與日本通商之事，雖經遣使相告，但也疏略，實屬非理。故而，現已獲得誅懲琉球國之朱印，正在急速準備兵船渡海。貴國自滅，怨恨於誰？不過，倘若努力通融日明，本人將盡心謀求琉球國之安泰。因難捨往古之好，故而投書。」〔註22〕

3 月 4 日，薩摩藩即派出戰船百艘，士兵三千，從山川港出發向琉球王國發起進攻。3 月 6 日，薩摩軍佔領了吐噶喇列島；3 月 8 日，薩摩軍佔領了奄美大島、喜界島。3 月 16 日，薩摩軍南下進攻德之島，薩摩軍在德之島遭遇頑強抵抗，但軍事實力懸殊，3 月 22 日德之島陷落。3 月 24 日，薩摩軍乘勝攻陷了沖永良部島；3 月 26 日，薩摩軍在沖繩島北部的運天港登陸，3 月 27 日，攻陷今歸仁城，直逼琉球王國首府首里城。琉球王國動員四千兵力防守，但是以刀劍、長矛和弓箭為武器的琉球守軍與以火槍為武器的薩摩藩強兵相比，戰鬥力差距明顯。雖然琉球守軍在浦添、那霸港、識名原等地區進行了抵抗，但仍無法挽回戰事全局。

4 月 4 日，琉球國王尚寧開城投降，4 月 5 日，薩摩軍接管了首里城。據史料記載，戰爭期間薩摩藩軍隊對琉球民眾進行了大肆的掠奪殺戮：「當時薩軍以樺山久高為首的主要將領分為四組，分別帶領入侵士兵，將首里城中的金銀、絲綢和珍貴物品，凡是日本沒有見過、沒有聽說過的，概行登記造冊，攫為薩摩所有。僅此一事，便花費了七、八天的時間。然後，則是將之分批運往那霸，再從那霸運往鹿兒島的山川港。」〔註23〕

幕府於 1609 年 7 月 7 日，授予島津家久對琉球群島的統治權。1610 年 5 月 16 日，琉球國王尚寧一行被島津家久帶往江戶。8 月 14 日，德川家康在駿府城接受了琉球國王尚寧的謁見。8 月 28 日，幕府第二代將軍德川秀忠在江

〔註22〕大城立裕：《沖繩歷史散步》，第 82～83 頁。

〔註23〕米慶餘：《琉球歷史研究》，天津人民出版社，1998 年，第 71 頁。

戶城接受了琉球國王尚寧的謁見。在此之前，江戶幕府也曾接受過朝鮮、荷蘭等外國使節的謁見。但是，琉球國王尚寧作為一國之君的謁見其政治意義明顯不同。9月3日，德川秀忠宴請琉球國王尚寧和島津家久，席間德川秀忠向尚寧表示，江戶幕府無意以他姓取而代之，琉球王國的國家體制可以延續。

1610年12月24日，尚寧隨島津家久返回鹿兒島。1611年9月19日，薩摩藩向尚寧提出琉球王國必須遵守的15條基本法律，要求琉球王國君臣發誓效忠，並割讓奄美諸島等。在薩摩藩的武力威脅下，尚寧及眾臣被迫在「起請文」（起誓書）上簽字畫押。只有謝名親方利山厲斥薩摩藩的強盜行徑，拒絕簽字，被薩摩藩當場斬首示眾。1611年12月15日，琉球國王尚寧及眾臣被釋放回國。

幕府雖然支持薩摩入侵琉球，但卻也極力避免在琉球問題上與中國產生外交摩擦，並希望通過琉球來改善日本與明的外交關係，恢復貿易往來。因此，江戶幕府要求薩摩藩謹慎處理琉球問題。薩摩藩要求琉球王國繼續向已經成為薩摩藩直轄地的奄美諸島派駐官員，在表面上製造奄美諸島仍歸琉球王國管理的假象，但暗地裏卻不斷加強對琉球王國的控制。

薩摩藩征服琉球王國後，立即將日本「幕藩體制」中的「知行」制度引入琉球。為了確定琉球王國的納稅標準，薩摩藩在琉球各地實施耕地測量，強迫琉球王國每年向薩摩藩進貢大米十二萬三千七百石。通過對琉球的征服，薩摩藩的財力增至九十萬石，成為日本第二大藩。

小結

綜上所述，琉球在1609年以後，開始與中國、日本保持著兩屬關係。而薩摩藩對其經濟的實際控制，開啟了日本將琉球納入到其族範圍內的文化思想。薩摩藩征服琉球王國後，琉球王國被迫承認了琉球王國與薩摩藩的附庸關係。而薩摩藩通過對琉球王國的控制，獲得了巨大的政治和經濟利益，最終成為幕府內強大的政治實體，並在後來的明治維新運動中發揮了重要作用。因此，薩摩藩入侵琉球對日本在東亞地區的崛起所產生的影響不可低估。明王朝在對待薩摩藩入侵琉球問題上態度十分消極，對日本除了貿易制裁外，缺乏更有效的反制手段。特別是對待琉球王國的中日兩屬外交的容忍，縱容了日本對琉球群島進一步擴張的野心，最終導致近代日本對琉球王國的強行吞併。

第七章　近代條約體系對朝貢體系的衝擊

　　在國內國際關係史學界，一般沿襲這樣的標準：近代國際關係史是以 1648 年結束三十年戰爭的《威斯特伐利亞和約》為開端，其下限是 1918 年第一次世界大戰結束。〔註1〕在此期間，雖然歐洲國家間確立了現代國際關係的基本原則和準則，但它依然是歐洲的國際關係，是一種區域性的國際關係，與此同時還存在中國為中心的朝貢體系等。歐洲的國際關係原則和思想，被強加於非歐洲國家，歐洲區域性的國際關係逐漸凌駕於其他區域性國際關係之上，〔註2〕所以中西間的近代國際關係體系再建被忽視，導致近代中西關係在體系方面存在巨大矛盾，也加劇了中西間的衝突和對抗。

一、近代條約體系的特點

　　三十年戰爭打破了歐洲的帝國體系，促進了有獨立主權的近代民族國家的產生，由此產生了一個與帝國體系不同的國家體系，這是一個分散的國家關係體系。《威斯特伐利亞和約》是歐洲各交戰國相互妥協的產物，它勉強調和了錯綜複雜的利害關係，在歐洲建立了一個相對均勢的國家體系。在 17 世紀後半期和整個 18 世紀，歐洲戰爭連綿不斷。戰爭中，宗教利益、王朝利益和道德原則不再是決定國家對外政策的主要依據，國家利益和理性原則逐漸指導著國家的主要行動。從此，歐洲列強不斷爭奪殖民地和勢力範圍，並用戰爭

〔註 1〕唐賢興主編：《近現代國際關係史》，2005 年世界知識出版社版，前言第 1 頁。
〔註 2〕唐賢興主編：《近現代國際關係史》，2005 年世界知識出版社版，前言第 3 頁。

來解決矛盾,用和約和妥協來結束戰爭。〔註3〕隨著歐洲勢力的不斷擴張,此種國際關係的處理方式逐漸向外滲透。

美日兩個歐洲外大國的崛起引起了對殖民地和勢力範圍的新爭奪,同時亞非拉國家的反殖民主義鬥爭以及在此過程中他們與其他地區相互交融,共同促進著國際關係體系全球化的形成。〔註4〕所以,研究近代中外關係,只注意帝國主義列強建立殖民體系,忽視東亞傳統體系及其中國現實狀況,就不可能有對全球性國際體系的真實認識。

西方近代國際關係的規則主要表現在國際法中,其發展曾經歷過三個階段,即近代國際法(1648～1914)、現代國際法(1914～1945)、當代國際法(1945～)。國際法最初並無具體的條款,主要根據國際法學說,和相互間所達成的約定,國際法產生以來就由習慣的和協定的規則組成,具體的表現於個別的慣例或條約,不具備系統的法典形式。它的實體存在的缺欠很多,有的事項根本不具備應有的規則,有的規則不夠明確,也有些現存的規則在解釋上出現不同的意義。在適用國際法的場合,有些不便,有時甚至面臨沒有確定一致的法律規則可根據的困難。十九世紀末二十世紀初,1899年和1907年的海牙和平會議,才第一次進行了有組織的編纂國際法的工作。

16世紀和17世紀之交,隨著資本主義的萌動,自然法思想日益抬頭,國際法理論中掀起了反神權的浪潮,奠定了以自然理性為核心的自然法學派的地位,歷時三百年之久。到資本主義趨於成熟後,國際交往愈益密切,國際組織也日益增多,適應於重實驗的自然科學的發展,國際法也開始從純思辯的學科向重實踐的學科變革,於是出現了此後一直占主導地位的實在法學派的理論。這個理論的核心是重視國際條約和國際習慣,奉之為國際法的主要淵源。19世紀中葉,實在法學派日益得勢,到十九世紀末,這一學派終於占壓倒的優勢。實在法學派拋棄自然法,他們認為國際法規則之所以有效力,既不是像自然法學派所說是理性之所命,也不是可以根據推理的程序發現的,相反是因為國家自己承認它們,這種規則應當是依歸納的方法從國際交往史上去推求。

十九世紀四十年代,是東亞國際體系轉變的開始,也是近代中外關係的端緒。西方國家表現出試圖利用國際法的意向和動機,但是卻完全忽略了國際法的性質,以及東亞原有國際體系的影響。由於缺少了近代國際法自然法思想的

〔註3〕唐賢興主編:《近現代國際關係史》,2005年世界知識出版社版,第1頁。
〔註4〕唐賢興主編:《近現代國際關係史》,2005年世界知識出版社版,第4頁。

一面，導致只承認國家的本身利益，並為了本身利益的極大化，其他國家的傳統文化和特殊性被忽視，完全無視原有體系規則的影響，甚至近代國際法所主張的他國主權也被置之度外，結果導致了矛盾衝突的升級、中外國際關係的惡性循環，使人類的普遍性利益受到了極大傷害，極大地破壞了東亞國際體系轉換的進程。

二、近代東亞國際體系轉型期

　　所謂的國際和地區國際秩序就是國家間關係的總和，是作為一個整體的國際政治體系。不同國家和地區的歷史往往帶有濃厚的民族特色和地域特徵，如果要想深入理解某一時期的國際關係史，必須對維持此秩序的體系及其規則賴以存在的觀念和理論基礎加以考察。因為但凡一個國際秩序就要有「一個完整的形而上和形而下的架構，即有其理念、機制、形式，還必須是能發揮其功用」。〔註5〕一個地區或某一歷史時期的國際政治關係，往往表現為某種國際關係形態。比如古代東亞的朝貢體系、近代西方的條約體系。一個國際體系需要具有一個共同認可的理念，才能產生一種互動關係，從而出現相對穩定的國際秩序。任何一個國際關係形態，顯然同一個大國和它所代表的文明體系有著密切的關係。這個大國以其各方面優勢，對區域政治、經濟、文化的發展，無可否認的，具有一定的舉足輕重的作用。〔註6〕十九世紀中期，東亞〔註7〕地區國際關係和格局發生了變化。中國在鴉片戰爭後衰落的跡象越來越明顯，近鄰的日本卻改弦更張呈現出上升的苗頭，中日兩國成了近代東亞國際政治影響力巨大的鄰國。古代長期存在於此地區的朝貢體系及其理論基礎受到前所未有的挑戰，地區國際體系面臨著一種改變和轉型的局面。

〔註5〕黃枝連：《東亞的禮義世界──中國封建王朝與朝鮮半島關係形態論》，1994年中國人民大學出版社版，序。

〔註6〕黃枝連：《東亞的禮義世界──中國封建王朝與朝鮮半島關係形態論》，同上。

〔註7〕自上個世紀80年代以來，一個重要的區域政治概念成為國際關係中常見的詞，這就是「亞太地區」（the Asia-pacific region），其範圍一般包括東北亞、東南亞、南太平洋和北美洲。自90年代初期起，「東亞」作為一個政治詞彙開始出現在國際關係領域，其範圍僅指東北亞和東南亞。參見蘇浩：《地緣重心與世界政治的支點》，《現代國際關係》，2004年第4期。近代的東亞既是地理概念，又是文化概念。地理上講，指歐亞大陸東邊，太平洋西邊的邊緣或半邊緣地帶，包括中國、朝鮮、越南及日本列島等所組成的地域空間。從文化上說是根基於古代中國的那種文明所分布的地區，即中國以及深受華夏文化影響的地帶。參見費正清，賴肖爾：《中國：傳統與變革》，江蘇人民出版社版，1996年，第3頁。

地區國際體系的建立和維繫需要各成員間，至少是在那些政治上很活躍的成員間，形成了共同的利益觀念和一定彼此認可的規則。雖然國家利益隨著時代和條件的變化會有不同，但彼此認可的規則卻是相對長期的行為模式，對於國際體系本身更為重要。國際法可以被看作是對世界政治中的國家及其他行為體在它們彼此交往中具有約束力和法律地位的一組行為規則，但在秩序的建立階段，規則應當被視作一個社會過程，它會受到社會、道義和政治考慮的影響。規則的形成常常歷經這樣的過程：剛開始的時候是操作規則，然後成為先例，接下來又變成道義原則，最後被納入法律文件中。〔註8〕只有當國家實際上在某種程度上相互承認對方的利益，國際法才能夠通過闡明基本的共處規則，為國際體系的維持發揮作用。國際法調動國際社會遵守規則的作用，需要的是這些因素存在於國際社會中，否則將影響國際法的效用。我們無法否定國際法對國際政治體系的作用，但也不能不承認那些並不具有法律地位的規則的作用。那些不依賴於國際法律規則的國際秩序形式，將來可能出現，甚至在過去出現過。不對這些秩序或者共存的規則加以綜合考察，或者沒有認識到國際法規則與那些不屬國際法但屬國際政治範疇的規則可以共存，便是我們今天分析世界政治方法的一個缺欠。〔註9〕原有的國際或地區國際體系的傳統、國際關係學說、外交方式等都對新的國際體系發揮著難以割捨的作用，並直接影響國際關係。只有在國際體系條件允許的情況下，支撐國際社會秩序的規則才能發揮作用，因此，對於國際法擁有一個共同的理念〔註10〕，是近代中日雙方建立新的國際秩序和國際體系的基礎性課題。

三、中日在接收國際法時受容的差異

國際社會是以國際體系為自己存在的前提條件的，國際體系可以在國際社會並沒有產生的情況下得以存在。兩個或兩個以上國家可能通過相互交往與互動關係影響對方的思想與行為，雖然他們可能並未意識到具有共同利益或價值觀念，也不認為自己受到一套共同規則的制約或者為構建共同制度而進行國際合作，但彼此的交往與互動卻是極為重要的。一個國際體系應包括四方面的要素：一是要有多種多樣的實體，或行為體，它們可以是民族國家，也

〔註8〕（英）赫德利·布爾著，張小明譯：《無政府社會》，世界知識出版社版，2003年，第54頁。
〔註9〕（英）赫德利·布爾著，張小明譯：《無政府社會》，第14頁。
〔註10〕理念是一種思想和觀念，它強調對目標、原則、方法等的認定和追求。

可以是非國家的行為體；二是體系內各行為體之間應該「有規則的互動」；三是要有某種調整行為的「控制的方式」，它可以是這個體系的非正式規則，也可以是正式的規章制度；第四，體系必須有一些將其與其他體系以及其所處的更大環境區別開來的界限。〔註11〕

　　鴉片戰爭後，源於威斯特伐利亞體系、西方列強所主導的國際體系，由於西力東漸的結果，擴張到了中國的周邊，並進而在十九世紀六七十年代，促使東亞區域內的國際環境發生了重大的變化。不僅西方工業生產方式波及到這裡，而且處於東亞地域邊緣的日本也發生了政權改變和社會運作方式的轉化。中國在地區格局中的影響力逐漸弱化，日本在加速發展，成為參與地區事務和解決地區問題的重要國家，並且試圖建立起近代國際法的實在法思想指導下的東亞新秩序，但因其未對舊秩序進行合理甄別和吸收，加之中國深遠的自然法思想根基，所以未能帶動地區內其他國家跟隨其戰略意圖，建立近代東亞國際體系。日本意欲建立的近代國際體系所強調的是國家間的主權平等和國家獨立。這種說辭似乎並無不妥，甚至還可以理解成是近代文明的標誌，但由於理論本身對戰爭的控制不足，往往會導致國際關係的強權政治、強國對弱國的殖民征服與控制。如此一來，中國與鄰國日本的關係就發生了變化。隨著這些形勢和條件的改變，以往的東亞國際秩序不可避免地受到挑戰，本來能夠有效統轄此地域穩定和合理的機制，無法一如既往的運行下去，需要做出適當地調整和一定程度地改變。人類社會無論何時何地也無法和自己的歷史絕緣，況且歷史傳統中不乏營養要素，需要我們巧妙而有機地將其與現實結合起來。作為近代國際關係指導思想的近代國際法，不僅帶給東亞處理國際關係的方式和方法，而且也帶來了觀念的變化，因為人類對某事物的認識和理解直接影響其行為方式。近代同處東亞，既有地緣相接關係，又對東亞近代體系的形成與變化具有舉足輕重意義的中日兩國，對於近代國際體系理念認識的不同，影響了兩國外交關係，導致兩國關係的緊張和衝突，延緩了穩定、健康的東亞體系形成的步伐。

　　近代中日兩國間不僅是侵略和抵抗的國際關係，而且在外交層面上，也存在著國際法思想傾向的相左。在兩國接受國際法的過程中，兩種思想發生了極端對立衝突，日本絕對地排斥中方的態度和立場，將中國的忍讓和尋求共同點

〔註11〕（美）羅伯特・吉爾平：《世界政治中的戰爭與變革》，中國人民大學出版社版，1994年，第26頁。

的妥協方式視為軟弱和落後的表現，偏執於自我所形成的錯覺，強行實施自己的對外政策，造成近代兩國關係的緊張和對立，其影響波及整個近代，以至於現當代。近代國際法存在兩種理論體系，即自然法思想和實在法學思想。自然法思想重視人類社會的普遍性和一致性，主張通過互相溝通達到共同的理想目標；實在法思想以主權獨立為基礎，承認各國為本國主權而進行和採取的國家行為。這個理論的核心是重視國際條約和國際習慣，並將其奉之為國際法的主要淵源。兩種思想理論發展呈現出不平衡性，16 世紀和 17 世紀之交，自然法思想日益抬頭，國際法理論中掀起了反神權的浪潮，奠定了以自然理性為核心的自然法學派的地位，歷時三百年之久，到資本主義趨於成熟後，國際交往愈益密切，國際組織也日益增多，適應於重實驗的自然科學的發展，國際法也開始從思辯的學科向重實踐的學科變革，於是出現了一直占主導地位的實在法學派的理論。

雖然兩種理論受到重視，在國際關係和國際交往中，流行時間和發揮主導作用有所不同，但本質上和目的上並非矛盾，而且是在互相補充、互相協調中發展的。十九世紀六、七十年代的國際法尚無具體的法典可循，國際法主要由各種學說和流派來闡述，無論哪種學說也並非將兩種思想截然分開。由於歷史和時代背景的問題，近代中日兩國卻對此產生了不同的理解、出現了不同的接受取向，直接影響了以國際法為基礎的國際交往，甚至波及因此而產生的近代國際關係。雙方都囿於自我的原因，對彼此情況不甚了了，甚至日本乾脆不屑於瞭解。此種情況下的外交政策、外交實踐、外交關係如何能夠正常。

當歷史的腳步邁入近代，東亞地區在日本積極策動下，中日開始了近代兩國外交關係構建，彼此開展了一系列外交交往活動。近代國際法存在著維護國際關係的條理和理想，也存在著國際社會的共同理念，即普遍性的一面，近代國際法的最早理論淵源帶有神學色彩的自然法思想、普遍的理性、永恆的自然準則在國際法的發展過程中長期保持，並浸透在國際法的基本精神中。這種理論特色使晚清知識界很容易聯想到道法自然、天道皇皇、天命人性類的中國哲學觀念，儒學所指的天地之公道觀念也是其內涵的重要成分。對王道政治的嚮往，使中國人對公法所規範的理想的國際秩序充滿好感。以王道體會公法的真諦，從道德判斷來認識公法的文化意義，為國人接受國際法架起了思想橋樑。他們看來，公法公理與以誠信治天下、守四夷的思想是吻合的，與儒家倫理政治原則一致。儒家理想政治境界是天下大同，公法同樣致力於人類最崇高的理想。

　　日本明治政府誕生於十九世紀六十年代，新政府領導人通過對近代國際法和國際關係的理解，順暢地將適應工業文明時代的個人利益和工業方式結合起來，使近代個人的利益指向了通過個人努力，從事工業生產並使之趨於完美的方向。這在很大程度上把近代個人利益與國家利益統合在一起。在國際關係方面，對十九世紀後期的近代國際法的實在法性格順理成章地、毫無障礙地接受，使日本的近代法律建設取得突飛猛進的成績，並迅速擠進列強之林。但是，由於缺少了近代國際法普遍性的一面，導致只承認國家的本身利益，並為了本身利益的極大化，其他國家的傳統文化和特殊性被忽視，甚至近代國際法所主張的他國主權也被置之度外，結果導致了中日國際關係的惡性循環，使人類的普遍性利益受到了極大傷害。

　　近代國際法誕生於歐洲，在其發展過程中，最初是以各種學說的形式流傳於基督教世界，後來才被他們介紹到中日所在的東亞。由於其本身包含著自然法和實在法的兩種思想，並存在著不甚明確的地方，同時近代國際法的內容呈現出階段性。19 世紀中葉以前，產生了一些國際法的民主原則，注意突出獨立、平等、自保及尊嚴等國家基本權利。中期以後，強調實在法的精神佔有了主要地位，重視國際間的公約和會議，並以此作為國家間交往的原則和規則。近代國際關係中的條約是有拘束力的，它是建立在國際法具有拘束力的基本假定之上的，而這個基本假定既不是各方同意的，也不一定是屬法律的性質的，是基於西方長期實踐上的，對於當時的東亞來說是特定前提的規則。還有不容忽視的情況是，中日雙方當時國內政治情況、傳統文化影響等均有不同，因此，接受和使用國際法訂立條約，形成條約關係過程中難免產生歧義，導致彼此接受取向的差異。

　　中國側重於國際法中自然法的原理，並對此產生了依賴心理，非但未享受到國際法的權利，反而被其所束縛；而日本卻徑直採用了實在法的規則和做法，並根據當時的國際形勢，利用國際法尚存的不完善，頻頻採用自助即武力的方法，迫使中國在條約的內容方面做出讓步，用自助和干涉等方法將國際法掌握在自己的手中，本國的權利得到了無限的擴大。而地緣相鄰的中國則成為不幸者，不僅會時常面對強硬外交的壓力，而且也要應對領土被侵犯的危險。此種情況的後果是，日本人眼中落後、頑愚的中國理應被發達的近代日本所支配，日本的侵略性在能動性方面被賦予了近代性的表象，此種邏輯下，日本的侵略與殖民地化都獲得了正當性。相輔相成關係的兩種國際法思想，被人為地

對立起來，給近代中日外交關係留下不良隱患，給近代東亞國際秩序埋下不穩定因素。

傳統的東亞國際體系，以儒家王化為理念，形成了文化中心國和周邊藩屬的高低尊卑關係。藩國以宗主國文化為其價值取向，對宗主國的朝貢主要是汲取彼之先進文化，藉以鞏固和維護本國的政治統治，同時獲取超出朝貢物品若干倍的優質物品賞賜。中華與藩國的關係完全是一種鬆散的宗藩關係，只要藩國定期朝貢就維持著這種關係，藩國的外交內政均不受宗主國的制約與束縛，而主要是一種文化紐帶關係。前近代中國統治者將對外交往納入朝貢制度的架構，目的在於和平守土，維護農業文明社會的穩定，而且通過和平方式將中國文明傳播給周邊民族和外國。

一般來講，除游牧民族建立的蒙古政權仗恃武力征伐外，中國只在特殊時期和背景下，才對周邊國家和民族使用武力。永樂年間明朝進兵安南是因為邊境遭到入侵，而且安南將受明朝保護的嗣位之君劫殺在邊境，明目張膽地嚮明朝的宗主地位挑戰。清太宗征服朝鮮，目的是孤立明朝，促使朝鮮改宗清政府。對於一般性的朝貢國來說，是否朝貢完全是自願行為，不受中國武力強弱的威脅。當時的中國，理想的統治者是道德的化身，周邊夷族來朝被看作是道德之遠播與感化的結果，而不是武力的炫耀和作用。

眾所周知，近代工業文明使西歐各國在物質層面超出東方，由此，他們便挾其優勢，迫使東方民族受其驅使，成為他們的附屬。19 世紀 40 年代以後清帝國被迫與歐洲國家締結了一系列條約，這意味著作為朝貢體系巔峰和中樞的東方國家，已被納入近代歐洲國家條約體系之中，也意味著這個帝國成了列強竟相掠奪的對象。

近代西歐國際體系建立於 1648 年的威斯特伐利亞會議之後。此種國際體系的原理，可以簡單總結如下：

（1）世界是由無至上權威的主權國家群構成，所有國家在法律面前一律平等。

（2）立法、解決紛爭、執行法律的過程，大多由每個國家共同來參與，國境線上的非法行為的責任，是當事國之間的私事。

（3）國際法雖然確立了共同的規則，但以不影響其他國家的自由為先，國際法的有效性被限定在與每個國家政治目標不相牴觸的範圍內。

（4）國家間的紛爭，最終還是通過實力即戰爭來解決。〔註12〕

此種理念如果和上下尊卑秩序為特徵的華夷秩序相比，西歐國際法體系的最大特徵就是不承認至高無上的權威，國家間都是平等的主權國家關係，國家間的爭端可以用武力來解決。這一體系的理論化是在十八世紀後半期。此前的國際法學者包括 Hugo Grotius 都將關注點放在超越國家之上的國際規範研究上。直到 David Vattel，國家的自由、獨立才成為國際法理論的基礎。他的 1795 年的《國際法即適用於各國家和主權者間行動和事務的自然法各原則》被當時各國譯成各種文字，對後世影響頗大。他主張作為國際社會的一般性法律。第一、國家應為他國的幸福和獨立而發揮作用；第二、國家的獨立和自由應該得到承認。

在他的主張中國際社會就是由自由、獨立的國家組成。國家間必須互相尊重，國家間不存在支配者，換而言之，主權國家通過自身的機關，按照自己的法律，進行對內自我統治，對外不從屬他國，獨立地行使主權。顯而易見，DavidVattel 的目的是依據社會契約說，試圖排斥阻止國民國家形成的絕對主權國家的干涉。但是這種國際體系理論卻留下了極大的戰爭隱患，這也是這種理論的內在矛盾。按照這種邏輯戰爭就會被視為一種權利的存在，是為解決侵犯國家權利的、國家間紛爭的一種手段。如果以兩個當事國的自然的自由為前提，對別國行為的判斷者當然就是自己，對戰爭原因的是非判斷毫不存在。於是如果自己認為對方違反了國際法，就可以動用戰爭手段來解決。

另外以國家自由、獨立為基礎的國際法論，難以論證約束國家規範的妥當與否。David Vattel 否定了 Christian wolff 在 1749 年《國際法論》所主張的世界國家論。《國際法論》中，設定了為了公共目的的世界國家概念，承認其主權。對此的否定，必然意味著超越國際法規則的戰爭是解決問題和權力的來源，於是外部世界成了主權國家體系的各國自由膨脹的場所。

十八世紀後半期的權威性國際法教科書由 Wiliam Edward. Hall 編著出版。正如書中所說，國際法是西歐特殊文明的產物，是不同文明國家難以想像的高度的人為的制度。〔註13〕所以，處於文明以外的國家必須得到國際法團體的認

〔註12〕（日）佐々木寬他訳：《デモクラシーと世界秩序——地球市民の政治學》，NTT 出版，2002 年，第 86 頁。
〔註13〕（日）山內進：《明治國家における文明と國際法》，一橋論叢，1996 年，第 115 頁。

可並加盟其中。這種認識是十九世紀多數國際法學者的共同觀點。〔註14〕十九世紀的國家主權觀念，德國表現的最為明顯。這種觀念把現實的國家本身加以自我肯定，使其超越了國際法，具有了絕對的性質。國家為了生存和擴大本國的利益，其戰爭權力不受任何約束，這確實有點像英國哲學家霍布斯所說的「自然狀態」。如果每個國家是所有國家的敵人，國家間的正常狀態必然是戰爭，或者為戰爭做準備，或者投入戰爭，或者分享戰爭的成果。

四、日本對近代國際體系的受用

　　明治政府從成立開始就積極接受近代國際法。在很短時間內這方面的工作就取得了顯著的成果。那麼日本新政府為何要接受近代國際法呢？就這個問題的回答，需要從新政府所處的國內、國際環境方面去考察。

　　鴉片戰爭及其以後東亞出現的變化說明了，長期居於朝貢體系頂峰的中國，已經與歐美列強處於法律上的「平等」地位，中國被納入到近代歐洲國家體系之中。儘管中國對此反映遲鈍，但卻對日本的前近代東亞秩序觀產生了巨大衝擊，長期形成的華夷觀念開始崩潰。

　　1862年幕府官員和各藩的武士，乘坐日本派往中國的商船「千歲丸」，對中國進行了實地考察。他們回國後公開發表了一些著述，對清政府的政治腐敗、軍事衰弱進行了批判性的揭露。日本長期形成的中國文化崇拜發生了徹底轉向，對新的秩序理念產生了執著的嚮往。

　　明治政府成立後，特別是1871年開始日本政府不斷派人前往中國，通過對中國的瞭解，越來越助長了對中國文化的蔑視、對改變朝貢體系的欲望。池上四郎從中國返回後對西鄉隆盛說：中國的朝廷積弊已久，政府官員腐敗成風，綱紀廢弛，士兵怯弱，士氣低落，戰鬥力很差，以今日之狀態，不數年中國將土崩瓦解。〔註15〕政府的1870年《四項外交急務》文件中也對中國做了失望的結論。「勢成宇內必爭之地。因此，無論從國內政務，抑或從外交之道而論，都應予以特別注意。」〔註16〕

　　可見，對中華文明的失望導致對西方文明的嚮往，對中國的蔑視導致改變

〔註14〕（日）小林啟治：《帝國體制和主權國家》，《日本史講座》第八卷，歷史學研究會、日本史研究會編，東京大學出版會，第95頁。

〔註15〕轉引自吳童：《諜海風雲》，中共黨史出版社，2005年版，第7頁。

〔註16〕日本外務省編：《日本外交文書》第3卷，日本國際聯合協會，1938年版，第190頁。

秩序的野心。面對東亞被殖民的壓力，受到中國慘敗的刺激，本國民族危機的局面，促使日本政府及時調整國內體制，改變文化價值取向，轉向唯西歐馬首是瞻的國家目標。於是，日本的新目標和由於長期形成的中華文化影響，儘管受到外來力量的衝擊，仍能堅守文化根基，力挺華夷秩序，維護德治理念的中國，發生了體系理念方面的衝突。

日本明治政府之前是延續了二百六十多年的德川幕府統治。德川幕府自從修復日本與明朝的關係、回歸傳統東亞體系的外交努力受挫之後，便致力於獨立在中國的朝貢體系以外的小華夷秩序的構建，即通過統治貿易和限定外交，建立中國外緣的、以德川幕府為中心的大君外交體制。隨著中國鴉片戰爭和美國人培利黑船來航，原有的大君外交體制受到了嚴峻的考驗。幕府雖然試圖維持現有體制，但同時又必須在開港口和歐美列國開展外交關係。這種新外交與舊外交的矛盾不斷深化，幕府不具備對此進行構造方面變革的力量，對這種形勢的對應政策，只好交給因倒幕而誕生的明治新政府。

德川政府的大君外交體制下，整個日本只在長崎的出島開展對中國和荷蘭的貿易活動。在對荷蘭的貿易活動中，荷蘭公館的通商代表將記載世界形勢的文書交給幕府，鑒此，幕府對世界的形勢有了相當的瞭解。同時由於荷蘭書籍的輸入，幕府末期，日本就出現了以西方自然科學為主體的「蘭學」。通過「蘭學」的傳播，日本社會對近代西歐的產業和文化有了一定程度的接觸，並逐漸開始了對西方的探索。

其實，既使在幕府的鎖國體制下，禁止渡海的規定也沒能擋住維新志士們追求歐洲近代文明的腳步。著名的高杉晉作、吉田松蔭、伊藤博文、井上馨等紛紛秘密渡海，試圖親身考察西歐國家的文明所在，並在探索中逐漸體會到攘夷的不合理性。就在西南強藩—薩摩和長州用大炮抗擊英國艦船的時候，伊藤博文等毅然回國，阻止武力攘夷的舉動。可見明治新政府是在列強叩關衝擊下，為了解決現有體制無法解決的問題出現在日本政治舞臺上，並改變了舊政府的對外做法。新政府的成員主要是由充分認識到西方文明，並以此為追求目標的維新人士組成。因此，新政府成立之後，政府領導層有著極強學習西歐的意向。作為領導者如何將自己的意志很好地宣傳出去，並能讓大多數人接受成了新政府領導層的現實問題。西歐的文明是人類進步的成果之一，西歐通用的近代國際法當然就是公道、先進的規則。這種認識被寫進明治天皇的五條誓文，於是向西歐學習成為明治日本國內和國際政治的中心活動。

　　明治新政府面對著西歐國際體系的挑戰和傳統的朝貢體系的影響，毅然做出了取法歐美的歷史性訣擇。值得注意的是，國際法的本身具有兩個層面的內涵，即非普遍性的實在法上的國際法規和基於自然法條理、理想基礎上的國際關係普遍理念。明治政府在萬國公法及宇內之公法的理解下，將其作為明治政府的開國方針。當然也有為了抑制攘夷而採取公道觀念的意圖。新領導者們根據當時的國際形勢和本民族傳統的文化習慣，或者說，實在法非普遍性的理念，在維新志士的親身體驗下，和日本民族的傳統的重現實體驗、不屑於理論批判的文化習慣達到了最默契的融合。〔註 17〕國家有目的或有意識地服從國際法可能是國際法規則規定的行為被認為是很有意義，必須執行或者有義務執行的，它是某個更為廣泛的價值觀念體系的一部分，或者是追求此種價值觀念的手段，也可能是希望其他國家採取對等的行為。〔註 18〕

　　日本最先接觸的國際法教科書是 1864 年傳入日本的美國傳教士 william Marthin 的漢譯本《萬國公法》。本書是美國國際法學者 Henry Wheaton 的國際法的中譯本。當時在日本被翻印，不僅被有識之士廣泛閱讀，而且成為當時及以後日本處理外交問題的重要參考。本書的特點是基於當時的各種學說和各種條約、各國關於海上捕撈的原則、國際法院的判例，對現行國際法的內容進行了實證性的說明。明治新政府接受國際法的非普遍性理念，究其原因，也是民族傳統文化的影響，〔註 19〕同時又是緊迫的時代形勢使其然。正如前文所述，日本的明治維新正值十九世紀下半期，當時的國際法理論主流恰好是非普遍性的一面佔據優勢、盛行的時期。國際法學者們多為處理和解決國際間主權國家的具體問題而忙碌，因此實在法主義非普遍性的性格在這一時期極為流行。流行於西歐的近代國際法理念和傳統的日本文化不謀而合。這更增強了明治新領導者們對取法西洋的興趣，提高了效法西洋實施變革的自信心。一時間，日本社會由上至下全國形成了歐化風潮，西歐的文化在日本的眼裏成了人類社會文明的象徵、真理的化身，處理解決各種疑難問題的至勝法寶。因臺灣

〔註17〕趙國輝：《魏晉玄學與日本物哀文學思潮》，《日本學論壇》，東北師範大學日本研究所，2004 年第 1 期。

〔註18〕（英）赫德利‧布爾著，張小明譯：《無政府社會》，世界知識出版社版，2003年，第 111 頁。

〔註19〕江戶時代的日本，把琉球和阿伊努（北海道）作為朝貢國，建立了以自己為中心的日本型「小華夷秩序」。根據「武威」與「萬世一系」的原理排斥傳統的以文化優越為根據的「華夷秩序」。參見（日）茂木敏夫，《変容する近代東アジアの國際秩序》，山川出版社，1997 年，第 11 頁。

問題和清政府激烈爭論之時，日本政府急令翻譯局晝夜兼程翻譯肯特的萬國公法。得知中日間以撫恤之名結束爭論之時，政府的重臣井上毅失望地說：從前的爭論全部付之東流，未能將萬國公法的目標貫徹到底。〔註20〕

接受近代國際法的非普遍性理念的一個現實原因就是明治政府成立的嚴峻國際形勢。具有幾千年的歷史的，處於華夷秩序中心位置的東洋大國——中國被西洋列強不斷地蠶食，古老的東洋大國，成了西方列強角逐勢力的競技場。日本國家的統一和獨立面臨極大的危險。

這一嚴峻的現實，促動和驚醒了以小華夷秩序偏安東亞一隅的日本，明治新政府領導者們認識到國家安全的重要性，開始用近代國際法的非普遍性理論—地緣政治思想面對自己的周邊環境。明治初年的制定對外方針時，發揮主要作用的無疑是當時的右大臣岩倉具視（相當於總理大臣）。明治二年即1869年即將召開國策大會之前，岩倉提出的「外交、會計、蝦夷地開拓三件意見書」〔註21〕明確表明了他的初期對外觀，這種對外觀對日本後來的外交理念影響很大，毫無疑問，這種對外觀也是建立在對近代國際法和當時國際形勢的認識基礎上，此意見書擇其要可歸納為三點：

第一、依條理和約定，和各國用信義開展交際以增長學問、交換知識、互通貨物有無，萬國皆如此。

第二、日、清、韓聯合抵抗歐美勢力的擴張。

第三、海外萬國皆是我皇國的公敵。

第一條表達了以近代國際法為公理建立近代國家的信念，第二條則表明了放棄傳統的華夷秩序觀—大君中心單獨防禦的安全戰略，實行結盟防禦。表明對自己小國安全防禦能力的不足和缺欠的充分認識和對西方近代戰略策略的吸收。第三條以萬國對恃為基本目標，明確了不僅在軍事上與各國是敵對關係，而且各方面都處於一種全面的競爭關係的對外方針。因此，為了本國的利益，可能會形成與某國甚至眾多國家的直接對抗。勿須贅言，對抗的目標也包括中國與韓國。由此可見，按照這個理念，近代國際社會彼此皆是競爭關係，地緣鄰國之間有時會成為利益共同體的盟國，有時則會成為刀兵相見的敵國。

日本稱霸中國的戰略是其整個東亞戰略中重要的一環，應該看到這不單

〔註20〕（日）井上毅伝史料篇第一，臺灣事件処置意見。第46頁。轉引自《東アジア近代史》第二號，東アジア近代史學會1999年三月刊行，第59頁。

〔註21〕（日）多田好問：《岩倉公実記》中卷，原書房，1968年，第697頁。

是中日兩國關係史的問題，也是整個東亞國際關係史的問題。日本的對外擴張是在自身發展和東亞原有國際體制瓦解過程中確立和逐步擴大的。〔註 22〕因此，日本近代的首要敵手就是中國，首要的對外目標就是衝破朝貢體系的束縛，加入西歐主導的國際體系。針對遙遙欲墜的華夷秩序和朝貢體系，由於國際體系的理念已然改變，國家對外目標開始明確，日本很快便加入了攫取中華帝國遺產的行列。在此過程中，日本在一個較長時期中選定的是有限的局部侵奪目標，其選定的敵手隨之也就是有限的。〔註 23〕

讓明治新領導者們堅信這一信念的是岩倉使節團的歐美考察。其中對他們影響和觸動最大的莫過於德國的親身體驗和俾斯麥及毛爾托蓋元帥的演說。一般認為岩倉使節團為了修改條約，巡遊歐美十二國，結果無功而返。〔註 24〕但是從使節團和隨後成立的大久保政權的聯繫來分析的話，就不能不承認使節團對日本接受近代國際法，形成日本近代外交理念的貢獻和作用了。

使節團於 1871 年 11 月出發，1873 年 5 月回國，於 10 月成立大久保政權，從人員承續角度看，具有和使節團正使有著親密關係的副使大久保，成為明治六年十月政變後的新領導人。從對亞洲政策看，大久保政權對朝鮮實行了軍事壓力下的威攝與懷柔並舉，對中國則採取了《萬國公法》中的非普遍性的一面，即優勝劣汰的對策，兩國關係通過實力來解決的策略。究其思想來源可以從歐美巡遊過程中來探求，特別是德國之行。大久保所在的使節團，兩次踏上德國的土地，這是巡遊各國中的特例，途中不僅訪問了德國的首都，而且到過德國的其他城市。〔註 25〕不僅拜見了德皇，而且聆聽了俾斯麥的發言。使節團瞭解到，剛剛成立於 1871 年的德國首都柏林，直到 1800 年還只是一個小城市，五十年之後人口就達到了四十二萬人。1871 年人口更是淨增了兩倍，達到 826342 人。〔註 26〕這麼一個新興國家，在如此短暫的時間內發生的重大變化，讓日本使節團成員深感驚異，繼續探究其原因的想法深深地吸引著他們。

〔註 22〕熊沛彪：《近現代日本霸權戰略》，社會科學文獻出版社，2005 年，第 3 頁。

〔註 23〕熊沛彪：《近現代日本霸權戰略》，第 15 頁。

〔註 24〕（日）田中彰：《岩倉使節団の歴史の研究》，岩波書店，2002 年 6 月 24 日，第 218 頁。

〔註 25〕（日）麻田貞雄：《歐米から見た岩倉使節団》，ミネルボ書房，2002 年，第 758 頁。

〔註 26〕（日）田中彰：《岩倉使節団と欧米回覧実記》，岩波書店，1994 年，第 309 頁。

　　人類社會從封建壓抑下解放出來，為實現欲望的滿足而採取的資本主義的傾向，促動了他們後來採取的殖產興業的設想。德國能夠在短時間內成為西歐強國，立於歐洲眾國之林的奧妙，大久保從俾斯麥和毛爾托蓋的演講中找到了答案。俾斯麥在談了自己年青時代的經歷後，指出：世界所有國家雖然都互相按照禮節進行交往，但是，這是虛構的，現實中強國政府壓迫弱國，萬國公法雖以維持各國秩序為目的，但強國和他國發生紛爭，強國為了達到本身的目的，才遵守公法，否則就使用武力。〔註27〕俾斯麥熱心地把自己在弱肉強食的、歐洲國際政治中跋涉的經驗傳授給了使節團成員。而且針對歐洲各國對普魯士發動戰爭的非難，為自己辯解到：「我國只重視國權，歐洲親睦之交，尚不足信，諸公都不放棄自私之念。因此，我小國親身體驗到形勢，不顧他人的議論，只圖保全國權，別無其他。」〔註28〕作為副使的大久保當時曾寫信給留學俄國的西德二郎，信中說：「雖然滯留德國時間不長，但與俾斯麥與毛爾托蓋的會見可以說很有意義。」〔註29〕對毛爾托蓋的議會演說，在《美歐回覽實記》中也曾被引用：「法律、正義、自由之理只可以保護國內。保護境外，不能不用武力，萬國公法最終無論如何也只是強調武力的倫理，保持局外中立，遵守公法，只是小國。大國還是以國力來維護權利的。」〔註30〕《美歐回覽實記》具有使節團訪問報告和記錄的性質，其中的記載，一定程度上表明了使節團成員的思想傾向。

　　前述的德國的各種經歷，可以說和使節團成員的思想基礎產生了共鳴，當時對他們促動很大，對後來的對外政策影響極為深遠，充分表明了新政府主要成員對近代國際法的理解和接受傾向。還有一個事例可以說明使節團對德國的熱衷和親近感。他們感覺到德國皇帝和國民「君民並和互相親近」。〔註31〕在十九世紀七十年代開始國家近代化建設的兩個新興國家，不僅當時所處的國內環境相似，國際環境也有相近之處。德國通過武力擴張，按照自己對近代國際法的理解，雄據強國之林，實現了日本新政府要爭取的目標，因此，可以說德國成為使節團眼中的標本。如果說英法美的工業文明讓使節團嚮往的話，

〔註27〕（日）麻田貞雄：《歐米から見た岩倉使節団》，ミネルボ書房，2002年，第164頁。
〔註28〕（日）多田好問：《岩倉公実記》中卷，第330頁。
〔註29〕（日）日本書籍協會：《大久保利通文書》，東京大學出版會，第501頁。
〔註30〕（日）多田好問：《岩倉公実記》中卷，第340頁。
〔註31〕（日）多田好問：《岩倉公実記》中卷，第352頁。

那麼德國就成為日本現實的榜樣。這種親身體驗，加之成功者的耐心傳授，自然會對日本對近代國際法的接受過程發揮重大影響。當時作為使節團重要成員的伊藤博文，在 1901 年 12 月，以總理大臣身份訪問柏林時，再次提起二十八年前俾斯麥的講話，被德國的各報紙稱作新發現的演說加以刊載。〔註32〕

不僅德國的親身經歷對日本外交影響很大，而且西方學者的思想也對日本外交理念的形成具有不可低估的作用。西歐的斯丁氏，又被日本翻譯成須多因氏，兩者都是音譯的名字。他是十九世紀後期西歐國家學說的重要人物。1882 年伊藤博文為起草憲法草案親赴歐洲、前去拜訪的時候，他作為維也納大學政治經濟學教授，耐心地傳授過治國的方案，〔註33〕此人還給日本政府的大臣們講過課。從現今保存的《須多因氏講義》中，我們會窺視到日本近代外交理念的影子。講義的扉頁赫然寫著：「治國之要」「在知大本」，足見其在近代日本政治中的地位，及其對日本政府的政治觀念及其外交理念影響的深度。講義的第二十一回第一節中，對外務和國家主權進行了如此的說明：「外務的本意說的是國家皆是主權者。如果不得不遵守他國的法律，或者不得不作受制於他國的行為，那它就沒有主權，沒有主權就不是一個國家。」〔註34〕表明了對國家主權的絕對維護和強調，對他國的絕對排斥。第四節中對國家間關係進行了如下的闡釋：「兩國相對之時，完全是只管自己張揚本國主權，讓對方服從自己的傾向。」〔註35〕「從某一方看來，戰爭是條約的先導，如果不以戰爭決出勝負，就無法訂立條約，不以戰爭加以威脅，條約將難以保全。」〔註36〕顯而易見，這種為了本國主權的擴大，不惜使用武力戰勝敵方的外交理念，不會考慮對方的因素，更不會顧忌地區國際秩序的穩定和健康。

接受近代國際法的傾向不僅在明治之初是如此，這種理念長時間地左右著日本的外交政策。既然海外萬國都是公敵，本國的安全便是政府領導者重要的課題，德國俾斯麥的演講與實例，告訴明治領導者們，武力是保護本國安全和維護利益的最好辦法。因此擴軍備戰成為明治領導人的重要工作。十九世紀

〔註32〕（日）麻田貞雄：《歐米から見た岩倉使節團》，ミネルボ書房，2002 年，第165 頁。
〔註33〕（日）金子堅太郎：《伊藤博文伝》中卷，統政社出版、1940 年，第285 頁。
〔註34〕（日）宮內省：《須多因氏講義》，日本中央大學図書館藏，明治二十二年七月刊行，第334 頁。
〔註35〕（日）宮內省：《須多因氏講義》，第338 頁。
〔註36〕（日）宮內省：《須多因氏講義》，第340 頁。

七十年代，面對歐美列強的大敵壓境，岩倉設計了日中韓聯盟聯合防禦的形式，保護國家安全的策略設想。但在解決周邊安全問題時，為了本國國土更加安全，利用傳統的與琉球和朝鮮的關係，努力圖謀使之成為自己的勢力範圍的政策，和試圖守住最後一個藩屬國的中國發生了安全方面的衝突，因此，七十年代初訂立的「中日修好條規」失去了現實的效力，中國成了日本實現近代國際法理念的敵手。中日海軍開始了針對對方擴軍的競賽。到了八十年代末期，英俄間的對抗出現了向朝鮮半島擴展的跡象。於是朝鮮半島成為日本保護本國安全的利益線。顯而易見，這種思想是明治之初，近代國際法非普遍性理念的極端發展，處在它的延長線上。

　　一般認為，這個思想出自山縣有朋的 1890 年的《外交政略論》意見書。其中講到：「為了日本獨立，自己進行主權線守衛的同時，保護利益線也是大有必要。」這便是有名的主權線和利益線理論。這個觀點明顯是繼承了明治之初的外交理念，同時對他外交理念帶來直接影響的是前文提到的斯丁氏。山縣在 1888 年為調查地方制度赴歐洲的時候再次拜訪過斯丁氏。斯丁氏對山縣的國防論提出了自己的想法：「無論哪個國家何種理由，都將用兵力防守外敵，將實施保護的地區稱作權勢地區；另外和權勢的存在相關聯的地區叫利益疆域。」「自己國家不僅擁有權勢疆域，守護其地位，還要不論各國的和戰，對自己的利益地區用全力實施保護，一旦出現對自己不利的舉動，自己有責任將其排除。」〔註37〕簡單總結就是，國家不僅要保衛主權疆域，而且有責任排除對自己不利的情況。這實質上就是把本國的防衛目標加以擴大，只要對自己不利，自己就要積極主動地排除這種情況，當然包括使用武力。這種理念支配下的外交政策當然是一種積極的，以武力、自我本位主義的強硬外交為主要手段的取向。

　　十九世紀六七十年代，中國也開始引進和接受近代國際法。作為中國接受近代國際法的先驅，〔註38〕郭嵩燾是一名受到傳統教育的中國知識分子，以此建立自己的歷史觀，並努力參照自己認識的歷史傳統來理解西洋文明和中國現狀的。政教是有德者教化於民儒教秩序觀的表現，是郭嵩燾理解秩序觀的關鍵詞。〔註39〕當時中國社會主流思想對國際法的重要性也有了一定的認識，

〔註37〕（日）《中山寬六郎文書》，東京大學法制資料センター，原史料部所存。
〔註38〕（日）茂木敏夫：《中國における近代國際法の受容》、《東アジア近代史》第三號，東アジア近代史學會 2000 年 3 月。
〔註39〕（日）佐佐木揚：《郭嵩燾の西洋論──清國初代駐英公使が見た西洋と中國》，佐賀大學教育學部研究論文集第三十八號第一集 1990 年。

「而各國之籍以互相維繫,安於輯睦者,惟奉《萬國公法》一書耳」,「然明許默許,性法例法,以理義為準繩,以戰利為綱領,皆不越天理人情之外。故公法一出,各國皆不敢肆行,」〔註40〕但對其認識還是主要集中在自然法思想的側面。光緒末年中國外交以和平會議為契機,開始進入了接受國際法的新階段。〔註41〕但是,如果從當時的國際環境和中國的傳統對外觀來看,中國接受的國際法仍然是有選擇的,主要還是對其普遍性價值觀的吸收。1898 年的海牙和平會議,是在歐美的和平運動進入新階段之時,在俄國皇帝的提議下召開的,會議以限制為國家主權而發動的戰爭為議題。〔註42〕中國傳統的華夷秩序是以德治為其理念的,〔註 43〕以武力來獲得的支配權力被稱作霸道而加以排斥。「羈縻」是治理和調整周邊秩序的首選方法,武力的使用被限制在懲罰擾亂安寧的特殊情況下。

近代中國對日本的外交方式難於理解,加之日本根本不理會中國傳統秩序的理念,兩國對近代東亞秩序的理念存在著難以彌和的矛盾。1895 年李鴻章在參加中日講和會議之前,曾給伊藤博文寫信:「在亞洲中日兩國關係是最近的鄰國,為何一定要成為敵國呢?」「我們為全亞洲的安全而努力,為了不被歐洲黃色人種所侵害,應該永遠和平和合作。」〔註44〕袁世凱面對日本提出的二十一條,憤憤不平地說道:「日本應該以和平友邦的態度和我們相處,為何總是像豬狗和奴隸那樣對待我們呢。」〔註45〕可見,幾千年歷史形成的中華古代文明,不僅成為現有社會和國際秩序的基石,而且深深地影響著體系轉型期的決策者們,如果對此置若罔聞,改變東亞國際體系的工作必然是徒勞無功。

小結

政治決策實體帶著心理環境在其所處的操作環境內活動,各種行為體都

〔註40〕 夏東元編:《鄭觀應集》上,上海人民出版社版,1982 年,第 66 頁。

〔註41〕 (日)川島真:《中國近代外交の形成》,名古屋大學出版社,2004 年,第 17 頁。

〔註42〕 (日小林啟治:《帝國體制和主權國家》,第 114 頁。

〔註43〕 (日)茂木敏夫:《変容する近代東アジアの國際秩序》,山川出版社,1997 年,第 7 頁。

〔註44〕 (日)王敏:《ほんとうは日本に憧れる中國人》,PHP 研究所,2005 年,第 137 頁。

〔註45〕 (日)中嶋嶺雄:《近代史のなかの日本と中國》,東京書籍出版社,1992 年,第 114 頁。

會受到他們各自對世界解釋的影響，政治實踐和行為模式的變化基礎是對其認知的演化，國際社會的基礎是主觀上的國際共識，主觀上的共識塑造了國際社會環境，促成國際行為體之間行為的一致性。顯而易見，近代之初的中日兩國是東亞新舊國際體系的重要行為體，對新體系和新行為方式的認知演化是當時的一個時代課題，其中不容忽視的是，各決策實體不僅要對行為模式進行更新，還要進行選擇，更要對其加以擴散，〔註46〕使國際體系的重要關係國家也能理解並接受新的行為模式，從而產生互動關係。由於日本片面的接受西方的行為模式，完全忽略了中國幾千年積澱下的國際關係觀念和行為模式，導致了近代東亞範圍內，遲遲未形成國際行為體間的主觀共識，原有的國際體系雖然難以為繼，但是新的國際體系卻步履蹣跚，矛盾和衝突長期不斷，規則和制度始終難以確立，遺患了整個近現代中日外交關係，給中日兩國關係帶來難以拂去的陰影；近代東亞地區秩序和格局不穩定，外來勢力有機可乘，此地區成了被國際政治左右和爭奪的對象。人類的社會文化包括諸多的要素，在其演變過程中，不僅要吸收新要素，一定程度上還會保留舊成分，同時新舊要素還會發生衝撞與變異。近代日本外交理念就是在舊成分基礎上的一種發展，並被決策者和歷史過程極端化。可以說，對近代國際法理念理解的重大差異，以及主動構建新體系的國家—日本利用國際法的做法，對中日雙方的外交決策和交往方式以及東亞國際體系產生了直接和深遠的影響。

〔註46〕詹姆斯・多爾蒂：《爭論中的國際關係理論》，世界知識出版社，2003年，第178頁。

第八章 列強挖朝鮮皇家祖墳強迫其開國

　　19 世紀下半葉，資本主義各國垂涎於「隱士之國」朝鮮，紛紛要求朝鮮開港，其中美國與日本最為積極。1866 年的「舍門將軍（General Sherman）號事件」及 1971 年的「辛未洋擾」是美國入侵朝鮮威逼開港口的兩次事件。1866 年「舍門將軍號事件」被學界定為「朝鮮與美國關係的開始」〔註 1〕。美國企圖以追究「舍門將軍號事件」責任為由來打開朝鮮國門，於 1871 年 5 月派軍隊武裝入侵朝鮮。朝鮮軍隊頑強抵抗，美軍被迫撤退到海上，但仍然要求朝鮮政府打開國門，朝鮮政府嚴詞拒絕，美國最後不得已撤兵。美國認為朝鮮與中國的宗藩關係，是朝鮮閉關的要因，美國改變亞洲策略，積極與日本勾結，利用日本破解以中國為中心的「朝貢體制」，並將其視為「門戶開放、利益均霑」捷徑。此後美國與日本開始暗中勾結，公然參與 1874 年出兵侵略臺灣臺灣、支持 1879 年的吞併琉球、在甲午戰爭中偏袒支持日本，使日本一步步走向對外侵略擴張的道路。故近代美國對侵略的武裝入侵的失敗，不能單純理解為朝、美之間的事件，它對近代朝鮮半島格局的改變及近代東亞關係都有深刻的影響。

一、列強欲挖國王「大院君」祖墳強迫朝鮮開國

　　1840 年中英鴉片戰爭，中國大門被打開，東亞各國都因中國的驚變而充

〔註 1〕伊原澤周：《近代朝鮮的開港——以中美日三國關係為中心》，社會科學文獻出版社，2008 年，第 9 頁。

滿了恐懼。特別是處於朝貢體系內的朝鮮，更是將國門禁閉。1863 年，朝鮮哲宗身死，高宗李熙即位，高宗生父李昰應被封為興宣大院君。1866 年 2 月，神貞後趙大妃取消垂簾聽政，宣布『還政』於國王。從此，在高宗親政的名目下，大院君掌握了政治實權。〔註 2〕大院君政府鑒於中國與日本被西方相繼叩開了國門，為維護國家獨立對外實行消極的鎖國政策，「把加強國防安全作為內政改革的重要內容，加強對中朝邊境貿易的管束。」〔註 3〕同時，禁止外國傳教士在朝鮮傳教。

1866 年 1 月，俄羅斯派軍艦到達元山，要求朝鮮開國通商。天主教徒以為這是宗教自由的好機會，想勸大院君開放傳教。法國駐華代理公使伯諾內建議天主教會朝鮮教區主教張敬一（Siméon-Fran&ccedil；ois Berneux）藉此機會誘使朝鮮政府與法國建立反俄聯盟，以取得在朝鮮國內的傳教自由。大院君懼怕開放天主教對自己統治帶來威脅，故捕殺信奉天主教的官員洪鳳周和南鍾三等人，甚至殃及九名法國天主教傳教士，這一事件史稱「丙寅邪獄」。法國以此為藉口，發動了史稱「丙寅洋擾」的武裝侵略朝鮮的事件，即於 1866 年農曆 8 月，派艦隊攻打江華島，而大院君則命李容熙攻擊法軍，後法軍戰敗退出江華島。

法國攻打江華島之時，在朝鮮平安道大同江、京畿南陽府、仁川府外海，都發生了各外國艦艇入侵朝鮮事件。最早發現的是 1866 年德國商人奧巴特（Ernst Oppert）率領的船隊。奧巴特曾言，在遠東地區，只有朝鮮是沒有開放在國家，如果能與其進行貿易的話，將獲得巨額利潤，到朝鮮來也是為了摸清情況。此次行動由英國人詹姆斯（James Whiuall）協助，使用汽船「羅娜號」由上海出發，於 2 月 11 日到達朝鮮國忠清道沿岸，並於次日在海美縣西面「調琴津」附近投錨上岸。「平薪菅使」金泳駿、海美縣監金膺集等到「羅娜號」上臨檢詢問具體情況。奧巴特答覆說這是英國的商船，是為通商而來，同時也向朝鮮國王進獻禮物。由於地方官員沒有這樣的權限，要求他們馬上退出。

第一回航行朝鮮失敗以後，「羅娜號」返回上海，奧巴特再次購買了 250 噸位的「Empcror」號汽船，並在船上裝備了「九聽炮」一門，「小旋回炮」數門，船長為詹姆斯（James Whiuall），再次從上海出發，於 1866 年 6 月 26 日航行到忠清道海美縣西面「調琴津」，向地方官呈交書信，要求發給通商許可。

〔註 2〕曹中屏：《朝鮮近代史 1863～1919》，東方出版社，1993 年，第 9 頁。
〔註 3〕曹中屏：《朝鮮近代史 1863～1919》，第 16 頁。

海美縣監金膺集以「國禁」為由，給予堅決的拒絕。在海美縣停泊期間，有一名自稱為「菲力普斯（Pnjlippus）」的朝鮮人天主教徒，拿著一位牧師的信函，要求奧巴特給予保護。奧巴特與這位牧師及朝鮮人的領水員約好，打算逆漢江航行，企圖直赴朝鮮國京城，但由於二人沒有前來，又恐招朝鮮地方官的猜疑，故於 7 月 2 日在海美縣拔錨。

拔錨以後的奧巴特沒有朝鮮近海的航海圖，也沒有領水員，便緩慢航行並測量從「德積群島」到漢江口之間的島嶼暗礁及砂洲，於 7 月 10 日到達京城附近的「喬洞府沖」並於次日於江華府「月串津」拋錨靠岸。「月串津菅使」金弼德、「江華府經歷」金在獻尋問詳情，得知此船為早前進入海美縣的英國汽船。「江華府留守」李寅應馬上向政府進行了報告，政府命令李寅應及翻譯方禹敘進行詳細查問。奧巴特再次懇請貿易許可及允許進入京城。李寅應回應朝鮮禁止及外國進行貿易，而且沒有得到清國的同意，也不能獨斷做出決定。奧巴特於是斷念，於 7 月 20 日從「串津」出港返回上海。〔註 4〕

奧巴特返回上海不久就發生了法國的「丙寅洋擾」事件。奧巴特也認識了曾隨法軍出征朝鮮的美國人菲勒牧師，在菲勒牧師的縱容下，雇用了一千噸位的汽船「支那號」，同時由菲勒牧師幫助的朝鮮人崔善一作嚮導，開始第三回航行朝鮮。

1868 年 4 月 18 日，「支那號」到達忠清道洪州郡擔島。奧巴特使用小型汽船由德山郡九萬浦登陸，受到崔善一的弟弟崔性一及教民金汝江等的迎接。在他們的引導下，襲擊了德山郡衙搶走武器，並於同日深夜來到位於該郡伽洞南延的大院君之父「忠正公李球」墓地，打算掘開墳墓進行報復。由於墓床非常堅固，時德山郡守李鍾信也率領官民趕來，於是放棄了掘墓之念，於 4 月 19 日回到「九萬浦」，次日回到「行擔島」。

此次掘墓行動雖未得逞，卻使朝鮮朝野上下極為震驚。掘一國之君祖墳之行為，完全超出正常的思維邏輯，違背了人類起碼的親情人性，更與東方儒學文化的倫理道德相違背。朝鮮是信奉儒家文化的，特別強調孝道，認為「孝」是維繫以血緣關係為紐帶的宗法社會秩序的穩固基礎。孝事家庭尊長，不但應該在尊長生前，即使在尊長死後，也要事死如生，按時祭祀，逢事祭告，甚至平日出門進門，也要告於祖先牌位。祖先死後，入土為安，墳墓是祖先在另一個世界的住所，稱作「陰宅」，理應像「陽宅」一樣予以充分重視，甚至更加

〔註 4〕（日）《近代日鮮関係の研究》上卷（第 77～78 頁），JCAHR：A06032017600。

重視。帝王陵墓更是這樣。故奧巴特的強盜邏輯的掘墓行為，使朝鮮上下極為憤慨，更增強了大院君對歐美列強的敵視。

對於奧巴特掘大院君祖墳之事其理由，美國人菲勒牧師及崔善一認為，可能是因他們告之奧巴特「南延君」墓地可能埋藏很多的珍寶引起的。其實盜墓行為在天主教教意來看，也是極大的犯罪，但奧巴特可能一方面想得到那此珍寶，另外也為報復朝鮮殺害了法國的傳教士。但筆者以為，上述原因當然有，但最重要的原因是想拿大院君父親的骸骨，恐嚇逼近朝鮮接開國通商。

4月21日，「支那號」航行至永宗鎮停泊下來。奧巴特竟然挑釁地向「永宗菅使」申孝哲提出文書，聲明為報復「德山」全部外國人被殺事件而來，要求火速將文書送達上級官員：

> 煩帶書朝鮮國大院位座下，謹言，掘人之葬，近乎非禮，勝於動干戈，陷民於塗炭之中，故不得已行之，本欲奉柩於此，想秘過度，故姑為停止耳，此豈非敬禮之道乎，萬勿以遠人之力不及疑訝焉，此軍中豈無破石灰之器械乎，然而貴國安危，當在尊駕處斷，若有為國家之心，差送一員大官，以圖良策如何，若執迷不決，而過四天，遠人將回棹矣，勿為遙滯，不幾月日，必值危國之患也，當此時以免後悔之地，幸甚幸甚。〔註5〕

從上述文書這內容也證明奧巴特掘墓的目的，就是想拿出大院君父的柩木，來威逼恐嚇大院君開國，他明知這樣的失禮甚至勝於戰爭，但為了達到開國的目的，將之作為「良策」。

由於事態極為重大，「菅使」申孝哲馬上將文書上奉。大院君極為氣憤，以「永宗菅使」之名將信退回，並對強盜般的掘墓理由給予了堅決的駁斥。

在「駁斥書」還沒有傳回之時，奧巴特又企圖攻入永宗鎮，「菅使」申孝哲率部下進行反擊，奧巴特方面寡不敵眾，二名菲律賓籍船員戰死，奧巴特最後無奈退出朝鮮。「永宗菅使」申孝哲將死者首級送到京城，大院君下令以京師為中心，形成八個防禦區域。

奧巴特三次出航朝鮮表面上看似英國商人慾打開朝鮮通商之門，實則為英國國家對外政策的一種體現。奧巴特沒有成功要打開朝鮮國通商的大門，但奧巴特掘大院君祖墳這一令人髮指的事件，引發了大院君極大的憤怒，也令尊敬祖先墳墓的朝鮮民國不能接受，更加刺激了朝鮮的排外思想。

〔註5〕（日）《近代日鮮関係の研究》上卷（第79頁），JCAHR：A06032017600。

二、美國要求朝鮮開國的「舍門將軍號」事件

美國在地緣上並不是一個亞洲國家，但卻是西方最早對朝鮮半島發生興趣的國家之一。美國經過工業革命，資本主義空前發展，導致其產生對外擴張的要求，以獲取更多的原料產地和傾銷市場，來滿足國內經濟發展的需要。遠東地區是美國「門戶開放」政策實施的重點。在這種思想的指導下，美國先於1844年打開中國國門、又於1854年打開日本國門。朝鮮自然而然地成為美國「門戶開放」的又一個對象。但朝鮮早就實行閉關政策，特別是1864年興宣大院君李昰應攝政以後，鎖國政策進一步強化。美國與朝鮮通商似乎遙遙無期。

早於1832年美國下屬的東印度公司就曾派船進入朝鮮黃海、忠清兩道沿岸，要求訂約通商。1834年5月13日，美國派往朝鮮進行實地考察的特別事務官極力向國務卿推薦朝鮮的價值，認為朝鮮具備成為侵略亞洲大陸的戰略基地及向東北亞進行經濟滲透的前沿陣地的條件。美國希望加大對東方的貿易，而朝鮮王朝則採取閉關鎖國政策。1845年美國紐約州議員、眾議院海軍委員會主席普拉特（Z.Pratt）就向眾議院提交過《開放朝鮮的議案》，認為：「這個一向隱遁的國家的港口和市場，對我國商人和海員的事業形成刺激的時代已經到來。」〔註6〕這個議案後來由於美墨戰爭的爆發而被擱置。

1853年1月，一艘美國船隻駛入朝鮮東萊府的龍堂浦，朝鮮半島首次出現了美國人的身影。1856年，數百名法國士兵在朝鮮長古島登陸，燒殺搶掠，並竄到黃海道豐川沿岸。這年美國駐華公使巴駕在對美國國務院的報告書中就有「英占舟山，法占朝鮮，美占臺灣」〔註7〕的瓜分計劃。「美國東亞艦隊的兵力不夠作佔領臺灣之用，是伯駕不能立刻採取行動的主要原因」〔註8〕，美國佔領臺灣的努力最終沒有實現，轉而將視線轉向了朝鮮王國。

1866年7月爆發了法國武裝入侵朝鮮的「丙寅洋擾」事件，英國也趁機幾次進入朝鮮，甚至不惜挖掘「大院君」的祖墳，要挾朝鮮開放國門進行通商。美國自不甘心落後，在法國武裝入侵的同時派船到朝鮮要求朝鮮通商。

在「奧巴特事件」的幾乎同時，美國在華商人普雷斯頓（W B Preston）

〔註6〕Nelson and Frederick. *Korea and the Old Order in Eastern Aisa.* Baton Rouge. Louisiana State University Press, 1946.

〔註7〕Senate Executive Document 22, 35th Congress, 2nd. Session, Correspondence of Parker, p, 1083.

〔註8〕李定一，《中美早期外交史》，北京大學出版社，1997年，第230頁。

得到英國駐武當密迪士商會（Meadows & Co）的支持，將美式的兩帆船（Schooner）舍門將軍號（General Sherman）裝備為武裝商船，準備航行到朝鮮要求直接通商貿易。「舍門將軍號」的船長及駕駛員均為美國人，水手多為清國人，還有 3 名馬來人。清國人李八行為筆談翻譯，英國人何各斯（George Hogarth）為朝鮮語翻譯，英國聖公會傳教士托馬斯（Rev Robert Thomas，中文名崔蘭軒）乘該船赴朝鮮傳教。

1866 年 7 月 29 日，該船從天津出港，8 月 16 日到達大同江後逆水航行至黃海道黃州牧三男面松山裏前洋急水門處臨時停泊。黃州牧史丁大植通過翻譯李容肅尋問詳情，「舍門將軍號」的船長通過托馬斯及李八行等的翻譯，告之此船為英、美、清三國商人組成的商船，為將西洋貨物與朝鮮特產進行交易而來，沒有其他的意思。牧史丁大植明確曉諭：外國船入內地貿易是朝鮮的國法所禁。

「舍門將軍號」船長對丁牧史的曉諭置若罔聞，於 8 月 22 日航行至平壤府下游。大院君再派平安道觀察使朴珪壽、平安道中軍李玄益及平壤府庶申泰鼎三人登船查詢，托馬斯及李八行稱為通商貿易而來，並當面質問為什麼殺害法國人傳統士。「中軍」李玄益等答覆朝鮮禁止天主教、基督教等的傳教，通商也嚴格禁止。

平壤地方政府當時還四次給予美船白米、牛肉、雞蛋、柴薪等，讓他們原地待命，等待中央政府指令。但「舍門將軍號」繼續溯江而上。當時大同江上游地方連天暴雨，河水水位很高，但平壤地方沒有下雨，「舍門將軍號」船長以為平水，便乘著水勢向上游繼續航行。期間平安道中軍李玄益及平壤府庶申泰鼎等，曾多次命令美船停止前行，但美國人並不聽從。

8 月 25 日，「舍門將軍號」越過萬景臺，上溯至閒似亭附近停泊下來，並放下小船，向上游繼續前行。中軍李玄益等三人乘小船追趕，美國船員襲擊了李玄益的船，並拘捕了李玄益等，將他們監禁在「舍門將軍號」中當作人質，企圖以此來強迫要挾朝鮮答應他們無理要求。

8 月 28 日，平壤府尹申泰鼎急赴美船，要求釋放李玄益等人，但普雷斯頓卻以 1000 石白米、大量金銀和人參作為撤退條件。而此時美國拘捕李玄盆之事已傳播開來。憤怒的平壤軍民雲集於大同江堤上，高呼口號要求美船馬上送還中軍李玄益，並向美船打彈弓或投拋石塊。「舍門將軍號」見事不妙，馬下向下航行至平壤府羊角島附近。當時大同江水水位開始下降，吃水深的「舍

門將軍號」已經沒有辦法繼續航行。朝鮮軍與美船交火並成功救出李玄益。

8月30日，鐵山府使白樂潤到達平壤，平安道觀察使朴珪壽讓白樂潤兼任平安道中軍，與平壤府尹申泰鼎一起進攻已經處於擱淺狀態的「舍門將軍號」，並親自督戰。因江水過淺，「舍門將軍號」已經無法施展，但依然發炮頑固抵抗。朴珪壽最後命令使用「火」攻。9月2日，美船被數百艘裝滿茅草、澆足了油的火船焚毀，船員全部死亡。

朝鮮國王當時為清國的藩屬之國，故發生如此重大事情，都必須向清政府進行報告的義務，故朝鮮在很短的時間內，就向清政府就此事件進行了報告：

> 本年七月，連據平安道觀察使朴珪壽鱗次馳啟備：平壤庶尹申泰鼎呈稱，異樣船一隻，十一日來泊於本府草里坊新場浦口，平壤中軍李賢益、庶尹申泰鼎馳往問情，則其中一人，稍解朝鮮語言，自言姓崔名蘭，言姓崔名蘭軒，英咭唎國人也。姓趙名凌奉，北京人也；姓趙名邦用，盛京穆溪縣人也；姓李名八行，即船主，但國人也。仍曰欲玩平壤，兼見省城大人，交易貨物云，答以交易一款，本是皇朝法禁，有非藩邦所敢擅許者也。崔蘭軒曰：六月二十一日，自大清國有出來咨文，則貴國豈可曰不能交易乎？俺等於六月二十二日，躡後出來。又曰：貴地因何趕逐天主教人，今我耶穌教，體天道，正人心，非同天主教云。故答以：此兩教，具是我國法禁。又曰：法國主教及教士，並與貴國習教人，何為殺害？答以：無公憑，而浮遊異國，變服藏蹤，與我國奸細之民，陰謀不軌，在法當誅，而若我國人民之有罪，何關於法國乎？仍問：你們同來者為幾人？答：洋人五人、清人十三人、烏鬼子二人云。船中食盡，願為借助，故厚給米肉者，凡三次。而蓋此船先入黃州海港，願借糧饌，自黃州兵營，優數贈遺，旋又趕到平壤，東西閃忽，而隨請隨給，曲副其意矣。

> 十八日，彼人陸名，乘小青船溯流而上，故本營中軍李賢益瞭望次，乘小舟隨後矣。彼人等瞥然曳去中軍所乘之船，執留中軍於彼船中，異日軍校輩，始奪還中軍矣。彼人專昧好意，一向咆嚇，轟炮而窺逼全城，放銃而劫掠商船，本國人前後殺傷，為十三人之多。彼人又曰：米一千石及金銀、人參多數饋遺，然後可以解去也。誅求無名，欲壑難充，滿城民人，不勝憤惋，必欲力拒。二十四日，

　　　　彼船向我人亂發銃炮，彼銃而我銃，彼炮而我炮。烈焰延及彼船，

　　　　猛風又助其勢，彼船二十人或被爛，或落水，或中丸，盡數就死，

　　　　等因，具啟，據此。〔註9〕

　　朝鮮國王給清政府的報告內容十分詳細。從此報告的內容分析來看，此船雖為美國之船，但其中也有清國人參與其中。故可以推知當時「舍門將軍號」美國商船，到朝鮮的目前可能是單純的要求通商貿易。但當時可能正處於清政府的海禁時期，故其他藩屬國也不能擅自與其他各國進行貿易，故朝鮮國王在報告中稱「本是皇朝法禁，有非藩邦所敢擅許者也。」另外，「舍門將軍號」赴朝鮮是發生在法國人武裝入侵朝鮮之後，也是列強以挖掘大院君祖墳來要挾朝鮮開國後不久，故朝鮮國王及朝鮮人民還處於對歐美列強的憤怒及恐懼之中，從報告還強調美船強行進入黃州、平壤等地，掠去朝鮮中軍，並要求金銀財物之無理之舉動，可出看出引發「舍門將軍號」事件的原因不僅僅是朝鮮的鎖國政策，而是列強掘墳之舉，引發的東西文化的衝突。

三、美國借「舍門將軍號事件」武裝入侵朝鮮

　　10月8日，美國駐中國芝罘（山東煙臺）領事桑佛彝（E. T. Sanford）從朝鮮撤退回芝罘的法國艦隊處，得知道美國「舍門將軍號」在朝鮮出事的消息。但美國人沒有立即認定舍門將軍號上的船員已經全部身亡，認為或許船員只是被朝鮮人俘虜。美國人起初認為朝鮮是清國的藩屬國，閉關鎖國的朝鮮只跟清政府保持外交權，要與朝鮮對話就先得通過清政府來從中進行溝通牽線。對此，美國官員衛三畏於 1866 年 10 月 23 日照會總理衙門：「舍門將軍號 9 月在朝鮮海岸擱淺，被當地人焚毀，船長及二十四名船員被俘，仍不知生死。」並提出「朝鮮政府最好還是把這些船員帶到中朝邊境移交給當地的清朝官員。」〔註10〕

　　清政府總理衙門就此事向朝鮮就此事進行了詢問，朝鮮方面就此回覆如下內容：

　　　　敝邦與英法兩國，本不交涉，何有失和，通商傳教，則禁而拒

　　　　絕之，教士則以異國莠民，變服詐惑，面斥除之而已，凡天下各國，

〔註 9〕《朝鮮國王歷陳洋舶情形至禮部咨文》（1866 年 11 月 6 日），《近代中韓關係　　　史料選編》，世界知識出版社，2008 年，第 113～114 頁.

〔註 10〕Jules Davids ed. American Diplomatic and Public Papers: The United States and　　　China 1861～1893, Scholarly Resources Inc. 1979, vol. 9, P12.

相與征戰，必先詳究情實，明執釁端，始可興兵，而今法人之瞰我未備，闖入江華府，焚毀全城，剽掠財貨，即劫掠殘暴之寇也，通商者果如是乎？傳教者果如是乎？未乃頭領被殲，舉帆而走，然伊後跡，有難料測，惟當秉義修備，務盡誠信，而至若兵費賠償一節，伏荷禮部及總理衙門之慮及利害，誠萬萬銘感，但法人之攫取敝邦帑蓄戎器者，其數不貲，則敝邦責償於法國，尤或可矣。法國責償於敝邦，安有是也，凡係洋人之通商傳教，賠償諸事，小邦之民情國勢，雖幾年受困於洋夷，斷不可行矣。〔註11〕

朝鮮此時正沉浸在反擊「舍門將軍號」大捷喜悅中，故回覆總理衙門的照會中，將法軍武裝入侵江華城與「舍門將軍號」合為一談，並堅決的態度表明堅決反對「通商開國」，維護鎖國政策。

美國為徹底調查「舍門將軍號事件」，派出艦長為薛斐爾（Commander Robert W. Shufeldt）軍艦「沃柱期（Wochusett）號」，於 1871 年 1 月 21 日由山東煙臺出發，沿著大同江到朝鮮調查事件真象。

此船於 23 日到達黃海道長淵縣吾又浦地區，向當地居民及地方官員發出詢問書問詢「舍門將軍號」的詳情，並要求引渡生存人員。長淵縣監韓致容雖給予了答覆書，但對薛斐爾的質問答覆為一無所知。薛斐爾只是從當時居民處得知有美船在平壤前洋禁溺全員被殺之事。

薛斐爾立即回船至中國後，馬上將「舍門將軍號」之遇難事實呈報給公使館。代理公使威廉士再次向總理衙門提出照會的同時，要求美國亞西亞艦隊的提督 J.R. Goldsborough 派遣軍艦到朝解決此事件。

Goldsborough 提督派出由費米日（John C. Febiger）指揮的軍艦「Shenandoah」號，於 1868 年 4 月由山東煙臺出發，沿著大同江上行至黃海道三和府，與府使李基祖進行交涉未果，就在大同江附近進行測量月餘返回。

由於薛斐爾與費米日二人先後赴朝鮮交涉都沒有得到預期的效果，美國就考慮以更強硬手段解決問題。當時美國亞西亞艦隊的新任提督海軍少將羅傑斯（Rear-Admiral John Rodgers）向政府提出：仿傚 1853 年美東印度艦隊提督培理（Matthew C. Perry）東征日本，要求幕府開港立約的前例，強迫朝鮮與美國修好建交，以期解決舍門將軍號懸案。

這一建言得到美國政府的同意，於是美國國務卿委派駐中國特派全權公

〔註11〕（日）《近代日鮮関係の研究》上卷（第 85 頁），JCAHR：A06032017600。

使鏤斐迪（Frederick F. Low）赴北京，與清政府進行交涉，並命令他此次行動必須與亞西亞艦隊司令進行商量。

　　1871 年 2 月 11 日，鏤斐迪到訪總理衙門，向清政府表達美國政府近日將派艦隊到朝鮮並希望締結條約，請清總理衙門通過朝鮮國的「冬至使」傳達給朝鮮國王。但總理衙門回覆說朝鮮事宜由禮部負責，總理衙門難於直接交涉給予回絕。鏤斐迪再三強迫總理衙門，特別是 3 月 7 日鏤斐迪接到兼任朝鮮公使的照會後，馬上向總理衙門發信稱：「茲本大臣奉國家旨，於今年欽派本大臣充出使朝鮮之公使，偕水師提督，坐一幫兵船同往朝鮮國議交涉事件。本大臣知中國與朝鮮數百年之交好，可以音問相通，而本國與該國素無往來，遇有商議之件，難以徑達。本大臣擬先致函於朝鮮，以達國旨，請貴親王代寄至該國。茲特將函送交貴衙門，祈速寄。」〔註12〕

　　鏤公使委託總理衙門代轉的《美國致朝鮮國王書》其內容如下：

　　　　大亞美理駕合眾國欽命出使朝鮮之公使鏤，代本國君主問，朝鮮國君主好。歷來本國商船，往來日本國、中國、美國之海洋面，必由貴國經過，或遇大霧，船隻危險，迷路於各洲島中，難尋路徑，須人引水，或船漏須補，沉溺須人援救，或採買食物，均須上岸各事宜，以人道相待，則美國與貴國，非漠不相關之勢。本國常例，商民各水手往各國者，備悉其受艱苦，而不忍坐視，思設法保護之故，故派本大臣暫離駐華之任，前往貴國商議此事。前二十餘年，日本國瘦（瘐）斃美國水手人，嗣於癸丑年，美國派水師提督充公使，前往日本國，立一和約，至今兩國毫無釁端，可知辦法甚善。至於貴國，查丙寅年間，有美商船二隻，一在境內遭風被救人生船沒，一在境內被害，人沒貨無。本國未知，貴國識美國旗號否？未曉一救一害，何以如此相懸？茲欲訊根由，自與日本國事同一律。故本大臣及水師提督，坐兵船一幫，以肅體統，非耀威武，前往貴國，商議交涉事，嗣後如有美船在境內，遭一切苦難，如何設法相救，亟宜早圖，庶免美商被害，致啟釁端，此防預後患。本國體恤商民水手，甚不欲別國任意欺侮凌虐，將來兵船入境，貴國莫生疑慮，致駭平民，本國以和睦來，望以和睦相待。若多方拒絕，實自招不睦，又誰尤焉？至於本國與中國，夙為良友，先託代達是函，

以述國旨大略，約三兩個月內，本大臣等入界，希望貴國大官，在界商辦一切，專此達知朝鮮國君主，想必以此舉為甚善也，順頌萬福。辛未正月十七日（一八七一年三月七日）〔註13〕

　　從上述信函內容分析來看，美國完全隱去了想打開朝鮮國門的意思，單純強調為保護商船安全而欲往朝鮮進行交涉，並以與日本立約一事為例，似乎十分友好表達了欲與朝鮮建立通商條約的想法。另外此信也透露出美國通過黑船將日本國門打開一事，美國人是十分引以為自豪的。

　　總理衙門既定的方針為「朝鮮政教禁令一切自主」〔註14〕，不想干涉此次的美、朝交涉，但認為如果拒絕了美國的要求，朝鮮就不能知道美國來航的理由，可能會引發重大危機，故通過敕裁，決定代為傳達信件，由禮部將信件交給朝鮮國王。

　　1871年4月10日，由禮部轉送的鏤公使的書函到達朝鮮，大院君並不願意與美國進行交涉，馬上回覆禮部：

　　　　今此美使封函，又稱一救一害，莫曉其故者何也。其稱體恤商民水手，甚不欲別國任意欺侮凌虐云者，此實四海萬國之所同然也。該國之不欲受人凌虐，本國之不欲受人凌虐，易地而思實無異同，則於是乎平壤河船之自取滅沒，不待辨（辯）說，而其故可曉矣，天下之人自有公論，上帝鬼神，可畏監臨。美國商船如不凌虐我人，朝鮮官民，豈欲先加於人哉？今來信函，既望和睦相待矣，絕海殊域，如欲好意相關，則仰體大朝柔遠之德意，接應以送，非無其道，而其云商辦交涉，未知所欲商辦者何事，所欲交涉者何件乎？凡在人臣，義無外交，其有遭難客船，慰恤護送，不但國有恆規，亦體對朝深仁，則不待商辦，而保無疑慮，其或不懷好意，來肆陵虐，則捍禦剿除，亦藩屏天朝之職分事爾，美國官辦只可檢制其民，勿令非理相干而已，交涉與否，更何足論乎？從前別國，不知朝鮮之風土物產，每以通商之說來纏屢矣，而本國之決不可行，客商之亦無所剩，曾有同治五年諮陳者，敝邦之海隅偏小，天下之所共知也。民貧貨，金銀珠玉，原非土產，米粟布帛，未見其裕。一國之產，不足以支一國之用，若復流通海外，耗竭域內，則蕞爾疆土，必將

〔註13〕　（日）《近代日鮮關係の研究》上卷（第87〜88頁），JCAHR：A06032017600。
〔註14〕　《總理衙門奏摺》，《清季中日韓關係史料》第二卷，第159頁。

炭炭而難保矣。況國俗儉陋，手工粗劣，未有一件貨物堪與別國交
易，本國之決不可行如此，客商之亦無所利如彼，而每有通商之意，
蓋由別國遠人之未諳未詳而然爾。今此美使封函，雖未嘗發端，而
既要官人商辦交涉，則無或為此等事歟，遭難客船之照例救護，毋
待更煩講確，餘外事件之別無商辦，不須徒費來往。伏望貴部將此
諸般情實轉達，天陛特降明旨，開諭該國使臣以為破惑釋慮各安無
事，不勝幸甚。（1871 年 4 月 14 日）〔註 15〕

　　大院君及時回信，嚴肅地駁斥美國方面的善意說辭，例舉美國商船挑釁滋
事之事實，並以朝鮮國小民貧，物產不豐，拒絕了美國的通商要求。

　　美國通過總理衙門送信到朝鮮，只是外交上的禮儀。實際上美國格蘭特政
府已經接受駐上海領事西華德的提案，故鏤斐迪根本沒有等朝鮮國的回信，就
於 5 月初到達日本長崎與海軍提督羅傑斯會見，並調集到 5 艘軍艦、大炮 85
門及士兵 1230 人，另外加秘書、翻譯及 5 名歸國的朝鮮人，於月 5 月 16 日，
由長崎出發征討朝鮮。決定在締結「舍門將軍號事件」遇難船員救助協定的基
礎上與朝鮮訂立通商條約，為此他賦予美國駐華公使鏤斐迪全權資格，並命令
亞洲艦隊司令約羅傑斯率軍護衛。〔註 16〕

　　鏤斐迪公使等所率領的艦隊，於 5 月 21 日到達朝鮮京畿南陽府時，撫使
申櫶求登旗艦詢問來訪目的，鏤公使回答說為了與朝鮮政府高官進行交涉而
來，現因航路不明，測量近海，不致擾亂沿海居民。

　　朝鮮政府接到南陽府使的急報，於 5 月 29 日緊急派漢學翻譯官到仁川。
鏤斐迪嫌棄翻譯官的官位低下，不願意與他見面，就讓代理書記官（前九江海
關稅務司）德緩與翻譯官見面。德緩受命向詢問情況的翻譯官要求見職位更大
的官員，並強說派出艦艇到近海進行測量不會危害到沿海的住民。

　　6 月 2 日，羅傑斯派軍艦「阿拉斯加」號艦長海軍中佐布菜爾（Homer C.
Blake）作為小艦隊的指揮官，出動武裝汽艇四艘到鹽河進行測量，吃水淺的
另外兩艘炮艦進行掩護。測量艦隊迂迴於頂山島，對鹽河進行測量，並通過「孫
石乙項」急流北上。當時「孫石乙項」為江華府的「門關」，戒備森嚴，沒有
引水的船隻不論公私，一律禁止通行。朝鮮軍隊見美國小艦隊已通過「孫石乙

〔註 15〕（日）《近代日鮮関係の研究》上卷（第 89～90 頁），JCAHR：A06032017600。
〔註 16〕Charles Oscar Paullin, Diplomatic Negotiations of American Naval Officers, 1778
　　　～1883, p.288, Baltmore, The Johns Hopkins Press,1912。

項」，便從德浦鎮、草芝鎮發出炮擊，美艦遂應戰。〔註17〕

　　當時幾年前法國人的武裝入侵，大院對江華府一帶的防備特別重視。故在美國船到達的同時，大院君命江華府留守兼鎮撫使鄭岐源嚴加完備。同時派前兵使魚在淵任鎮撫使中軍，李昌會為江華府判官及訓練的都監步兵二個哨、禁衛營及御營廳務營督軍三哨、「別破陣」五十名及大量的兵器彈藥及新鑄造的大炮運送到江華府。又命令李濂為草芝史、崔敬善為德浦史，以進行開戰準備。

　　6月3日，大院君命江華府留守兼鎮撫使鄭岐源將這年4月14日送給北京清政府禮部代轉的答覆鏤公使的回信謄本送給鏤公使，並聲明「本國之不與外國交通，乃是五百年祖宗成憲，而天下之所共聞也」，「今者貴使之所欲商辦，無論某事某件，原無可商可辦」〔註18〕，嚴詞拒絕了美國所提出的通商結約要求。

　　鏤斐迪及羅傑斯認為，如果這樣撤出朝鮮，會讓美國威信掃地，故決定延長行動時間並與朝鮮進行交涉。鏤斐迪於6月7日覆函給鄭岐源言：「貴朝廷不願與敝國欽差以友誼商論所來欲辦之事，此則我欽提憲深為歎惜者也。至無端攻擊之事並不任咎，而反袒護，謂疆臣職所應為，在我提憲原擬鳴炮之舉出於軍民之妄為，貴朝廷聞之必欲卸肩，並派大員前來會議，皆所厚望者，以故不遽施為，緩期以待。茲於三四日內，如無貴朝廷延接商辦之意，一俟期滿，則專聽我欽提憲任意施行。為期太促，略旨覆陳。」〔註19〕

　　從鏤斐迪的覆函內容來看，鏤斐迪堅持要與朝鮮的官方商辦兩國之間的問題，並威脅如果如朝鮮不按美方要求進行談判的話，美國艦隊將採取「任意」的對策。

　　江華鎮撫使鄭岐源接讀此覆函後，立即於次日（6月9日）再覆函反駁：
　　　　竊詳貴來文，殊多出於意望之外者，還為慨歎！貴大憲既稱和
　　　　好而來，我朝廷本擬以禮相待，所以先遣三品官員勞問風濤利涉，
　　　　且請商辦事件，即相禮之道，詎意貴員便謂其人非大員而拒阻逐回
　　　　乎？勞問之官未及回京，貴船遽入隘港。雖云意非相害，所駕者兵
　　　　船也，所載者兵器也，百姓軍人安得不驚惑駭怪乎？以和睦之道，
　　　　入他國之禮，恐不當如是。本地曾經兵火，恒存戒嚴，忽睹非常之

〔註17〕　（日）《近代日鮮関係の研究》上卷（第91～92頁），JCAHR：A06032017600。
〔註18〕　《江華鎮撫使送美國公使照覆》，《同文匯考》（三），大韓民國文教部國史編纂
　　　　委員會編，第52～53頁，中華書局，1985年，第251頁。
〔註19〕　《江華鎮撫使送美國公使照覆》，《同文匯考》（三），第53頁。

舉，致有鳴炮之事，驚動左右，雖深歉愧，關隘防範，易地皆然。
今來責以任咎，實所未解。貴員之必會大員商辦者，今春信函，專
為丙寅年間二隻商船，一救一害，欲得根由，及嗣後美船如有在境
遭難，設法相救等事也。一隻之為貴國商船，本國之所未諳，而載
來凶悖之崔蘭軒自取其敗也，初非敝國之故害也。辨惑文案，前後
非一，今無足更論。至若貴商之遭難相救，國有成例，無庸更事商確。
本國之於貴邦，相去幾萬里，天外別界，兩相安靖，則不待講約而和
在其中矣。說短說長，爭多爭少，雖欲友睦而轉生事端矣。以此論之
得失利害，灼然可判。貴憲之任意施行，惟在深思熟計耳。〔註20〕

　　鄭岐源反駁覆函有理有據，明確說明朝鮮拒絕美方要求的理由，並期望美
國三思其軍事行動。

　　羅傑斯見朝鮮方面態度堅決，十分惱怒，馬上於 6 月 10 日命令艦隊進
行登陸作戰。此日中午美國海軍到達劃芝鎮，在炮火的掩護下，四、五十名
隊員登陸很快就攻佔了草芝鎮。11 日，美國海軍又攻佔德津鎮，進擊廣城堡。
守衛廣城堡的是鎮撫中軍魚在淵及其弟魚在淳等勇將，他們誓死堅守陣地最
後陣亡。美方海軍陸戰隊指揮 H W Mckee 先頭攻入城內，但身負重傷最後死
亡。

　　此次戰鬥異常激烈，鎮撫中軍魚在淵、其弟魚在淳、鎮撫營千總金鉉景、
廣城別將商致誠及武士四名、御營軍九名戰死。美國方面除 Mckee 戰死外，
也重傷十多人。這次美朝由美艦侵犯引起的血戰，史稱「辛未洋擾」。

　　美國海軍將從草芝鎮至廣城堡的朝鮮守衛炮臺全部破壞掉，但朝鮮軍仍
頑強抵抗，而美方艦隊也無力繼續進行持久戰，遂於 12 日，將全艦隊從廣城
堡海灣撤退至勿淄島停泊地，再做進一步的決定。

　　雖然美艦攻下了廣城堡，鎮撫也戰死，使朝鮮方面受到重大打擊，但由於
有前法艦入侵之經驗，大院君相信沒有物資的補給，美國艦船也沒有能力進攻
京城，最後不得已也得退卻。故於 6 月 12 日，令平都護府使李基祖致信給鏤
斐迪，指責美方「外託友睦之辭，內包詭譎之計」、「亂發槍炮，殺害軍民，殘
酷猖獗，孰甚於是乎？自稱和好而來，欲望以禮相待者如是乎？」〔註21〕嚴詞
抨擊了美國恣意妄為的軍事暴行。

〔註20〕《江華鎮撫使送美國公使照覆》，《同文匯考》（三），第 53～54 頁。
〔註21〕《富平都護府使李基祖送美國公使照會》，《同文匯考》（三），第 54～55 頁。

美軍退回勿淄島以後，仍致信朝鮮政府，強制要求其通商。為了迫使朝鮮屈服，他們長期把持江華海峽，企圖阻斷朝鮮首都漢城的「漕運」糧源。大院君仍斷然拒絕美國的通商要求，並相應地截斷美軍的水源。與此同時，大院君下令將他在「丙寅洋擾」期間書寫的「洋夷侵犯，非戰則和，主和賣國，戒我萬年子孫」的字樣刻在石碑上，稱為「斥和碑」，豎立在漢城的大街小巷，表明他堅決抵抗美國入侵的決心。

從 6 月 12 日至 7 月 2 日，朝美前後幾次通書，互有指責，各執其理。鏤斐迪極為辯解，把開戰的原因說成是由於朝鮮拒絕與美國交涉之所致，將責任轉嫁在朝鮮方面：「原期貴國如肯賠禮，即可免以干戈，自行伸禮，因開和睦之徑，寬俟日期，足敷排解，乃貴朝廷默然無語，而各貴守土，僉謂職所應為，何以逆料後來之安然無事耶？」〔註22〕朝鮮方面則極為憤怒，於 6 月 20 日由富平府使照會鏤斐迪說外國使臣要求與朝鮮通商締約之書函，地方官不能代為轉呈國王，並承諾此後若有漂流遭難船舶，基於人道，朝鮮當救助護送，絕不「虛言相欺」，希望美國不必為此擔憂，所謂通商立約，朝鮮政府根本不予考慮。

與朝鮮的交涉沒有結論，又無力發動大規模的軍事行動。鏤斐迪與羅傑斯最後商量，決定撤退艦隊待將來有機會再繼續交涉，使於 7 月 2 日照會富平府使李基祖：

> 前接五月初三日照覆，又稱貴府不允代遞公文，復不肯詳奏貴朝廷，俾知敝處有此欲達之言語。竊念兩國相接往復文字，體制辯論，此等禮儀，係敝總辦分外之事，以前往復文字而觀，貴府亦未必特受此鎮重之權，至代國立言，定規成憲云者，此貴府出於臆斷自言，未知果奉此重權否？敝欽憲不以為據也。我欽憲之來，有懷欲吐，貴朝廷不開以陳述之門，無地可述，不得以貴府越分之空談，遽作如此之答覆。在貴國既未能善為接納，容遠人達所欲言，即不須貴官等設詞懸猜，逆料其中藏之積愫。貴朝廷不肯與他國重任公使以文字相通，貴官等亦不必託詞代明其故。我欽憲特奉本國敕命，大公利益之舉，不耀兵威，不懷惡意，且先有文字達明此情，如是遠來，在貴國亟應按禮款迎，或與貴君主，或對特派大員，俾盡達其奉敕之由，議訂將來兩國交涉事宜之規範。我舟初至，欲解地方

〔註22〕《美國公使送富平府使照覆》，《同文彙考》（三），第 55～56 頁。

之惑，示我等和睦之情。敝總辦承準憲委，通知貴員，使知敝上司中懷柔和，不擾民居，不移國俗，不侵寸土等意，貴國應看敝國之勢，分使臣之重差，優待涵容，俾得展其奉辦之件。而貴國於此等應行禮宜，咸靳而不予，翻於我欽憲力求達文之徑，概使之徒勞，茲之不肯代遞公文，較從前拒我情形，如出一轍。至文內申明不敢遞上之故，皆支吾盧浮之詞。敝舟停泊海口時，因候貴朝廷信音，或派大員前來，伊時敝提憲，擬令小舟往探水勢，緣貴境水道涉險甚多，係為保護貿易愛人之舉，先期告地方，轉達沿海官民，勿得阻礙，雖然有此預囑，並示好意，不料舟行之際，突由伏兵努力肆燃槍炮，意在殞滅我舟師，幸而兵力不敷，未遂奸計。似此殘毒之舉，貴朝廷不肯任咎，緘默自安，貴守土亦各有言，不過淡淡歡歡，謂職所應為而已。我提憲守候數日，足數排解，而貴處並無彌縫之意。因照各禮義邦之常例，自行伸理，雖加刑似重，而我提憲只施於攻我之處，實非過情，足見躬行節制，豈獨貴國，即四海各國聞之，必有公論也。在我欽憲欲成本國之所願，凡諸善策，罔不盡力經營，除伸理負屈外，不加兵力，不耀兵威，以柔和之意而來，至今一無所獲，即不必久駐耽延，徒勞文字。歷考以上情形，豁然洞悉貴朝廷，於此事之最初立意堅定，拒斥和睦商辦之舉。我欽憲原以溫柔和誘之意而來，先曾布達，現以和柔之度量，適以日增貴君臣之傲慢乖離而已。此番覆命，我朝廷聞之，亦必大失所望。至以後如何辦理之處，我等實不能預料，將來所慮者，敝國及西洋諸大國，未必帖然於貴君王之定而不移，以及擯斥他國重任使臣，拒而不納，從此遂寂然也。設或將來各國用強，以至貴君王不能拂其所請，即難言屈抑矣。此節關係綦重，我欽憲相應覆旨，恭候本國廷議定奪，暫時移駐他處，或在貴國境內，或於中國地方，或仍令二三舟只，留碇貴境海口一帶，隨時察探水勢，即望貴國不須過問可也。且嗣後如有敝國人民，在貴境遇難，尤冀貴君王，必按覆答禮部諮內之應許，不食前言，體恤拯救護送，其中應用費用，本國如數補償，為此照會。〔註23〕

近代國際法規定：「國家領土主要由領水、領陸和領空組成的立體結構，

〔註23〕 （日）《近代日鮮關係の研究》上卷（第97～99頁），JCAHR：A06032017600。

因此，國家領土主權的限制也主要體現在這幾個方面。」〔註24〕鏤斐迪帶領的美國武裝船隊，在朝鮮國沒有允許的情況下進入朝鮮國內領水，還進行水文探測，並以武力形勢佔領朝鮮領土，控制江華海峽。這種「單方面向他國宣戰；以武裝部隊侵入他國領土；以陸、海軍進攻他國領土」〔註25〕的行為，在國際法上都被視為侵略行為。從以上鏤斐迪給朝鮮政府的信函中可以分析提出，美方將責任全部推給朝鮮方面，對自己的侵略行為沒有一絲的反省。

經過二十多天的對峙，鏤斐迪和羅傑斯深刻感受到大院君頑固的態度及朝鮮人民不畏強暴、英勇禦敵的精神。再加上美國政府又傳來新的訓令，稱不適合在朝鮮進行大規模的軍事行動，於是侵朝美軍在已取得軍事勝利的情況下，決定在美國獨立日前撤兵。1871 年 7 月 3 日，美國軍隊撤離朝鮮，退回中國山東的煙臺。這樣美國第二次欲武力打開朝鮮的大門的行動實質上以失敗而告終。

小結

美國藉口 1866 年的「舍門將軍（General Sherman）號」出兵朝鮮的「辛未洋擾」事件，是美國赤裸裸以炮艦武裝入侵朝鮮，威逼朝鮮開港的侵略行為。美國此次出兵征討朝鮮，本是羅傑斯提督想要仿傚培理「東征」日本的先例，打算以武力迫使朝鮮開港。美國以 1853 年「黑船事件」敲開日本之門，日本也亦在此時期應運開始政治轉型。培理的開港條約促使了日本明治維新的誕生，但羅傑斯的此次征朝，結果一無所成。美國與亞洲隔著太平洋，如欲控制亞洲，不僅需要建立一個強大的可以在遠洋作戰的海軍，更需要在太平洋上，在亞洲大陸的海面上建立一系列的軍事基地。而美國此次打開朝鮮國門的失敗，使美國認為朝鮮與中國的「宗屬」關係，是阻礙朝鮮對外開放的重要要素，要改變整個東亞的政策，必須幫助日本破解以中國為中心的「宗藩體制」。故開始積極支持日本釐清中琉關係的 1874 年出兵侵臺事件。而日本也以此事件，釐清了中國與琉球的「藩屬」關係，為吞併琉球找到國際法的依據。在美國的支持與縱容下，日本又於 1876 年與朝鮮簽署「江華條約」。此條約的簽訂，標誌著日本在東亞的崛起，更改變了朝鮮與中國的藩屬關係，再一次對東亞以中

〔註24〕 楊澤偉：《主權論——國際法上的主權問題及其發展趨勢研究》，北京大學出版社，2006 年，第 53 頁。

〔註25〕 http://baike.haosou.com/doc/6484083-6697789.html

國為中心的「朝貢體系」進行衝擊，預示著東亞地區權力關係將出現顯著的重新調整，日本將取代中國在該地區發揮著主要的作用。故從十九世紀中期開始，到 1895 年《馬關條約》割讓臺灣，美國或在檯面上或幕後，在日本吞併琉球、出兵臺灣甚至割讓臺灣等幾個大的歷史事件中，對日本起著巨大的助力作用，而其起點便是「太平洋帝國論」。美國所謂「太平洋帝國論」，本質上就是亞洲殖民帝國論，這一侵略亞洲的政策，是以侵略中國為中心目標的。雖然從十九世紀中期起，美國在各資本主義侵略中國的過程，並不明顯地處於首位，但它卻縱容日本對琉球、臺灣及中國的侵略中扮演了十分重要的幕後策劃支持者的角色。

第九章 「羅妹號事件」的處理及所帶來的歷史影響

　　1784 年 8 月，美國商船「中國皇后號」第一次抵達中國廣州，這是美國與中國的第一次正式接觸。鴉片戰爭以後，美國也想藉此東風取得中國的一些特權，因此時任美國總統的泰勒（John Tyler）派曾任國會議員的顧盛（Caleb Cushing）赴中國進行通商談判，並於 1844 年 7 月 3 日簽訂了中美《望廈條約》。美國通過此條約取得了大部與英國人基本相同的權益，還包括廣州、廈門、福州、上海及寧波五口通商之權力。五口通商使美國與臺灣之間開始有了密切的接觸。《望廈條約》簽訂以後，美國商船經濟往來於上海與廣州之間，因此也發生了在臺灣海峽遇見風暴漂流到臺灣的「漂流民事件」，引起美國政府的注意。美國駐華代辦伯駕（Peter Parker）開始調查臺灣地區漂流民事件的真相，認為西方各國政府應當負起保護責任，並提請美國國務院關注此事。美國接到伯駕的報告後，於 1854 年命令遠征日本的東印度艦隊司令佩里（Matthew Calbraith Perry）搜尋在臺灣沿岸遇難失蹤的美國人員。是年 7 月 21 日，美國船「馬其頓」號抵達基隆，開啟了有史以來第一次與臺灣的接觸。美國此次軍事行動事前沒有通告清政府，這為後來接二連三的美國及日本在不知會中國政府的情況下擅自軍事登島的行為提供了先例。而佩里也曾向美國政府提出建議佔領琉球及臺灣，但沒有得到美國政府的支持。此後，美國商人開始到臺灣南部的高雄等地從事非法貿易。1858 年 6 月，美國又趁第二次鴉片戰爭，迫使清政府簽訂了《中美天津條約》，而根據此條約，1861 年，臺灣正式向美國開埠，美國商人可以在臺灣居住及貿易。此後 1867 年的「羅妹號

事件」，使美國再次出兵臺灣，並與臺灣番人私自簽訂約定，這成為日本出兵侵略臺灣被援引的先例。而「羅妹號事件」，究竟是怎樣的海難事件？清政府的處理此事件中有什麼疏漏，為什麼在處理此事件中美國艦隊沒有清政府的許可，直接出兵到達臺灣？李仙得為什麼又能與番人私自簽訂約定？對美國對日、對清態度有何影響？

一、「羅妹號事件」的處理及影響

在臺灣開埠以前，就已經有美國船隻在臺灣附近遇見的海難事件發生。1861 年開埠的當年 11 月，美國商船「柔間地鰲（Iskanderia）」號至打狗購運大米後赴廈門，途中遭風漂流至嘉義地區布袋嘴洋面，距離臺灣府三十華里處擱淺。船主路得士（Frank J.Ruders）等曾赴臺灣府城請求援助，但臺灣府官員行動遲緩，所派官兵趕到出事地點時，船上的物品已經被洗劫一空。路得士認為清政府官員未能按照中美天津條約的規定，及時救護該船，致使該船貨物及船員財物等盡被劫掠，值計達一萬八千元。路得士因此向廈門美副領事海雅特（T. Hart Hyatt. Jr）申訴，並與臺灣地方政府進行交涉，要求中國政府負責賠償，但最終未能獲或滿意的結果。〔註1〕

1862 年時 11 月，美商三桅帆船「福星」號，由上海裝運棉花駛赴香港，航經臺灣海峽洋面遇颱風，漂至淡水西南約二十英里的地方擱淺。船主納爾遜（Charles Nelson）八人抵岸後即遭到岸上眾人的威逼將其衣服首飾全部掠走，船上的貨物也被洗劫一空。〔註2〕

美國公使蒲安臣（Anson Burlingame）對上述兩起「漂流民」事件，深表同情，認為清政府雖在條約上沒有賠償的義務，但他同時亦認為清政府在行政上依然有不可推卸的責任，但由於其對中國友好的態度，最後事件不了了之。由於蒲安臣的寬容，致使上述海難事件並沒有引起清政府的足夠重視，特別是臺灣地方官員懈怠依舊，致使李仙得（1866 年）任美國駐廈門領事同時兼任臺灣領事後，發生的「羅妹號」事件，使美國對臺政策發生重大變化，並導致李仙得對臺灣地方官員及清政府失去信任，最終支持日本政府出兵臺灣。

1867 年 3 月 9 日，美國商船「羅妹號」自汕頭駛赴牛莊（煙臺），該船行駛兩日後，突然遭遇颱風，經過長時間的漂泊後，該船在臺灣南端洋面的紅頭

〔註1〕黃嘉謨：《美國與臺灣》，中央研究院近代史研究所，2004 年，第 195～196 頁。
〔註2〕黃嘉謨：《美國與臺灣》，第 196 頁。

嶼附近沉沒，船長赫特（Hunt）夫婦及船員等共 14 人，分乘兩隻舢板，划行 17 小時，在琅嶠尾龜仔角鼻山附近登陸，喘息未定，即被來自附近森林中的番人槍手射殺，僅 1 華人水手僥倖逃走，後經商民協助，乘船至打狗報案。

英國副領事賈祿（Charles Carroll）接報後，立即函請臺灣道臺就此事進行嚴格究辦，並通知在打狗停泊的英輪「科摩輪」（Cormorant）號駛往出事地點進行救助。

臺灣道臺吳大廷得知此事後，命令鳳山縣令及南路營參將一同前去查訪，但參將回報說道：「生番行同獸類，不可理喻，且該處樹林叢雜，生番匿跡放槍，特其長技，難以用兵」，希望就此息事。〔註 3〕

「科摩輪」號艦長布洛德見此情況，立即決定啟航前往出事地點，希望贖回可能未遇害的船員。3 月 26 日，該船到達現場，英軍剛剛登陸，即遭到來自附近叢林的猛烈槍彈襲擊，他們不願冒險前進，只好退回船上，發炮轟擊隱藏在叢林中的生番之後，悻悻而歸。〔註 4〕

4 月 1 日，「羅妹」號事件的消息傳到了廈門，當時兼任臺灣領事的美國駐廈門領事 Charles William Le Gendre，也就李仙得（他是 1830 年 8 月 26 日生於法國的名族，巴黎大學畢業。後與美國籍女士結婚，赴美定居，在美國南北戰爭中，其戰功卓著。1866 年 12 月始，李仙得任此職。）立即起身趕赴福州，準備乘美國炮艦「亞士休洛」號前往臺灣，向當地官府要求救濟與賠償，並函報北京美使館及華盛頓政府，請示對策。

李仙得到達福州後，就與當時的閩浙總督吳棠及福建巡撫李福泰進行交涉，要求按照中美天津條約，嚴令臺灣地方官員救出遇害人員，並嚴行懲處生番。吳棠及李福泰以李仙得並未備文申陳，不便行文為辭，僅命通商局總辦尹西銘等函請臺灣府查明，轉報臺灣道臺嚴令地方官員緝拿懲辦兇手，「以正國法而柔遠人」，並特別地強調如果美國領事自行帶兵查辦，必須力阻，以防止節外生枝。〔註 5〕

李仙得非常不滿清政府官員的做法，於 4 月 11 日親乘「亞士休洛」號從福州出發，前往臺灣。翌日，抵達淡水，與當地官員往還拜會，諮訪臺灣當地情況。李仙得與「亞士休洛」號艦長費米日於 18 日前往臺灣府，分別將準備

〔註 3〕《同治籌辦夷務始末》卷四十九，第 43 頁。
〔註 4〕黃嘉謨：《美國與臺灣》，中央研究院近代史研究所，2004 年，第 202 頁。
〔註 5〕黃嘉謨：《美國與臺灣》，第 203 頁。

好的中英文照會送至臺灣鎮總兵劉明燈、臺灣道臺吳大廷處,陳述了「羅妹號」失事船員登陸臺灣南端遇害事實,要求設法救回可能幸存人員,並迅速派官兵搜捕凶番,嚴加懲辦,並表示「亞士休洛」號官兵將全力協同配合辦理。

但劉明燈及吳大廷對此項要求並沒有積極響應,而是採取了推卸責任及拖延時間的辦法,其答覆李的照會中云:「查臺地生番,穴處猓居,不隸版圖,為王化所不及。是以我國早有土牛之禁,士庶商民,不准擅入。又於各番隘口多設隘丁,重重防護,所以避兇悍而嚴出入也。今該船陡被風災,誤陷絕地,誠為思慮防範所不及。若苟可盡力搜捕,緝獲懲治,斷無不飛速檄行,以負我朝中外和好之意。更無煩貴國兵力相幫辦理,設或損威失事,愈抱不安。除再飭鳳山營、縣派發兵役設法查辦外,所有貴國兵船會辦此案之處,請不必行。」〔註6〕

劉明燈等人的答覆照會,竟然說番地「不隸版圖」。此種說法雖可以理解其說法為推諉責任的說辭,但在通曉國際法的美國人心目中,顯然會對臺灣番地的所屬產生疑慮。

清政府臺灣府官員對生番區域的說辭,是按照當時清朝王化現狀做出解釋,未曾瞭解到近代國土疆界的主權規定,同時,又不懂國際慣例,忽視了保護遇難船民義務的規定,引起美國人李仙得的不滿。更為嚴重的是,這種做法讓熟悉國際法的李仙德,對番地的所屬產生了質疑。這也為日後日本處理琉球遇難事件留下了口實。日本政府就是利用了李仙得出兵臺灣這個先例,將中國政府所說的「王化不及」,直接對應成「政權不及」,「政權不及」就是「無主之地」,「無主之地」日本就可出兵佔領並統治此地。當時中國地方官對國際法的不熟悉,給日本出兵臺灣提供了可資利用的疏漏。

李仙得等接到照會後感到非常失望,於是在4月21日親率「亞士休洛」號由臺灣府港南下打狗、琅嶠(今臺灣車城附近)等處查探消息,據他們觀察得到的情況是,臺灣地方官府未設法營救「羅妹」號人員,也未派遣官兵對付生番。三天後,「亞士休洛」號到達「羅妹」號出事地點,企圖與生番交涉,贖回未被害船員及遇害人的屍體,但是沒有人敢上岸傳遞消息。艦長觀察了當地的地形,認為當時正值林木繁茂季節,很難縱火焚燒;在炮火掩護下,登陸該地雖然不至於有太大損失,但是,要在登陸後越過鼻山以東地方,至少需要

────────────

〔註6〕《臺灣鎮劉明燈等分致李讓禮暨費米日照會》,同治六年三月十五日,參見:《美國與臺灣》,204頁。

一百五十人以上的兵力，才可成功。於是「亞士休洛」號只好在當晚回航廈門。〔註7〕

「羅妹」號的失事，船員的遇害，以及英艦「科摩號」、「亞士休洛」號營救未果的消息，經香港中國郵報於4月6日報導後，香港美國領事阿倫（Isaac J. Allen）馬上向美國國務院提出建議，認為美國應當奪占臺灣：

一、美國在東方的商務利益繁鉅，而且日在增長，美國實應在東方領有自己的商港或商務站，以適應東來的美商要求；

二、歐洲的商業國家均已在東方領有基地多處，英、法、俄等國且有分享中國本部利益的企圖，美國迄今未能分沾，最近英、俄兩國且有攫取臺灣島的野心，美國更不應到處讓人占其先著；

三、美國在中國海岸並無商港或海軍港，所有來華商船或兵艦，一向都在他國國旗掩護下的地方停泊，一旦美國與其他歐洲國家發生戰事，東來美船美艦的行動，勢必受到限制；

四、美國即使沒有在海外擴張領土的興趣，但為保護美國在海外的重大利益，自當別論，而領有臺灣一著，實為保護美國在東方商務利益的最大關鍵；

五、臺灣的地理位置，適於作為美國控制中國與日本海的基地，且其氣候宜人，土壤肥沃，木材與煤產豐富，港灣盡可改進，條件尤其優越；

六、中國領有臺灣領土，不及一半，且有名無實，島上東部及南部地方，仍為生番居地，維持獨立，「羅妹」號事件的發生，即其例證；

七、若干睿智的美國人士，曾極力主張美國可以支付價款的方式，購取臺灣，建立美國居留地與港口，此輩人士且表示願意貢獻所需要的借款；

八、臺灣如歸美國領有，以往由生番釀成的野蠻風氣，自可迅即消失，進而成為歐美對華商務的安全通道。〔註8〕

北京美國使館方面，直到4月22日，才從英使那裡得到關於「羅妹」號船員遇害、以及英艦營救未果的詳細報告。

美國公使蒲安臣便攜帶事先收到李仙得關於此事的傳聞簡報，向總理衙門提出照會，要求嚴辦此案殺人罪犯，並防止類似事件發生，確保臺灣沿岸往來船隻的安全，最後特別聲明即刻通知美國艦隊司令派遣兵船前往臺灣，商同

〔註7〕黃嘉謨：《美國與臺灣》，第205頁。
〔註8〕黃嘉謨：《美國與臺灣》，206～207頁。

該處地方官府查辦。〔註9〕總理衙門除向美使表示歉意外，答應即刻飛告閩省督府，嚴飭臺灣地方官員趕緊查辦，務將凶徒懲治。〔註10〕

雖然美國駐北京公使向中國政府要求處理，中國政府也做出了辦理的承諾，但是美國亞細亞艦隊司令柏爾卻認為，臺灣島上隸屬於中國的地方，僅限於西部沿岸、琅嶠以及東北部的蘇澳等地，其餘東部及東南部，全為生番居住地。由於生番地區並無官府，交涉對象乏人，柏爾決定親率艦隊前往征討。但他感到搜索那些形如猿猴的敵人，困難重重，實無成功的把握。因而向美國海軍部長建議，除非由美國及各國駐華公使聯合行動，促使北京政府實行佔領臺灣東岸及東南岸一帶地區，驅使生番更進一步退入內山，勢無其他可行的辦法，足以永久阻止生番殺害失事遇難海員的暴行。〔註11〕

柏爾率領旗艦「哈德福」號和「懷俄明」號戰艦，由上海啟航，途中他命令兩艦艦長先行挑選登陸的士兵，挑出181名精兵，分別配備適於登陸作戰的武器用品，包括榴彈炮5門，普里穆斯槍40枝，沙普來福槍80枝，槍炮彈藥充足，並各攜帶四天口糧及飲水。6月13日上午8時半，兩艦同時駛至臺灣南端海灣停泊，9時整，登陸部隊分正側兩面在龜仔角上岸，由「哈德福」號艦長柏樂內指揮。柏爾留在艦上坐鎮指揮，他用望遠鏡觀察登陸的情況。由於該處叢林茂密，美軍行動相當困難，目標難免暴露。生番的番民發現美軍前來，立即集合準備應戰，他們步步埋伏，且戰且退。美軍雖然英勇地跟蹤追擊，終因地形不熟，徒勞奔波。

下午2時，美軍大隊暫行休息，由「哈德福」號副艦長麥肯基率領十名士兵擔任警戒。番民乘此機會，實行集中襲擊，麥肯基首當其衝，中彈身亡。柏樂內鑒於形勢不利，下令全隊退回海灘，準備在岸上過夜，再想辦法，後又考慮到登陸官兵經過烈日暴曬，早已疲憊不堪，難於在叢林中執行防衛的任務，決定全部退回艦上。柏爾根據自己士兵皆為水兵，難於對付善於隱藏襲擊的生番的實際，決定不再登陸作戰。在全部撤退之前，柏爾曾下令焚燒生番出沒的叢林，但因綠葉繁茂，難以點燃，只好下令返回。經過此次登陸作戰，柏爾對生番的認識出現了改變。柏爾向美國海軍部長的報告中修正了先前的觀點，認

〔註9〕蒲安臣致恭親王照會，丁卯年三月十九日（1867年4月23日），見北京美國使館〈來去底稿〉，卷三。
〔註10〕恭親王致蒲安臣照會，同治六年三月二十五日，見北京美使館〈來去底稿〉，卷三。
〔註11〕黃嘉謨：《美國與臺灣》，第209頁。

為今後阻止生番殺人暴行的有效辦法，唯有由臺灣地方政府實行佔領南端港灣地方，在兵力的保護下，另行建立中國人的居留地，取代那些為數不多的生番，庶可彌補失事海員受到殺害的禍患，此則有待於美國公使在北京採取有效的行動。〔註12〕

柏爾在親身經歷了與生番對抗的過程後，體驗了中國處理生番騷擾的困難，認為解決問題的辦法還是由中國地方政府向南端開發擴張，逐漸取代那些生番，以杜絕殺害遇難海員的事件。

美國艦隊官兵在龜仔角登陸並受挫的消息，經當地官員報到臺灣府城，臺灣鎮劉明燈、臺灣道吳大廷等非常詫異。他們認為在此之前已經對費米日及李仙得等說明了生番的情況，此次美國兵船事前未經知照，又不就近約同當地官員商辦，只知恃強深入番地，導致事情挫敗和人員傷亡，當然是咎由自取。不過美軍既有再來剿辦的說法，劉明燈、吳大廷等為謀應對，決定將原派出酌情查辦本案的官兵調回，僅令臺灣知府命該地文武，一面安撫琅嶠附近莊民，挑選屯弁屯兵於琅嶠附近的水底僚一帶駐防，懸立重賞，密約熟番乘間代謀，如探知美國兵船再至旗後，應立即前往設法阻止，以免仇隙越結越深，致成糾纏不了的局面。〔註13〕

對於美國此次出兵，臺灣府深為不滿，埋怨美軍事先未照會，單方面採取武力行動，但卻不知利用國際法提出抗議，還是沿襲舊法，未在國際間發出自己的聲音，只是採取自我屯兵，防守美軍再來的措施。而且單純地將此事件視為美國與生番間結仇，尚未上升到國家間的爭端層次。

由於柏爾征討的失敗，李仙得把希望再次轉回到清政府官員手裏，而且劉明燈、吳大廷等也允以「再飭鳳山營、縣設法查辦」之諾。但鳳山知縣吳本傑、南路營參將凌定邦等派員調查後認定，「羅妹」號出事地點在龜仔角鼻山附近，距離琅嶠五六十里，「其地盡係生番，並無通事，水路則礁石林立，船筏罕至，陸路則生番潛出，暗伏殺人」，且船員遇害地點，「係在生番界內，其行劫凶番，又係生番，並非華民，該處既未收入版圖，且為兵力所不及，委難設法辦理」。〔註14〕劉明燈、吳大廷等認為吳本傑等的報告所述確屬實情，據以照會李仙得，「生番行同獸類，不可理喻，美國大國大量，當不屑與其計較」。

〔註12〕黃嘉謨：《美國與臺灣》，第211頁。
〔註13〕《同治朝籌辦夷務始末》卷四九，第44～46頁。
〔註14〕《同治朝籌辦夷務始末》卷五十，第10～12頁。

　　臺灣府的說法確實是當時生番的實際情況，同時為了息事寧人也把生番的管理現狀加以淡化。把因為考慮實際情況，而尚未設置行政管轄的特殊少數民族邊遠區域，推託成並非華民，也可能是並非漢民族的意思，但從西方人的國際法角度，卻也容易理解成並非本國國民的解釋。而且兵力不及確是事實，中國內地也有此種情況存在，國內的反政府起義常常是因政府在初期未能及時派兵鎮壓，導致星火燎原之結果，何況隔海臺灣島嶼之邊陲。但臺灣官員所指的版圖，似乎並非近代西方國際法所說的國土一詞，其正確的理解，應當是臺灣移民和已經漢化的原住民，為防範尚未漢化的生番，人為設置的阻隔線。

　　李仙得收到劉明燈等的照會，很是沮喪。馬上覆照予以反駁。覆照要點如下：

一、上次李讓禮與費米日船長至臺，臺灣鎮、道等一再在書面上及口頭上承認「羅妹」號船員在中國境內遇害，表示即行查辦，現已遷延數月，錯過了救回幸存船員及收埋死者屍體的機會；

二、上次會談，臺灣鎮、道等堅持自行查辦，拒絕美艦官兵協同辦理，結果是空說不辦，如果當時就聲明不管，美艦既已至臺，何難自行處理；

三、臺灣鎮、道等歷次照會，並未表示不知出事地點的所在，也未曾否認該出事地點屬中國管轄，現在卻根據所屬官員的報告，認定「羅妹」號船員遇害地點不屬中國管轄，凶徒並非華民，遂行盡翻前議，美國疑難承認；

四、臺灣東南、西南以至南端附近洋面，為歐美商船往來中國及其附近地區貿易所必經的航線，由於該處風暴時起，往往迫使船隻駛赴臺灣南端港灣暫避，各國為人道計，當然希望臺灣官府能在此一地區負起保護的責任，否則西歐各國勢必自行處理；

五、美國在中國及其附近地區的商務繁鉅，而且日趨擴大，如果中國不能保障臺灣附近航線的安全，而其他各國為保護其商務利益而實行控制臺灣南部地區，美國雖無在中國掠取領土的意圖，也必樂於看到各國採取此類保護航務的措施；

六、兩百年來，中國人在臺灣的活動地區，隨著中國政府在臺灣的行政權力，由西岸以至東岸，逐步擴張，事實上從未承認生番領有其現住土地的主權，西岸的居民，經常販購生番地區的物產，而生番地區出產的樟腦，已成為臺灣官府的專賣品，不容外人自由採購輸出，違者嚴

行懲治，所謂生番地區不屬中國管轄的說法，實毫無依據。〔註15〕

由於劉明燈等對李仙得的照會遲遲不作答覆，李仙得又託福州關稅務司美里登，將照會轉陳閩督吳棠及閩撫李福泰，並提出要求：中國應即查辦此案，證實確已採取查辦此案的措施，駐兵臺灣南端以防止生番的擾害。吳、李認為臺灣鎮、道處理本案的報告實有不妥之處，不應以委難辦理的語句，決絕照覆，致令美領事有所藉口，又恐美國若再次出兵生番，勢必節外生枝，於是經美里登轉達李仙得的要求，允即行嚴飭臺灣官員查辦，另派熟悉臺灣事務的前任鎮總兵曾無福等前往臺灣，協同臺灣鎮、道查辦，務將滋事凶番緝獲懲治，查起被害人屍體交領。〔註16〕

閩督及閩府的答覆，使李仙得覺得所要求的第三項雖未解決，前兩項則已商有具體的辦法，遂致函亞細亞艦隊司令柏爾，請派軍艦一同赴臺監視臺灣官員執行閩省督府命令的情形，乘便救出或尚未遇害的船員，收回死者的屍體。他一再要求吳棠等從速採取行動，在臺灣南端設官駐兵；且藉口官方不願美國兵艦赴臺，要求另派專輪供其使用。

9月6日李仙得乘專輪到達臺灣府，要求劉明燈、吳大廷等立即執行閩省督府的命令，同時聲明他本人將隨同官軍，親自視察。劉明燈、吳大廷等聞聽李要一同前往，覺得很麻煩，便試圖讓李打消此念頭，他們推說查辦事關重大，必須部署周全，難免延緩十日；前隊官兵雖已出發，大隊仍未準備就緒；鎮臺在動身以前，尚有不少要公待理；且由臺灣府南至生番地區，道路遼遠崎嶇，甚至向無道路，危險萬分，官軍前進需特別戒慎，如果領事隨行，中國官府不負保障安全之責。

李仙得認為臺灣官府是在企圖規避執行閩省督府的命令，以免加重行軍經費負擔，再者如能避開美領事的監視，自必無需多費，便可飾詞謊報，搪塞結案。於是他堅決要求，勿再宕延空談的時間，否則他即折回福州，直接要求閩省督撫查辦。

總兵劉明燈沒有辦法，便於9月10日，率兵南下，李仙得和翻譯一同前往。沿途道路狹窄，勉強能夠通行。到了枋寮，先由民夫伐山開路，歷時七天，9月23日，才到達琅嶠。由於臺灣官府已經事先派人張貼告示，講明此次官軍前來剿辦生番的目的。附近莊民和熟番聞訊，勸生番不要抵抗官軍，以息事

〔註15〕黃嘉謨：《美國與臺灣》，第213頁。
〔註16〕黃嘉謨：《美國與臺灣》，第214頁。

端,來到官軍營地陳述生番悔罪的態度,並保證以後不再由殺害船員的行為,請求罷兵。

李仙得認為罷兵一事與閩省督府的命令不符,但如生番確已悔罪,可以按照他所列條件作為辦結的考慮,一、由十八番酋長卓杞篤親自向李謝罪,並作不再發生類似行為的保證;二、由琅嶠至龜仔角一帶的閩粵各莊及熟番具結作上項保證;三、生番交還「羅妹」號人員屍首贖款及船上物品;四、中國於臺灣南端建設堡壘,保護過往船員。後又就這些條件加以細釋,增為八款,備文請劉明燈照辦。〔註17〕

劉明燈接受李仙得的要求,招十八番酋長卓杞篤前來會晤。但李仙得卻避開清官員,私下裏利用通諳臺灣方言的英商北麒麟,通過當地各莊及熟番頭人的關係,與卓杞篤暗中來往。10月10日,李仙得與卓杞篤會見,在李仙得的威脅利誘下,卓杞篤終於屈服,雙方協議如下:

一、生番對殺害羅妹號船員一事表示悔過,美方不予深究;

二、嗣後船員遇風漂至該處登岸,生番妥為救護,移交琅嶠地方轉送前途;

三、船隻人員如擬友善登陸生番地方,應舉紅旗為號;

四、生番地區不得設立燈檯,但可於熟番區域擇地設立。〔註18〕

而當李仙得與生番達成協議之時,清軍業已完成對生番的三面包圍,形成進逼生番巢穴之勢。經過一番談判,李仙得於10月15日照會劉明燈,略述他與卓杞篤協議的經過內容,聲明只求閩粵各莊及熟番頭人,具結保證生番不再有類似行為,否則該頭人等願協同抓捕兇手解官懲辦,本案即可和平解決。並

<hr/>

〔註17〕李仙得所提合約八款,後經萬國公報(卷七,34頁)刊載如下:一、和約後,所有前失羅妹商船內對象,限二日內由二府轉交敝領事查收。二、前有洋人到琅嶠贖回骸骨所費銀元若干,著令生番及閩粵頭人贖出,交二府轉交。三、置炮臺於龜仔角高阜處,此臺名曰羅妹炮臺,並起造官一員兵五百名營房。臺內安大炮四門,大炮子二百顆,不時安在臺內,每兵配鳥銃一杆,各配藥子六十門,其炮臺如損壞,責令生番閩粵各頭人修葺。營盤口豎大旗一杆,書中華字樣,嗣後如有洋人遭風,可赴臺內逃難。四、如有洋人遭風逃生,無論生番及閩粵人救之炮臺內者,每洋人一名,賞火藥五斤,鉛板二十五斤。五、凡有嗣後來往船隻遭風,仍被生番戕害者,每洋人一名要生番五人償命,並罰銀五百兩,閩粵各人如犯者,亦同此罪。六、琅嶠應添設文官一員,炮臺內設武官一員,文武二員,專責管理生番及閩粵人。七、無論各國商船停泊炮臺外,上山打水,臺內官兵前去照護。八、和約後,閩粵及生番永遠交好和睦,凡有船隻遭風,盡力相救,無負前約。參見黃嘉謨:《美國與臺灣》,第222~223頁。

〔註18〕黃嘉謨:《美國與臺灣》,第217頁。

認龜仔角生番之殺害船員，原屬昧於中外條約的規定，此後如果有意遵守條約，其過去罪行自可寬恕，無需懲辦，即可撤兵，至於官軍在馬鞍山設立的臨時炮臺與營房，則請予以保留，以待商請閩省督府同意後，再在該處建立永久性的炮臺，設官派兵駐守，依照條約保護遭風遇難的歐美船員。〔註19〕劉明燈對此完全同意，於是雙方將歷次協議的原則，做成章程十條，並取得當地閩粵各莊及熟番頭人的保結，照會李仙得就此結束軍事行動，〔註20〕李仙得當然毫無異議。

如上所述，1867年美國「羅妹號」難船事件，是幾千年來發生在中國東南沿海極普通的一起海難事件，但由於隨著近代國際法的流行，美國要求清政府能按照國際法來處理此次難船事件，但清政府特別是臺灣當地的官員，對國際法並不知曉，故在處理此事件中，出現了很大的疏漏，使美國沒有直接照會清政府，就將艦隊直接開赴臺灣；也由於臺灣官員處理此事件時再三推脫，使李仙得有機會與番人私自簽訂協定。總之，清政府官員處理此事件的種種不周延，使美國在東亞利益受到損害，致使美國對清政府非常不滿，故才有以後的威妥士的出兵臺灣建言，才有美國駐日公使德朗積極地為日本出謀劃策，才有李仙得的二等出仕，幫助日本藉口「牡丹社事件」出兵侵略中國臺灣！

二、美國公使德朗向日本介紹「臺灣通」李仙得

日本明治政府接受美國人威妥士的忠告後，意欲利用琉球「山原號難船事件」，開始醞釀如何藉此事件來釐清與琉球的關係。當時任外務卿副島種臣得知美國曾於1867年因「羅妹號事件」，在駐廈門領事李仙得率領下，征討過臺灣番地，便於1872年9月23日，向美國駐日公使德朗瞭解此事件當時的具體情況。

關於美國駐日本公使德朗（C. E. De Long），筆者沒有查閱到更多資料。而黃嘉謨對其的描述為：「這位曾被橫濱及上海西報指為智力未臻成熟的美國代表，一向輕信日本的宣傳，為達到協助日本以尋求美國利益的目的，往往不擇手段。」〔註21〕從黃嘉謨的分析來看，德朗可能為性情中人。但這不能是作為美國公使的德朗，積極出面幫助日本的原因，其原因歸根結底是在於美國對東亞的政策。

〔註19〕黃嘉謨：《美國與臺灣》，第218頁。
〔註20〕《同治朝籌辦夷務始末》卷五四，第28～29頁。
〔註21〕黃嘉謨：《美國與臺灣》，第260頁。

當時美國政府中有一些人，擔心日本也如中國一樣出現反對近代化的傾向，因此懼怕日本與中國結成同盟。美國國務卿在 1872 年 12 月 30 日寫給德朗的信中說：「殷切希望閣下，在日清外交相關事務上，與日本當局者會談之時，影響日本外交方針的目的，是讓他們儘量採取遠離支那的排他的政策，並與列國進行自由的商務及社會交際的進步政策。」〔註 22〕

而此時日本正擬以「山原號難船事件」出兵臺灣，以釐清與琉球的歸屬關係。外務卿副島種臣知道美國海軍曾與臺灣生番交過手，特向德朗公使詢問其作戰經過，並商議欲借美國海軍所有的臺灣內山及港灣地圖。

副島與美公使德朗的接洽，究竟是日本知道李仙得途經臺灣的有意所為，還是歷史的巧合，目前沒有資料來證明。但路過日本的李仙得，確實攜帶著整套的臺灣地圖和照片，另外還有一些臺灣的相關資料。

黃嘉謨所著的《美國與臺灣》中記述，德朗在與李仙德會晤時，「李仙得向德朗透露，他曾與生番訂有救護遇難美國商船的協約，生番歷經照約行事，以及中美間關於臺灣的其他談判，目前仍然沒有任何結果，如果日本採取行動，亦可從生番方面取得同一性質的保證。」〔註 23〕

從上段記錄分析來看，似乎李仙得已經知道日本欲出兵臺灣。那麼可以推想，其消息的來源一定為美公使德朗。而失意的李仙得，也表示願意支持日本出兵。「德朗認為李讓禮既願意協助，正好藉此機會提供日本政府以最有用的詳細情報，藉以促進美使與日本政府間的密切關係，增進美國的重大利益，因而要求李讓禮暫行留居日本，共同進行。」〔註 24〕

而副島與美公使德朗的接洽，究竟何方採取主動，恐怕也是美國。根據資料證明 1872 年 10 月 24 日兩人的會晤，是美國公使德朗到日本外務省來見副島種臣的。這也就是說，是美公使德朗主動找副島，向其介紹李仙得並對其進行慫恿。

副島首先向德朗詢問李仙得其人的經歷。德朗對此進行了非常詳細的說明：「此人叫李仙得。以前是廈門的領事，有戰功。在我國被任命為將軍以前，曾擔任駐南美洲巴西公使，我大總統亦曾委以重任。前些年我國商船因海難漂流至臺灣時，該船船員被臺灣土人殺害，於是我方派遣軍艦三艘以為問罪之

〔註 22〕（日）清沢洌：《外政家としての大久保利通》，東京，中央公論社，昭和 17 年初版，第 58 頁。
〔註 23〕黃嘉謨：《美國與臺灣》，中央研究院近代史研究所，1965 年，第 261 頁。
〔註 24〕黃嘉謨：《美國與臺灣》，第 261 頁。

師，其後李仙得將軍為處理此事而率領美國兵赴臺灣。由李仙得親自與土著酋長交涉，而訂定契約，約定今後不僅是美國人，就連西洋人前來該地，也不能施暴。故至今日雙方情誼敦厚，自那時以來，即使英國船靠岸，土著也未施暴。」〔註25〕

德朗不僅就李仙得個人進行了細緻的介紹，還就「山原號難船事件」發生的原因，也進行了解釋：「李仙得說據當地人所言，此次殺害琉球人是因為其並非歐洲人種，且並無約定，才發生這樣的事件。」〔註26〕

另外，德朗還就臺灣番地所屬，發表了自己的見解：「臺灣氣候適宜，且為膏腴之地。盛產米、砂糖、芋頭等、以及礦山亦有數處。海港良好，對外國人而言，是極為便利之場所。據說外國人之中亦有覬覦該地者，該地雖為清國管轄之地，但由於其政令不行，故先占者可先得。」〔註27〕

從德朗對臺灣番地所屬的見解來看，雖然承認其為清國管轄，但認為由於清政府的政令並沒有在臺灣東部的番地施行，故也可認為清國沒有實效統治權，故提出「先占者可先得」之說。

作為美國公使的德朗，不僅不顧自己的公使身份，讓副島等人認為美方認可臺灣東部是「可先佔先得之地」，他還耐心的為副島等人就臺灣問題出謀劃策。他勸告副島說：「有關臺灣事件必須採取下列三種策略。第一，是否要立即派遣問罪之師？第二，是否要與土著交涉，訂定今後之管理方式，當我國人民及琉球人抵達時不再施暴？第三，若認為屬國家統治權事宜，是否要向其政府交涉要求其處理？」〔註28〕

德朗的第一條策略，實質上是將琉球難船事件，作為海盜事件來處理，「立即」派軍隊前去緝捕法辦；第二條則是鑒於臺灣番地原著民的特殊情況，以非法律方式，與當地人協商，訂立今後的預防措施；第三條是，如果視其與國家主權有關，可能就需要與其政府相交涉了。

德朗不僅為副島提出了三種策略，而且還殷勤地將自己掌握的臺灣地圖及人種、山川、房屋的照片，以及上次「羅妹」號事件時，美國與中國商議的手續書等，和盤托出，提供給副島以作參考。

〔註25〕（日）《副島外務卿卞米公使卜臺灣一件応接書抄略》，JCAHR：A03031117700。
〔註26〕（日）《副島外務卿卞米公使卜臺灣一件応接書抄略》，JCAHR：A03031117700。
〔註27〕（日）《副島外務卿卞米公使卜臺灣一件応接書抄略》，JCAHR：A03031117700。
〔註28〕（日）《副島外務卿卞米公使卜臺灣一件応接書抄略》，JCAHR：A03031117700。

看到德朗提供的臺灣地圖，有個情況立刻引起了副島的注意，也就是臺灣的土牛番界，他馬上叮問德朗：「圖中……記號界外是清國管轄之地嗎？」〔註29〕

德朗基於以往難船事件的處理情況，雖然肯定了中國對臺灣的管轄權，但對中國政府的對臺施政實況，做出了似乎是結論性的斷言：「雖然是清國管轄，但其政府命令不行，故無法保護人民，因此認為若與清國談判，亦須於約定內明定期限，若他違背期限，便立即由貴國與土著直接談判處理有關保護之手續等事宜。不過與清國人訂約雖然容易，但卻不能履行，乃為其常情。故以為按照上述順序來處理乃是上策。」〔註30〕這既是德朗給副島提出的自認為是「上策」，也是前幾次美國處理難船事件的基本方法。

但這卻不是日本喜歡的方法，儘管副島口中說：「同意您的看法」，但心中卻在盤算著其他的方法，那就是武力解決的辦法。德朗似乎窺測到副島的內心，鄭重地警告他武力解決的難度，因為「臺灣土著所居住之海濱皆多暗礁」，「海軍進攻則因地理惡劣」，所以，為了促其採取與美國人相似的辦法，還特意推薦李仙得助其完成此事，「若要談判時最好先與廈門領事李仙得商量後再處理，儘量不採取武力而約定今後之管理方式為上策」。〔註31〕

而副島為提出自己的處理方式，先從歷史上尋找臺灣番地不屬中國，並與本國具有難解之緣的根據。他先牽強地將本國人曾經到過臺灣，說成是「過去我國領有臺灣」，而且將日本國內對臺灣的傳說，信口雌黃地解釋為日本曾對其命名，叫做高砂島，然後才說出眾所周知的、曾被荷蘭所有的事實。

德朗似乎是發現了日本的企圖，直接說道「對外國人而言，臺灣也是最想要的地方。」〔註32〕副島見無法瞞過美國人的眼睛，也只好乖乖地承認了「這也是我們最想要之地」的企圖，於是德朗便順勢說道：「美國無意佔有他國的土地，但是我們樂意見到我友邦擁有並拓殖他國的土地。此處（指著地圖說）清國原本計劃設置炮臺，惟尚未施工，因此李仙得向支那方面照會，並獲知尚未準備。其實即使設立炮臺，也由於土著蠻橫，清國人無法招架。有關這次臺灣事件，若貴國將有所盤算時，我雖能力有限，但願為提供拙見。」〔註33〕

其后德朗又向副島介紹了臺灣的歷史演變及其治理情況。他將中國「不易

〔註29〕 （日）《副島外務卿米公使卜臺灣一件応接書抄略》，JCAHR：A03031117700。
〔註30〕 （日）《副島外務卿米公使卜臺灣一件応接書抄略》，JCAHR：A03031117700。
〔註31〕 （日）《副島外務卿米公使卜臺灣一件応接書抄略》，JCAHR：A03031117700。
〔註32〕 （日）《副島外務卿米公使卜臺灣一件応接書抄略》，JCAHR：A03031117700。
〔註33〕 （日）《副島外務卿米公使卜臺灣一件応接書抄略》，JCAHR：A03031117700。

其俗」的治理方式，與西方的近代方式相比得出結論：「此地即使是清國人，也無法任意行事，故土著讓李仙得探掘一些古蹟等，而對清國人表示土著有任意行事之權。」〔註34〕

雖然德朗也想杜撰出臺灣非中國所屬的歷史假象，「一六二〇年時日本曾計劃攻取此島，一六三四年時為荷蘭人所有」。但是在回顧臺灣歷史過程中還是弄巧成拙，不得不承認中國對臺灣的統治，因為「到一六六〇年時，荷蘭人撤離該島，其後漢人曾將此島分為四區，每區設鎮臺」，〔註35〕所以中國現在毫無疑義的擁有臺灣的管轄權。

為了更加深入細緻地瞭解臺灣，以及中國對臺灣的管轄情況，日本副島外務卿又打起李仙得的主意，詢問李此次回國的事由，德朗見副島有意從李仙得處攫取更多的情報，並且本身也願意日本出面提出此問題，促使中國保障航路安全，以便本國商人獲得更大的商業利益，便主動說道：「若貴國因臺灣事件而與我政府商議時，他必定會再來貴國。若想與李仙得當面會談，就隨你們方便或前往省城，或到橫濱。」〔註36〕

副島見勢趕緊抓住機會，請德朗引見李仙得：「正好有赴橫濱之便，將於該處會見閣下及李氏通盤面談」。

雙方接著就日本處理此事的方式進行了深入探討。此時已感覺到日本欲出兵前往臺灣東部的德朗，還在為虎作倀，為日本各方面需求獻計獻策：「若貴國派船艦到臺灣，我方軍艦有該處之海岸地圖等，雖然能力有限，但願為幫忙，且請我國駐北京公使鏤斐迪辦理其手續，萬事盡力協助，若拿定主意即請告知。」〔註37〕

副島見德朗如此慷慨和充滿誠意，便將自己的陰謀透漏給對方：「我有三個辦法。第一，由清國政府處罰殺害琉球人之土著，若不能則採取第二。第二，希望清國與日本戮力處罰土著，若此事不能則採取第三。第三，打算不經過清國之手而立即派出向臺灣問罪之官員。」〔註38〕

副島提出的三個辦法，與德朗的三個策略有著明顯的不同。德朗首先以臺灣屬中國為前提，來處理難船事件，所以，儘管他不滿中國行政的能力，但也

〔註34〕（日）《副島外務卿米公使卜臺灣一件応接書抄略》，JCAHR：A03031117700。
〔註35〕（日）《副島外務卿米公使卜臺灣一件応接書抄略》，JCAHR：A03031117700。
〔註36〕（日）《副島外務卿米公使卜臺灣一件応接書抄略》，JCAHR：A03031117700。
〔註37〕（日）《副島外務卿米公使卜臺灣一件応接書抄略》，JCAHR：A03031117700。
〔註38〕（日）《副島外務卿米公使卜臺灣一件応接書抄略》，JCAHR：A03031117700。

十分顧及中國的反應。而副島則以是否能夠處罰土著人的行為，作為衡量和考驗中國是否擁有臺灣東部主權的標準，中國如果達不到此標準，就等於未有管轄權，日本便可以獨立行使自主之權，向臺灣派出問罪官員。而且當時副島就指出：「我方有可能採取第三種方式。」〔註39〕副島提出的三種方法，本來是有順序的，是在前一種方法無法見效的情況下，才進入下一種方法，但是副島在提出的同時，就已經決定要採用第三種方法，顯而易見，前兩種方法是陪襯和措辭。

兩人策劃完對付中國政府的辦法後，又開始商量如何對付臺灣生番。德朗告誡副島：「直接與土著交涉必然諸事不成，廈門領事與土著酋長有親密交情，固以為若經過他來交涉，則事情可成。若不如此，而與清國人一同行動時，將非常困難，這是因為土著非常厭惡清國人的緣故。土著雖然頑固愚昧，唯有厚意相待而已，如李仙得已與其親睦交往就是由於厚意相待的緣故了。」〔註40〕德朗將李仙得描繪成厚意相待生番的友人，並強調日本處理此事必須借助李仙得。而且再次規勸日本採用自己推薦的方法，不要強行處罰生番。副島還是堅持自己提出的方式，並認為即使是普通的策略也要「派出大約一萬名士兵到臺灣」。〔註41〕

德朗對副島的固執還是做了再次的規勸：「如此策略是無法得到深交的，首先派人交涉，締結保護人民的約定，於租界其地後，再建立軍事守備亦不遲，因此我認為不要立即出兵比較好」。〔註42〕

德朗還對設立炮臺和訂約之事為副島提出了建議：「若要求設置炮臺以保護彼我人民的話，則租借地方應該比較容易。若要求救助琉球人民並護送至陣營時，即以贈與謝禮為由，進行交涉較易。若須與清國嚴厲交涉時，就詢問臺灣是屬何國的，若說是屬他們的，則要求處罰。但如前所述，即使清國人輕易同意，也不會履行約定，此乃其常情，故違約是必然的。因此若事已至此，則應該直接與臺灣方面交涉為宜。」〔註43〕

此次副島與德朗的交談中，作為美國公使的德朗，雖然明確的表示臺灣番地屬中國管轄，但對中國處理遇難船民事件很是不滿，「其政府命令不行，故

〔註39〕 （日）《副島外務卿米公使卜臺灣一件応接書抄略》，JCAHR：A03031117700。
〔註40〕 （日）《副島外務卿米公使卜臺灣一件応接書抄略》，JCAHR：A03031117700。
〔註41〕 （日）《副島外務卿米公使卜臺灣一件応接書抄略》，JCAHR：A03031117700。
〔註42〕 （日）《副島外務卿米公使卜臺灣一件応接書抄略》，JCAHR：A03031117700。
〔註43〕 （日）《副島外務卿米公使卜臺灣一件応接書抄略》，JCAHR：A03031117700。

無法保護人民」。而日本接受到此情報後,即做出了對中國不予搭理的態度,準備強行使用武力獨斷地處理之,「我方有可能採取第三種方式」,即「打算不經過清國之手而立即派出向臺灣問罪之官員」,所說的問罪,還要派出「大約一萬名士兵到臺灣」。可見日本外務卿,此時對此事已是胸有成竹了。鑒於缺乏對臺灣情況的瞭解,所以懇請德朗為其介紹有過處理難船事件經驗,並通曉臺灣情況的李仙得,期望此人能對日本處理此事提供幫助。

根據如上分析,作為駐日公使的德朗,明明已經知道日本此時有侵略臺灣東部的野心,還是將臺灣通——李仙得介紹給了日本政府,可以說是從美國的利益出發的。因為美國雖沒有能力在海外謀取領土,但是若有他國佔領臺灣,將長期有利於美國國力及商務的發展,這一點是不言自明的。

三、副島種臣與李仙得的兩次會面

李仙得原名為 Charles William Le Gendre,其最早的漢語名為李讓禮,後改為李仙得或李善得。1830 年 8 月 26 日生於法國的望族,巴黎大學畢業。後與美國籍女士結婚,赴美定居,在南北戰爭中戰功卓著。1866 年 12 月,李仙得任美國駐廈門領事,同時兼任臺灣領事。李仙得與臺灣的淵源,最早是從「羅妹」號事件開始的。1867 年 3 月 12 日,美國商船「羅妹」號自汕頭駛赴牛莊,在臺灣洋面突遇颶風,在紅頭嶼附近沉沒。船長赫特夫婦及船員等共 14 人,乘舢板至琅橋尾龜仔角鼻山登陸,被來自附近森林中的生番槍手射殺,僅一名華人水手僥倖逃脫,乘船至高雄報案。

李仙得作為美國駐廈門與臺灣的領事,主要職責就是保護「工商航海的利益」〔註44〕,同時也有「協助遭難水手」〔註45〕的義務。聞此事件,李仙得立即赴福州,與閩浙總督吳棠及閩撫李福泰進行交涉,請求依據中美《天津條約》,嚴令臺灣地方官員營救幸存人員,並嚴懲生番。

按照當時的國際法慣例,李仙得的要求是正當的。「按照古代的習慣,如果一艘外國船舶由於惡劣天氣或其他危及安全的危險情況被迫進入港口避難,應享有當地管轄權的某些豁免。」〔註46〕但清地方官顧慮番地沒有實施行政,幾次推託「番地為化外」,並不認真查辦,最後李仙得避開清朝官員,利

〔註44〕詹寧斯,瓦茨修訂,王鐵崖等譯:《奧本海國際法》第 1 卷,中國大百科全書出版社 1998 年版,第 563~564 頁。

〔註45〕(英)詹寧斯,瓦茨修訂,王鐵崖等譯:《奧本海國際法》第 1 卷,第 564 頁。

〔註46〕(英)詹寧斯,瓦茨修訂,王鐵崖等譯:《奧本海國際法》第 1 卷,第 39 頁。

用英商畢麒麟（W. A. Pickering），通過當地各莊及熟番頭人的關係，與番人酋長卓杞篤面議了和約。

「羅妹」號事件使通曉國際法的李仙得等美國人，明知臺灣全島歸中國管轄，卻從中找到了番地為「無主之地」的藉口，並開始產生覬覦臺灣的野心。此後五年間，李仙得經常隨同美艦赴臺，與生番直接接觸，成為著名的臺灣通，這為他後來幫助日本侵略臺灣埋下了伏筆。

1867 年 3 月 9 日的「羅妹號漂流民事件」使李仙得與臺灣結上了不解之緣。由於其當時曾經與臺灣原住民締結了救助條約。故 1872 年 2 月，李仙得聽到琉球人在臺灣「番地」被殺的消息後，便親自乘美國船去臺灣番地，會見番人頭目，並責問為什麼會發生此事。當時番人頭目回答：與他在 1867 年簽訂的條約，只說救助白人，未曾有保護琉球人的條款。

李仙得回到廈門後，給美國駐華公使及清政府提出建議，要求懲處番人的暴行。但當時駐北京的美國公使及清政府都不予理睬。不僅如此，公使還批評他潛入臺灣，公開與番人談判，這是不法行為等等。於是，他將情況陳報美國政府，認為清政府及美國駐華公使都有放任番人暴行的嫌疑。由此，他與駐華美國公使產生了矛盾，但因美國總統尤里西斯·格蘭特（Ulysses Grant）讚賞他的功績，推薦他做阿根廷公使。1872 年 10 月 12 日，李仙得辭去廈門領事返回美國。

一個星期後，李仙得中途在日本停留。駐日公使德朗與李仙得會晤，要求李仙得暫行留居日本，李仙得欣然同意。9 月 24 日，副島率顧問史密斯前往橫濱，經美國公使介紹，副島種臣結識了李仙得。

李仙得因為臺灣漂民事件，屢次受到中美政府的冷遇，不僅中國政府對其提出批評，而且美國政府也並不理會他的強硬建議和做法，所以李仙得心裏格外地氣憤，在向副島介紹情況時，情緒化地將前次中美處理難船事件的經過，故意加以歪曲，他說：「當時並非由美國政府向清國政府談判，而是奉美國政府之命由北京公使直接進行談判，清國政府提出此後應不使其發生如此暴行之公告書，該公告書中，提及遭外國出兵時難以置兵防禦之意。」〔註47〕

李仙得故意將美國處理事件的責任者—北京公使予以格外的強調，彷彿以此證明處理事件的主張並非代表美國本意。作為一名由本國政府派出的領事人員，不會不知曉公使具有代表國家政府處理外事的權利，很顯然李仙得是不滿美國公使未支持自己的主張，將自己的主張視為美國政府的主張，由於個

〔註47〕（日）《副島外務卿米公使卜臺灣一件応接書抄略》，JCAHR：A03031117800。

人的情緒將自我意志上升為國家意志，無論在當時還是現今，似乎不是一名合格外交人員的素質標準。

李仙得還向副島建議日本佔領臺灣番地：中國政府對於臺灣生番的行為以及番社內部事宜，無從過問，此次琉球人被殺，傳聞中國政府曾下令懲辦兇手，地方官員懍於生番兇悍，不敢採取行動；臺灣內山十八番頭目卓杞篤前經協議救護遇難外國船員，但不包括中國人在內，此次琉球船民被害，實由其容貌與中國人類似，致使發生誤會；美船人員被害之處，中國政府認為雖歸中國管轄，究為王化所不及之地，實則該處土地人民均屬善良，如經適當交涉，由美國人居住，中國人未嘗不可能退出；當美船人員被害案辦結之時，中國政府曾在臺灣南端設立炮臺，留置兵員守衛，隨時救護遇難船員，但數月後即告廢棄，另允在原處建立燈塔一所，迄今未實行；此次琉球人被害，目前處理辦法，應先商請臺灣官府建立燈塔，隨時保護，如不照辦，美國並不想取得該處土地，日本政府如有意統轄該地，可與中國政府交涉，徑在該處建立炮臺派兵守衛。〔註48〕

為了迎合日本人妄稱的日本曾領有臺灣的虛言，李仙得刻意為其搜羅出一個似乎是證據的現象：「臺灣的武器中，亦有日本的刀劍。」〔註49〕

副島聽到李仙得的所謂證據，自然是欣喜萬分，強調說：「昔日日本人巡行臺灣東方時，漢人尚未來到該地。」

李仙得隨聲附和：「確實如此，最初日本人渡航到印度附近時，曾經巡行該處」，並肆意歪曲否定中國領有臺灣的事實，「該處可自大陸方面遠望，但未曾前來。日本人雖然距離很遠，但於史籍上可見到曾渡航到此。漢人發現臺灣是在於一四〇〇年代，如上所示，日本人是在此以前就來此地，此事應該強調。事實上清國並未領有臺灣，荷蘭人佔領之後，後來才交給清政府的。」〔註50〕

此時的副島有些得隴望蜀了，又將日本傳說中對臺灣的稱謂搬出：「那時日本稱該島為高砂島。」並枉自揣測：「高砂大概是因為多沙地才如此命名的。」〔註51〕

〔註48〕（日）《日本外交文書》』第七卷，第5～8頁。
〔註49〕（日）《副島外務卿橫浜二於テ米人李仙得卜臺灣一件応接書》，JCAHR：A03031117800。
〔註50〕（日）《副島外務卿橫浜二於テ米人李仙得卜臺灣一件応接書》，JCAHR：A03031117800。
〔註51〕（日）《副島外務卿橫浜二於テ米人李仙得卜臺灣一件応接書》，JCAHR：A03031117800。

　　李仙得接過副島的話題繼續加以延伸：「原來多砂地，後來漢人耕作，砂地就變少了，只在河口才有沙地。」〔註52〕

　　副島更加不著邊際的胡說起來：「昔日平戶地方的兄弟倆人到臺灣向荷蘭人復仇，臺灣人掠奪荷蘭人所在地，琉球人三名漂流到該地時遭到殺害，當時日本遣使責備其罪，獲得三百貫目之償金後，轉給琉球人。此為二百年前之事。」〔註53〕

　　李仙得深知雖然自己幫助日本羅列了不少所謂曾經領有臺灣史實，但是現在日本是否向臺灣派遣使臣，才是證明臺灣屬日本的關鍵證據，於是便問副島曰：「近來貴國曾遣使到臺灣嗎？」副島無奈地承認：「並沒有遣使。」〔註54〕

　　尋找日本領有臺灣的藉口不能成立，副島向李仙得求助：「此次琉球人在臺灣被殺，應如何向清國政府談判，請詳細告知其程序及應注意事項。」〔註55〕

　　李仙得雖介紹中國政府處理態度時說：「傳說琉球人被殺時，清國政府曾經下令嚴懲兇手」，但卻把處理結果說成為：「一名叫瓦德孫之官員，由於懼怕土著之勇悍，似乎不敢執行此命令。」〔註56〕

　　副島一聽有機可乘，便趕緊套用國際法的說法，給中國政府下了斷言：「這麼說來，清國政府不能行使權力了？」〔註57〕

　　李仙得對此問題做出了肯定的回答，並認為琉球人被害是因為未與當地人訂立約定，於是建議日本直接與當地頭目卓杞篤談判，並污蔑中國政府對此事無能為力，云：「土著有十八社若有人向土著談判，應不至於遭到殺害。該酋長為卓杞篤，是非常明理之人。牡丹社為荒地且多險處，極難進入。故若能與上述卓杞篤好好談判，應可得知其順路，大致而言，由於其種族重正直，若我方正直以待，就絕不會以暴力相向。但若如清國般應對時，任何事也作不成。

〔註52〕（日）《副島外務卿橫浜二於テ米人李仙得卜臺灣一件応接書》，JCAHR：A03031117800。

〔註53〕（日）《副島外務卿橫浜二於テ米人李仙得卜臺灣一件応接書》，JCAHR：A03031117800。

〔註54〕（日）《副島外務卿橫浜二於テ米人李仙得卜臺灣一件応接書》，JCAHR：A03031117800。

〔註55〕（日）《副島外務卿橫浜二於テ米人李仙得卜臺灣一件応接書》，JCAHR：A03031117800。

〔註56〕（日）《副島外務卿橫浜二於テ米人李仙得卜臺灣一件応接書》，JCAHR：A03031117800。

〔註57〕（日）《副島外務卿橫浜二於テ米人李仙得卜臺灣一件応接書》，JCAHR：A03031117800。

我曾於眾平民相接觸，其為非常溫和之種族，一直致力於漁業。性情剛直，令人佩服的是其非常遵守約定。」〔註58〕

副島瞭解了前次美國人的處理方式後，又誠懇地向李仙得討教日本處理此事的策略，對方慷慨地為其籌劃。李仙得先批評中國政府在處理「羅妹」號事件的推辭：「美船漂流至岸而遭殺害時，美政府向清國政府談判要求對該案進行相當之處置。而清國政府雖承諾卻不能實行。故再加督促時，清國政府回答說原來雖有管轄，但處置難免有疏漏。當時又談及該地方及人民皆善良，若美人駐與此地，清國人就不得不撤離之語。」〔註59〕

然後又指出此地對於日本商船運輸的重要性：「南海為前往日本之通路，發生難船時，不得不停泊其港。此時，就必須對其人民施與相當之保護。」〔註60〕

李仙得以上述情況為理由，教唆日本並預測事情結果：「事故談判時提出是否由我方盡可能加以保護？清國政府回覆說如此就不得不派出軍隊，但應經由何種道路派遣？因而答以自己可作前導。最後率領清國軍隊，身為前導，越過山地，出於土著後方，對土人說：爾等要戰鬥嗎？若溫和地接待我們，我亦會溫和地對待你們。土人答謂：我們怎麼款待你們都可以，但不希望和清國人有所牽連。我方謂，原本亦不希望發生戰爭，此後外國人漂流至此地時，請務必給予保護，土人承諾此事。但你們是否能遵守約定，則難以預計。因此表明為了表示信守，而應建築炮臺，而後若發生殺害漂民時，可用於討伐。但此事必須先與清國政府商議始能決定，首先雖派駐軍隊，但四、五月後軍隊撤離，其後亦不再派兵。至於此次琉球人民遭到殺害，則建議應施以相當之處置，首先必須建築燈塔，並要派遣官員、軍隊駐臺灣，但答覆謂建築燈塔應向清國政府談判。故以自己之意見而言，應有清國政府來執行上述計劃，美國絲毫不想獲得土地，亦不反對由日本政府來管轄，但希望儘量與清國政府談判上述事宜，然而多半不成。若如此，就不得不派兵建築炮臺，由我方進行守備。」〔註61〕

〔註58〕（日）《副島外務卿橫浜二於テ米人李仙得卜臺灣一件応接書》，JCAHR：A03031117800。

〔註59〕（日）《副島外務卿橫浜二於テ米人李仙得卜臺灣一件応接書》，JCAHR：A03031117800。

〔註60〕（日）《副島外務卿橫浜二於テ米人李仙得卜臺灣一件応接書》，JCAHR：A03031117800。

〔註61〕（日）《副島外務卿橫浜二於テ米人李仙得卜臺灣一件応接書》，JCAHR：A03031117800。

　　確立了基本的方法後，兩人又對具體的事宜進行了密謀。李仙得為副島介紹了通往番地的道路情況，他說：「南方有河流入海口，東方有土著聚落，其次有一稱為客家之處。該處據稱來自西北之人種，看來皆為清國人，但似乎原本在清國為惡政所苦而逃到該地。客家人品質不良，前往客家村之道路雖然平順，但往土著聚落卻多險路。（此時指著地圖談話）該地多山，有三千至五千英尺之高山。」〔註62〕

　　介紹完番地的道路，李仙得又對番人的具體情況作了說明：「與卓杞篤談判時，建築炮臺之事宜可成，但該人亦統治人種不良之處，但僅有名義而已，而無統治之實。其中半數之人較容易接觸。首先土著中擅長作戰者約有一千八百人。可見到半數之人使用的武器。卓杞篤為六十餘歲之人。」〔註63〕

　　副島對於卓杞篤的權力是否達到牡丹社很感興趣，李仙得耐心的向其介紹：「卓杞篤之權利並非及於各地。或有發生糾紛時，其頗能施以仲裁，為深受信賴之人。」同時也對現在番地的人口作了估計：「客家聚落人數似乎約有四千餘人。六年以前估計牡丹社男女人數為一千零八十一人，現在即增加也不過多二百人。」〔註64〕副島還關心地詢問外國人在臺灣的數量，李告訴他：「北方有十人，南方有二十二人。」〔註65〕

　　副島瞭解了臺灣東部番地情況後，對整個臺灣島及其周圍也表示出了很大熱情，李仙得也心領神會地為其侵略此地提供參考：

　　日：打狗在何處？
　　美：在開港口之南方背後。
　　日：ケイラン東方之島為何？
　　美：ペスフドル，此島屬清國，若取此島，則是往清國之最佳休息
　　　　站。
　　日：マジヨル為一小島嗎？

〔註62〕（日）《副島外務卿横浜二於テ米人李仙得卜臺灣一件応接書》，JCAHR：A03031117800。
〔註63〕（日）《副島外務卿横浜二於テ米人李仙得卜臺灣一件応接書》，JCAHR：A03031117800。
〔註64〕（日）《副島外務卿横浜二於テ米人李仙得卜臺灣一件応接書》，JCAHR：A03031117800。
〔註65〕（日）《副島外務卿横浜二於テ米人李仙得卜臺灣一件応接書》，JCAHR：A03031117800。

美：情況不明，但據悉其商業興盛。

日：是否知道誰曾航行經過マジョル島？

美：不知。但詳細繪此圖之美人曾說要至該島交易，但無領事，且非我管轄內而不准，據說前往交易時，將多少可獲得利益。這島究竟屬何國？

日：大致屬琉球，周圍約七十二公里，有煤礦坑。

美：經我勘查亦認為或許屬琉球，但臺灣內トツカド為第一良港，暴風亦未曾侵襲，當地人民亦不受清國統治，屬任何人皆可管之地。

日：澎湖之人種如何？

美：我認為是廣東人。荷蘭統治時，曾建有炮臺及燈塔，因當地可作根據地之故。於今留有燈塔。雞籠港附近有煤礦山，建有鐵路等。故當地交通方便。打狗多生產砂糖、阿仙藥，且水牛甚多，清人帶來大批水牛。臺灣輸出許多木材、薪柴至清國全國各地。ホンリー有從商之清國人三十人居留。臺灣城周圍建有城牆，外面為鉛板，但裏面是土，因此容易攻破。臺灣之戰兵估計約有三百人。嘉義亦建有城牆，但容易攻破，皆為清兵。不管マジョル島屬何國，但先占者可先得。〔註66〕

　　副島從李仙得處獲得了大量臺灣的信息後依然不滿足，於 26 日再次會見李仙得，就一些具體問題又進行了更細緻的交流：

副島：向清國政府請求修建砲臺、燈塔之事宜，將會在何時獲得答覆？

李　：我在兩月前已經提出請求，應在最近可獲得回覆。據消息稱清國政府認為非常合理，而臺灣方面卻不贊同，實際的情況究竟怎樣，現在還不知道。

副島：這次琉球人遭殺害之事，應向福建總督進行交涉，還是直接向清政府進行交涉？

李　：應向福建總督進行交涉。但為保護人民而修建炮臺及燈塔等事宜，仍應向清政府嚴厲提出談判為宜，此為國際公法之道。其談判時，以此次琉球人遭殺害而保護人民要求建築燈塔及炮臺等，並訂下約定期限，若清政府回答無法進行防禦時，

〔註66〕（日）《副島外務卿橫浜ニ於テ米人李仙得ト臺灣一件応接書》，JCAHR：A03031117800。

　　則可談以保護人民而擬租藉此地以建築炮臺及燈塔等防禦事
　　宜。即使清國政府答應此事，派遣軍隊修建炮臺之事也沒有
　　根據，只是一時逃避責備的說辭，而此說則難以長久讓人相
　　信。

副島：能將您的行動告訴我們嗎？

李　：我們不才，難有報告，且閣下一定已經想好了辦法，雖能力
　　有限，但就應注意之處，願詳細告之。於歸航前，與斯密商
　　量，記下地理等方面的詳細資料，呈給你。

副島：此次與清國政府談判非常困難，其原因在於琉球屬清國及日
　　本兩國。

李　：此次被殺琉球人並非普通漁民，而是向福建帶貢品的朝貢者，
　　因此難以和清國政府交涉。據我方進入當地進行調查後確知
　　他們確是正式納貢之人。

副島：以前琉球人獻貢途中在臺灣被殺時，日本曾向清國談判求償，
　　然後再轉交給琉球。

李　：澎湖島大致上地勢良好，奪占此地後可當成據點，由此運理
　　兵員、大炮等物資時，可進行較為完善的防禦。清國政府看
　　臺灣，感覺像是其他的國家，至於何國管轄好像也沒有什麼。
　　若由亞洲之日本來管轄時，應首先進行適當的交涉，雖理由
　　不那麼充分，但我會盡力協助。清國政府明言無法防禦臺灣
　　之事，已記載於我暗中獲得的書籍中，敬請閱讀。

副島：軍隊的情形如何？

李　：其軍隊是雇用制，其編制員額雖有五萬人，但其實只有二萬
　　人，雖有大炮等，但只是放於地上。

副島：臺灣有多少清國人居住？

李　：雖說有四百萬人，但我認為大約只有二、三百萬人。

副島：其稅收有多少？

李　：據一八七〇年的調查，不算內地稅，與外國貿易稅約為二十
　　五萬美元。我想有二千名士兵就可輕易取得臺灣全島，但後
　　日防守很難。

副島：我主可輕易派出一萬名士兵。

李　：不管多少人，但花費是巨大的。

副島：在未與閣下見面以前，就打算向牡丹社先派出萬名士兵，這
　　樣進行談判就免得多費口舌，如果對方不答應時，立即對其
　　進行討伐。

李　：牡丹社道路極為險惡，難以運送大炮等武器。

副島：能夠輕易出兵一萬，是因為目前日本有四十餘萬武士，皆為
　　剛猛難御之輩，若有這樣的事，皆願意出征。只是我方擔心
　　與清國如何進行交涉。

李　：破壞與清國之外交絕非上策，但依照萬國公法而向清國政府
　　　談判保護人民事宜，若該政府明言無法保護時，則談判由我
　　　們進行保護，這才是上策。此地將來一定要成為開放之地，
　　　故可以說最後終將會被某國所奪取。

副島：因此一定要以閣下的建議，要求對方建設燈塔及軍隊等。此
　　　次是否直接向李鴻章進行交涉？

李　：他僅是被委任與日本締結條約而已，故以為仍是直接與政府
　　　進行談判最為合適。〔註67〕

　　從副島種臣與李仙得的第二次會面內容來看，副島向李仙得說謊，稱日本
以前曾代表琉球向清政府求償，以表達出兵的正當性，而李仙得已經知道日本
欲出兵臺灣，李仙得教授副島何種說辭才能成為出兵的藉口。

小結

　　綜上所述，「羅妹」號事件後，美國在臺灣開始實行「炮艦與綏撫」並行
的政策，縱容李仙得的所作所為，使李仙得經常隨亞細亞艦隊赴臺，與生番直
接往來，為李仙得干涉臺灣事務提供了機會。而美國駐日公使德朗明知日本政
府想藉口琉球難船事件「征討」臺灣，卻有意將悉知臺情的「臺灣通」李仙得
介紹給日本政府。李仙得與副島種臣在橫濱會見，使對臺灣情況不瞭解的日本
人，欲雇用與美國駐中國公使有矛盾的李仙得，將李仙得變成日本臺灣情報及
策略的來源地。副島種臣還利用李仙得對臺灣情況的熟悉及野心，懇求其留任
日本外務省顧問。這樣才有李仙得出任日本明治政府的準二等出仕，並就臺灣
問題隨副島同赴清國，後又就職於臺灣蕃地事務局，就臺灣政策、對清外交、
對臺灣出兵等問題，為明治政府獻策。

〔註67〕（日）《副島外務卿延遼館二於テ李仙得卜再度応接書抄略》，JCAHR：
　　　　A03031117900。

第十章　美國人教唆日本利用「難船」事件出兵臺灣

　　日本要實現吞併與中國有著藩屬關係的「琉球」的目標，事實上的控制當然重要，但使琉球與其真正的宗主國清朝脫離關係才是最關鍵的，也是明治新政府的急務。正當日本朝野無計可施之時，恰巧發生了琉球「山原號難船事件」。這本是一件單純的海難事件，但美國駐中國的領事威妥士向在北京談判修約的柳原前光就此事進行了勸告。柳原前光與西鄉隆盛進行商議，使日本抓到了救命的稻草，找到了實現「吞併琉球」的突破口，借為琉球「山原號難船」民伸張正義，出兵中國臺灣，以切斷中國與琉球國的藩屬關係，以達到最後「吞併琉球」的目的。

一、「山原號難船事件」的原貌

　　1871 年 10 月 18 日，兩艘宮古島與兩艘八重山島船，在完成對琉球國王納貢後，從那霸出發歸航，29 日，突遇暴風雨的侵襲，其中八重山島船一艘，幸運地漂浮到清廷管轄地而被送到臺灣府，另一艘下落不明。宮古島帆船中的一艘，後來漂泊到生島，而另一艘則於 11 月 6 日，漂流到臺灣島原住民居住的番界。這艘船上共有六十九人，其中有四十六人為納貢人員，這四十六人中又有二十六人，為宮古島的政府官員。此事件的具體過程，筆者查閱了大量的資料，以釐清此事件的真相。

　　1. 鹿兒島縣所記之「山原號難船事件」

　　鹿兒島縣所記之「山原號難船事件」主要記載於《鹿兒島縣大山參事問罪

出師建議之議附件琉球國民漂到臺灣遭害報告書》〔註1〕及《日本大山鹿兒島縣參事陳報琉球島民於臺灣遭殺害而擬問罪案（明治五年七月二十八日）及附件琉球王子遭難始末報告》〔註2〕中。

此兩份文件內容完全一致，但其收錄方式在《處蕃提要》及《處蕃始末》中的排序不一致。在《處蕃提要》中，以第一份文件出現，而在《處蕃始末》中，則列在《辛未七月》、《鹿兒島藩琉球國事由取調書》、《壬申五月》、《井上大藏大輔琉球國版籍收入建議並左院問答議》、《壬申八月》等文件之後，其中所藏秘密，筆者將在下一節詳細分析。

這兩份文件的內容為 1872 年 7 月 28 日鹿兒島縣參事大山綱良，向日本政府請求出兵的申述書，現存於日本國立公文書館。其主要內容為鹿兒島縣參事大山綱良向日本政府提出，為日本屬國琉球國宮古島民在臺灣遇難被殺一事，請求出兵征討臺灣：「琉球國自昔日臣服於本邦，極為恭順。然而其國遠在南海之中，其風俗難免固陋。皇朝一新之時，也難及改變其風化，故今年春天命令縣下士族伊地知壯之丞及另外二人赴琉，諭以朝廷旨意，使其變革陋習。琉球國王亦能奉體旨意，走向開明。然而琉球屬島宮古島人去年冬天漂流至臺灣，如附錄所陳述，船上六十人遭到殘殺。殘暴之行難以縱容。現命伊地知壯之丞入朝，詳細上奏此事，綱良伏請依仗皇威，興問罪之師征討彼等，故謹借軍艦，直搗其巢穴，殲滅其首領，以張皇威於海外，下慰島民之怨魂，伏請准許所請。」〔註3〕

關於「山原號難船事件」是在這兩份報告中的附錄部分，主要是由生還者謝敷築登、平安山築登、仲本築登及島袋築登的回憶還原的。謝敷築登與平安山築登的回憶文章較短，而仲本築登及島袋築登的筆錄則較為詳細。

（1）居住於大里間切與那原村的謝敷築登的講述，其內容如下：

> 為運送宮古島貢品而派出 21.6 丈長之帆馬艦船，船員六十九人中有四十八人為宮古島徵用工主從，去年十月十八日自那霸出航，因順風不繼，又遇退潮，而停泊於慶良間島外近海。同月二十九日自該處出帆，但遭暴風吹襲，乃扔棄行李，隨風漂流，最後亦捨棄

〔註1〕（日）《單行書‧處蕃始末‧辛未壬申‧第一冊》，JCAHR：A03030094700。
〔註2〕（日）《單行書‧處蕃提要‧第一卷》，JCAHR：A03031117200。
〔註3〕（日）《大山鹿兒島縣參事琉球島民臺灣二於テ遭害二付問罪云々上陳附琉球王子遭害始末屆書》、《琉球國民臺灣漂到遭害屆二付大山鹿兒島縣參事問罪出師建言ノ儀》，JCAHR：A03031117400、A03030095300。

槳板並砍斷桅杆，情況益加困難。十一月六日漂流至臺灣府內稱為生番之處，船員上岸，人煙遠隔。翌日出尋，有人靠近，於是用手勢再三請求援助。因而給與粥等，一行正感到安心，不料所攜帶之各種用具及衣服等皆被掠奪，故驚慌而逃。此時有四、五人持武器追來，一行人奔跑六公里餘，進入一小莊之凌老先家內，但生番多人追至該處，並剝奪身上衣服，五十四人遭到殺害，十二人逃去。其中十一人藏匿於上述凌老先及保力莊楊友旺家中，一人逃入山中被生番捉住。上述楊友旺及同莊楊阿和、楊阿二、宗國陸等四人聞知，立即趕往該處，以番錢四十五枚、布十丈八尺、牛一隻給與生番等，而救出眾人。並邀請一行至楊友旺家中，著十二人留宿一處。後送往鳳山縣及臺灣府地方，又於正月十六日乘輪船駛抵福州，由海防官交給琉館屋。由該屋接管留於該地並明嚴格管理，正在照顧中的七名病人則搭貢船而歸，經查點人數、行李並無異常。

　　　附

一　船員中三人由本船駕駁船劃上岸時，半途被浪打翻而遭溺死。

二　楊友旺家內每日供應茶葉、燈油，及三次充足食物，對於無褲者亦各給予一件。鳳山縣亦如上同樣給與外，又各給與棉心衣服一件。送之臺灣府後，又各給與伙食、上衣及褲各一件及錢一百五十文，以為日常零用錢。〔註4〕

（2）西村平安山築登的講述，其內容如下：

　　　為運送八重山島貢品，而派出二十一‧六丈長之帆馬艦船，船員四十六人中，二十六人為八重山島徵用工主從。去年十月二十九日自那霸川出帆，由於風波洶湧，而扔棄行李，並砍斷上桅杆，隨風漂流。同十二日見一不知名島嶼，隨後漂流至該處。遂立即派出兩人，探尋該處情況，卻被當地眾人圍住。不久數十人乘船劃近本船，欲將本船拉上岸邊時，鳳山縣內打狗口李成忠者駕船靠近，打手勢通知該處為臺灣府內稱為生番之處，生番人心懷叵測。故眾人皆捨棄本船，改乘李成忠船，船抵達打狗口後，搭乘輪船被送往臺

〔註4〕（日）《大山鹿兒島縣參事琉球島民臺灣二於テ遭害二付問罪云々上陳附琉球王子遭害始末屆書》、《琉球國民臺灣漂到遭害屆二付大山鹿兒島縣參事問罪出師建言ノ儀》，JCAHR：A03031117400、A03030095300。

灣府。且於生番地上陸之兩人被五、六十人持弓箭刀槍等包圍,將要被殺害時,幸好寄居於該處之郭潛者,前往眾人群中,不斷商議,而將兩人接出,藏於其住處。翌日拂曉前往相隔八公里之尤魁家中,半途約有二十人攜帶武器追來,遂又與其商議,但皆不聽,且頻頻露出殺氣。故使眼色示意兩人快速逃離,兩人皆逃入前方人家內,幸而是前述尤魁家,將兩人藏匿於家內廁所,自己則走到外面,與前述郭潛兩人費心照料保護,並時常派人打聽至臺灣府之船期,並通報事情的演變。正好府衙派出大批人員打探消息,使者聞知,便立即前來,與前述尤魁父子商量共同守護,一行人出外前行八公里,搭乘小船。當時又有持武器者追來圍住,三人和言以對,不斷相勸,但仍不聽,而欲行兇。上述使者拿出番錢十五枚及白布十八丈相贈,才允許通過。到達臺灣府衙後,前述難民等皆被送往福州,交給琉館屋,由該館接管照顧,十九人搭乘接貢船回航,如同前述查點,並無異常。

　　附

一 船抵達打狗口,逗留期間,該船主供給米、藥粉、燈油,以及錢千文。由本府贈送上衣、褲、棉衣各一套,並給與為首者兩人各一千文錢,其餘人各五百文錢。出航前共給全體人七千九百文。錢則零花於各處。

二 上述人數中,八重山島之一人於臺灣府生皰瘡,未能治癒而死。府方給予棺材、衣服等,並處理葬喪、燒香等事宜。且該島十人抵達福州後生皰瘡,未能治癒而死去。

三 上述兩艘人員抵達福州以來,又布政司給予糧銀及米,以為逗留期間之生活費。

四 上述人等皆因失去船隻,僅以身免,而備受困苦,故由總督府院發給恤銀,每人十分銀四十目。

五 上述兩艘船員內二十人難以一同搭乘接貢船,故而逗留。

六 漂流在清期間報告二冊,依照人數精簡為一冊呈上。〔註5〕

〔註5〕 （日）《大山鹿兒島縣參事琉球島民臺灣二於テ遭害二付問罪云々上陳附琉球王子遭害始末屆書》,JCAHR:A03031117400。

（3）鹿兒島縣官員詢問其中的宮古人仲本築登、島袋築登，並將其回答內容做成筆錄，其內容如下：

　　辛未十月十八日宮古島、八重山島船四艘（各二艘）自那霸港出帆，停靠計羅間島（據那霸二十八公里）附近，同月二十九日自該處出帆，翌十一月一日午夜，遙望見宮古島，但因風向為北北西，因而無法轉港，而任由風吹漂流。

　　八重山船一艘漂流至臺灣清政府統治範圍內，而被送往府城，另一艘至今下落不明。宮古船一艘後來順利抵達生島，另一艘即仲本等人搭乘之船。

　　同月五日看見臺灣外山，六日靠近該地方，故約四十人搭乘小船上岸，由於舟小浪大，而有三人溺死。又駕駛舟回本船，接運剩餘之人，本船不久損毀，六十六人上岸，徘徊找尋人家。遇到清國人兩名，詢問有無人家。兩人告知說：往西方有大耳人，會砍頭，應往南方走。遂由兩人帶路前往南方。但兩人卻盡可能地奪取六十六人所攜帶之衣服等物，其餘則扔入山中，並樹立木標以為記號。一行認為其有許多同類，故而畏縮不敢反抗。

　　太陽將下山時，兩人指著路旁洞穴說：人家尚遠，今晚在此洞中一宿。由於並非可供六十餘人住宿之洞穴，故眾人都表示不願意，雖然兩人強迫，但仍不答應。兩人大怒說：不聽我的話就不理你們。眾人皆認為此兩人是盜賊之類，叫我們往南方走必定有詐。於是與兩人分開，轉往西方。由於夜已深，故當晚宿於路旁小山。（此日上午在船中用過餐後什麼也沒吃）

　　七日發現南方有山有人家，故向前行去。（至七點多到達該處，行程約十二公里）果然有人家（茅屋）十五、六間。有男女居住，（耳大幾垂肩）不久用小貝殼盛飯給六十六人。初更時分，用芋頭與米混合，以約二升大的鍋來煮，給予二鍋。

　　兩名清國人奪取而剩下之物，全被此家之人奪去。閩浙總督文煜等人陳報北京奏摺有云：誤入牡丹社生番鄉內，投宿此家時，半夜時分，一人於左手握著火把，右手拿著刀，（長連柄三尺，單刀）推開門進來，剝取兩人之貼身衣服而去。八日清晨，男子五、六人各攜帶槍支向宮古人說：我們要去打獵，必定要留到我們回來以後。

眾人皆表示要轉往他處而欲辭行。其餘之土人皆強迫其留下,宮古人更加心生疑惑,而以兩人為一組分散逃走,再會合一起。行約四、五公里,遇一小河,在此處休息,有男三、四人、女四人追來,於是渡河再逃走。路旁有人家五、六間,窺看其中一屋內,有一老翁(七十三歲)出來相應,說道:琉球人吧?是首里或那霸?這話聽來親近,故進入老翁家休息。翁之子(三十歲)說若記下姓名,就可送到府城。仲本等人要了紙筆,正要寫下姓名時,先前追來之人陸續趕來,共有三十餘人,(各自拔刀)立於中庭,剝取宮古人之簪、衣服、每次帶一、二人走出門外,僅剩下二十二、三人時,一人裸體從門外跑回,說大家都會被殺了。仲本、島袋等恍然大悟,出去偷看,看到他們正在用刀子斬首。

（兩人談到有吃人肉,用人腦作藥材等說法,但不明白他們殺人之理由。）

於是眾人驚慌往四方逃散,仲本、島袋等九人躲藏在老翁家中,(兩人認為老翁家大概位於清國管轄地之境界)該夜宿於老翁家中,九日上午老翁女婿(在文煜奏招書中云:在土民楊有旺家中始得保全)前來,說此地非常危險,來我家吧!而勸九人到老翁女婿家。(路程十二餘公里,有山川,有平地,各處皆有人家)過兩日後,宮古人三名依照老翁之指示,來到老翁女婿家中。三人說:其餘之人都在山中被殺害了。眾人在此家中逗留四十餘日。(總共被殺五十四人)

此地為清國所管轄,人家三十五、六間,讀漢書、學漢字,逗留期間每日供應三餐,有蔬菜、醃菜、醬油等,亦有將芋頭放入米中煮飯。時常有鄰居招待,設有酒菜雞豬之筵席等,酒則類似清國之老酒或燒酎之類。氣候暑熱,十一、二月穿單衣一件亦不覺寒冷。

十二月二十二日由翁婿同伴出行,走陸路,(行程即十二公里,為山路,無坡)再搭小船,航行二十餘公里,再走陸路,夜晚三更時分,投宿於翁婿朋友家。(逗留二日,有千餘人家,不知村名)二十五日逆旅主人坐轎帶路,(陸路三十六餘公里,為野地小路,無山路,處處有村落、田圃,翁婿自昨日晚上辭行。)傍晚抵鳳山縣境,二十六日抵鳳山縣(逗留二日,有數千人家,有清國兩名官員來盤

問。）之日，招待粥飯，自翌日起早上供應粥飯，中午為八碗菜、及米飯，並給予十二人每人一件棉衣。（往西北走，故稍覺寒冷。）二十八日被護送行陸路，宿於一大村。（行程約二十四公里，有山川，各處有村落，此地亦非常繁榮。）二十九日隨著護送人啟程抵達臺灣府城。（路程三十二公里，無山，有村落、田園，逗留期間每日二次飲食，八樣菜。）八重山之漂流難民亦老早護送之此地。壬申正月十日與八重山人一同搭乘大輪船（臺灣府之官船）送往清國福州府，十六日抵達福建（於福州河口停泊二日），進入琉球館，六月二日搭乘琉球唐歸船，自該處出帆，同月七日抵那霸。〔註6〕

（4）事件親歷者─陳阿三〔註7〕在日本佔領臺灣後，對前往臺灣南部踏查的伊能嘉矩講述了當時的經過：

> 最初六十九名琉球人漂流到牡丹灣時，被牡丹社番強拉到牡丹山中，其中五十四名被殺於社外，當時經常出入於番地的一個土人跑到埔力莊（保力莊）通報這一件事。莊民楊阿告一聽到這消息，立即和他的弟弟阿和一起從石門入山，他們在雙溪口再過去的地方，看到死屍累累於途，屍體都失去頭顱，太悲慘了，慘狀簡直無法形容。

> 這時候，他們看到有兩個人從森林中跑出來，定睛一看，原來是異族，似乎在哀求救助。阿和略知漢文，所以在地上寫幾個字問這些異族是什麼人？這兩個人也跟著在地上寫「我們是琉球人，同伴多人慘死於番人刀下」。他們隨即向林中大聲叫喊，有九個人應聲而跳出來，臉上洋溢著喜色。這時候，牡丹社番聽到叫聲又出來要殺人。楊阿告原來從事與番人交易的工作，很會說番語，向牡丹社番保證提供酒、牛、豬、布，以換取十一個琉球人的生命，這樣才把琉球人接回埔力莊，安頓於他的家裏。

> 楊阿告憐憫五十四個琉球人的慘死，向番人交涉用酒肉交換番人割取的首級，番人最初不肯，但後來又答應了。楊阿告就和統埔莊民林九（林並獅的父親）計議，將領回的首級和身軀一起葬在雙

〔註6〕（日）《大山鹿兒島縣參事琉球島民臺灣二於テ遭害二付問罪云々上陳附琉球王子遭害始末居書》，JCAHR：A03031117400。

〔註7〕日本出兵臺灣時，日軍派「猴洞社頭人」陳阿三及統領埔的頭人去偵察番社動靜，並勸誘番社投降。因此對日軍有功。

溪口，然後寫了一份告狀呈交漢人的衙門。另有一名琉球人逃到山中的 Kusku（高士佛社），隨後安然下山到楊阿告的家中。〔註8〕

（5）《京報》的記載。時任上海領事的品川，發回本國的公文中，有一件彙報中國北京消息的報告書，其中抄錄了當時北京的京報，日期為同治十一年四月初五日。此報轉載了文煜等奏報處理琉球難民事件的消息。截至目前為止，這是中國政府方面對琉球船難事件的最詳細記載。文煜等奏報的內容是：

為琉球國夷人遭風到閩，循例譯審，撫恤夷伴，有被臺灣生番殺害，現飭認真查判，恭摺馳奏，仰祈聖鑒事。竊據署福防同知張夢元詳報：同治十一年正月十七日，準臺灣縣護送琉球國兩起難夷，松大著、島袋等五十七名至省，當即安插館驛，妥為撫恤。一面飭傳該國留閩通事謝維垣譯訊，據難夷松大著供：伊是頭目官，馬依德是夷官，連同跟丁舵水一共四十六人，俱係琉球國八重山島人，坐駕小海船一隻，裝載方物，往中山府繳納，事竣。於同治十年十月二十九日由中山府開行，是（夜）陡遇颶風，漂出大洋，折斷帆桅，船隻任風漂流，十一月十二日飄至臺灣洋面，幸遇民船，救護伊等四十四人登岸，原船沖礁擊碎，該處民人將伊等帶赴鳳山縣衙門，轉送臺灣縣安頓公所，尚有同伴二人，並蒙鳳山縣續送至臺灣縣衙門，蒙給衣食錢文。詎跟伴永森宣一名，患痘身故，給棺收斂，一面派委員辦，將伊等配船護送來省。又據夷島袋供：同船上下六十九人，伊是船主，琉球國太平山島人，伊等坐駕小海船一隻，裝載方物，往中山府，交納事竣，於十年十月二十九日，由該處開行，是夜陡遇颶風，漂出大洋，船隻傾覆，淹斃同伴三人，伊等共十六人，鳧水登山。十一月初七日誤入牡丹社生番鄉內，初八日，生番將伊等身上衣物剝去。伊等驚避保力莊，地方生番探知，率眾圍住，上下被殺五十四人，只剩伊等十二（亦說十一）人，因躲在土民楊友旺家始得保全。二十一日將伊等送至鳳山縣衙門，轉送臺灣縣安頓均家，給有衣食，由臺護送來省，現在館驛等供。由布政使潘尉造冊詳情，具奏聲明，牡丹社生番圍殺球夷，應由臺灣文武前往查辦等情前來。臣等查琉球國世守外藩，甚為恭順，該夷人等在洋遇風，並有同洋被生番殺害多人，情殊可憫，應自安插館驛之日起，

〔註8〕（日）伊能嘉矩：《臺灣踏查日記》上，第305～306頁。

每人日給米一升，鹽菜銀六釐，回國之日，別給行糧一個月，照例加賞對象，折價給領於存公銀內動支，一併造冊報銷。該難夷等船隻傾覆擊碎無存，俟有琉球便船，即令附搭回國。至牡丹社生番，見人嗜殺，殊形化外，現飭臺灣鎮府道認真查判，以儆強暴，而示懷柔，除諮部外，臣等謹合詞恭摺馳奏，伏乞聖鑒，謹奏。軍機大臣奉旨攬奏，已悉著照例判裏，並著督飭該鎮道等，認真查判，以示懷柔，欽此。〔註9〕

（6）《臺灣史與樺山大將》中所記載的「琉球官員報告書」及「川平頭目等四人的申報書」之內容，與《鹿兒島縣大山參事問罪出師建議之議附件琉球國民臺灣漂到遭害報告書》及《日本大山鹿兒島縣參事陳報琉球島民於臺灣遭殺害而擬問罪案（明治五年七月二十八日）及附件琉球王子遭難始末報告》之內容基本相同，在此省略。〔註10〕

從以上各版本對「山原號難船事件」經過的記載來看，宮古人仲本築登、島袋築登所敘述的內容最為詳細，筆者從內容分析推測，琉球人被殺的原因，有可能是彼此間的誤解造成的。因該記述曾有「不久用小貝殼盛飯給六十六人。初更時分，用芋頭與米混合，以約二升大的鍋來煮，給予二鍋。」的記載，說明臺灣的原住民在遇到漂流民後，還是給以幫助，但由於原住民剝奪了難民的衣物，致使難民內心恐懼，在原住民要出去打獵，要求他們別離開之時，但他們還是偷偷離開而導致與原住民之間「失信」，造成了後來的獵首屠殺。

實際上原住民並非日本人所說的「野蠻生蕃」，只是「他們對善惡是非有著特殊的觀念。」〔註11〕由於臺灣南部是東亞最重要的航路之一，在海盜猖獗的時代，或許有白色人種曾經與原住民有過衝突，使臺灣番人「相信白種人曾經殺害他們，所以以為對漂流者做那種暴行是正當的報復。」〔註12〕

1867 年 3 月時，曾經發生過美國漂民遭難事件（「羅妹號難船事件」）。美國派軍艦到臺灣番地，美國駐廈門與臺灣的領事李仙得，避開清朝官員，利用

〔註9〕　（日）《品川上海領事ヨリ清國北京消息報知書抜抄》，JCAHR：A03031117500；
　　　　　中國第一歷史檔案館編：《清代中琉關係檔案選編》，中華書局，1993 年 4 月
　　　　　版，第 1079～1080 頁。
〔註10〕　《臺灣史與樺山大將》，臺北：海峽學術出版社，2003 年，第 156～161 頁。
〔註11〕　C. W. Le Gendre（李仙得）：《廈門與臺灣》，《臺灣經濟史九集》（臺灣研究叢
　　　　　刊），臺北：臺灣銀行，1952 年，第 156 頁。
〔註12〕　C. W. Le Gendre（李仙得）：《廈門與臺灣》，第 156 頁。

英商北麒麟，通過當地各莊及熟番頭人的關係，與番人酋長卓杞篤面議了和約。李仙得問及卓杞篤難船事件原因時，卓杞篤表述了前述理由。

其實，歷史上琉球難民遭風漂到臺灣的事件是經常發生的，而且絕大部分都得到了妥善的救助和撫恤。根據學者的研究，在清朝統一臺灣以後的 175 年間，共有 64 起琉球難民因遭風漂往臺灣，平均每隔兩三年就有一起。〔註13〕

清代琉球難船漂到臺灣案例統計

年代	康熙	雍正	乾隆	嘉慶	道光	咸豐	同治	光緒	總計
次數	1	3	13	15	13	5	5	8	64

此表根據楊彥傑：《臺灣歷史上的琉球難民遭風案》文後所附之「清代臺灣所遇琉球遭風難民事件一覽表」內容整理而成。

根據楊彥傑的研究，在清領臺灣的二百餘年間，目前尚能找到的 64 起琉球難民遭風漂往臺灣案例中，不管在什麼地方難民都得到當地民眾（包括原住民）和官府很好的幫助和撫恤，使他們最終能安全地返回故土。

另據 James Davidson 的統計，從 1850 年到 1871 年底，臺灣（含澎湖）附近海面，共有 44 件難船事件，其中 21 艘遭島民搶劫，部分船員被殺，這其中僅 4 件為原住民所為。1882 年至 1885 年，共 31 次難船事件，其中有 6 件劫船者為漢人。當時漢人有名的海盜巢穴在國賽港（今天台南七股鄉三股村及十份村附近）、白沙屯（今桃園觀音鄉），此外鹿港、淡水、南崁、布袋、澎湖沿海地帶，均有海盜行為存在。有關國家曾派人到臺灣東海岸探查。較為有名的有：1858 年美艦馬其頓號（Macedonian），1855 年美艦雄雞號（Hancock），1858 年英艦不屈號（Inflexible），1867 年英艦西維亞號（Sylvia），他們皆負有探測臺灣東海岸生地，搜尋白人船員的任務。〔註14〕

另據湯熙勇的統計，清朝統治臺灣時期，共有 182 年外籍難船的記錄，其中以琉球船 68 件及英國船 54 件最多。以時間劃分，1842 年以前，琉球難船數最多；以後，以英國難船居首位。〔註15〕所以，1871 年的「山原號難船事

〔註13〕楊彥傑：《臺灣歷史上的琉球難民遭風案》，《福建論壇》2001 年第 1 期，第 66～70 頁。
〔註14〕愛德華·豪士著，陳政三譯述：《征臺記事——武士刀下的牡丹花》，臺北：原民文化，2003 年，第 10 頁。
〔註15〕愛德華·豪士著，陳政三譯述：《征臺記事——武士刀下的牡丹花》，第 21 頁。

件」，並不是空前的，只是因為受難者人數較多，而且，據琉球學者又吉盛清在《日本殖民下的臺灣與沖繩》中認為，此船上之人並非一般史書所云的普通漁民，他們是宮古島赴琉球中山國朝貢的頭人及官員，皆為貴族階層及其隨員。

筆者也進行了一些資料考證，僅《光緒朝硃批奏摺》中的琉球部分，就記載了幾十件的難船漂到事件。需要特別指出的是，就在日本侵臺事件發生以後，中琉之間的朝貢貿易人為地遭到阻斷，但漂到臺灣的琉球難民仍然得到一如既往的救助和撫恤，直至光緒二十年即日本割占臺灣前夕才停止。

大量的資料證明，琉球難民不僅在大陸，同時在臺灣都得到了很好的救助，並形成了一整套撫恤制度，顯示臺灣作為中國領土的一部分，在清代處理涉外事件時所扮演的角色及其發揮的積極作用。儘管也有極個別的例子由於難民被漂到後山而遭到「生番」殺害，但這絕不是歷史的主流。「山原號難船事件」發生後，北京的《京報》及上海的《早報》均有登載。〔註16〕美國的《紐約時報》及上海的《北華捷報》也有轉載。〔註17〕

1871 年琉球漂民被臺灣土著殺害之事，實屬中琉兩國民間的刑事案件，本與日本無關。為什麼日本要利用「以此次機會」出兵臺灣？其目的何在？

二、美國駐京公使教唆日本利用「難船」事件出兵臺灣

「山原號難船事件」發生之時，日本正處於已經明確將琉球納入版圖，各種吞併政策具體實施之時。明治政府深知琉球與清帝國的關係，恐與清朝產生矛盾，正無計可施。資料證明，在日本做出「琉球處分」之時，還不知曉「山原號難船事件」，不論是井上馨給正院的建議書，還是左院的辯論，都沒有提及此次難船事件。這些足以說明，明治政府吞併琉球的所謂「琉球處分」，與「出兵臺灣」沒有必然的聯繫。

臺灣學者藤井志津枝研究認為，日本政府最初獲得「山原號難船事件」消息的來源，是柳原前光寄給外務卿副島種臣的信件。

當時柳原正與清政府交涉修約事件，信的落筆時間為 1872 年 4 月 13 日。〔註18〕但何時轉到副島手裏，藤井志津枝沒有提出資料證明。筆者也查找了相關資料。此信是柳原在當日夜間在天津府三岔河公館書寫的，收信人是副島外

〔註16〕戴寶村著：《帝國的入侵：牡丹社事件》，臺北：自立晚報，1993 年，第 13 頁。

〔註17〕林呈蓉著：《牡丹社事件的真相》，第 34 頁。

〔註18〕藤井志津枝著：《近代中日關係史源起》，臺北：金禾出版社，1992 年，第 49頁。

務卿及寺島外務大輔，信中還特意強調：「恐怕鹿兒島縣還不知道此事」，並在此字段下面標上重點注點。〔註19〕

根據筆者收集到的新資料顯示，外務省收到信件的準確日期是 5 月 17 日，同時此信被轉給正在東京出差的鹿兒島官員，6 月 5 日時，此信送達到鹿兒島縣廳所在地。〔註20〕

值得玩味的是，井上馨（1872 年 5 月 30 日）就吞併琉球進行上議之時，此「事件」似乎沒有起什麼作用。井上馨的建議及上院的議論，都沒有提及此事件，或許可以這樣推斷，此時的日本政府，根本沒有意識到想利用此事件，來釐清琉球的歸屬問題。

那麼「山原號難船事件」怎樣成為日本吞併琉球的突破口？一般研究者認為，借「山原號難船事件」出兵臺灣的第一策劃者是那些薩摩藩士。這似乎是長久以來的一個定論。但實際的情況並非如此，最先鼓動日本政府藉此事件出兵臺灣的，是美國駐中國的領事威妥士。

柳原前光作為日本政府派出清朝的官員，4 月 13 日給日本外務卿的信，只是向政府進行通報的例行。信中附有「同治十一年四月初五日京報漢文一通（閩浙總督上奏文）及同上日文翻譯一件」。〔註21〕這些資料說明，知悉「山原號難船事件」的柳原前光，並沒有什麼其他的想法。

是什麼讓日本政府產生了利用這次事件的想法呢？時在北京修約的柳原前光，因與李鴻章談判遇到困難，欲想回國，臨行前袂別拜會紫竹林各國領事。5 月 28 日拜訪美國領事威妥士時，威妥士向柳原就此事進行了勸告：

> 威妥士：「您沒有聽說不久前琉球人在臺灣遇害一事嗎？您作為日本
> 國公使，必定與此事相關聯，如果西方各國發生此類事件，
> 軍艦就會直接開去，懲戒其暴，謀取償金。」〔註22〕
>
> 柳　原：「琉球人遇害一事令人憐憫，我也曾將京報中的一節抄錄轉
> 寄給外務卿，琉球雖是我管下之地，國君和使臣也經常有

〔註19〕（日）《臺灣征討／86 臺灣征討事件補足四柳原外務大丞ヨリ西鄉參議宛》，JCAHR：B03030121800。

〔註20〕（日）《臺灣征討／86 臺灣征討事件補足四柳原外務大丞ヨリ西鄉參議宛》，JCAHR：B03030121800。

〔註21〕（日）《臺灣征討／86 臺灣征討事件補足三柳原小弁務使ヨリ外務大少丞記宛》，JCAHR：B03030121700。

〔註22〕（日）《臺灣征討／86 臺灣征討事件補足二柳原外務大丞兼少弁務使米國領事「メットホルス」対話》，JCAHR：B03030121600。

往來，但還不是我們的屬國，如若是我附屬之國，此事當然
要如您所說的那樣處理。」〔註23〕

威妥士：「我開始就知道琉球不屬貴國，只是非常厭惡其暴行，也恨
其救助寡少。」〔註24〕

　　這份資料充分證明，日本政府之所以想利用「山原號難船事件」出兵征討
臺灣，是出於美國人的勸告。從柳原前光的答語也可看出，當時日本政府並沒
有把琉球當成自己的屬國，而威妥士的建議，給柳原提供了一個釐清琉球關係
的新思路。柳原也因威妥士的勸言，而產生了出兵臺灣的想法。

　　柳原前光最先就此事與西鄉隆盛〔註25〕進行商議。當時西鄉表示：「隆盛
生長於薩摩，通曉琉球事情，這次陪同聖駕，近日將到鹿兒島，告之縣官此事，
並以快船報琉球，讓他們必須成為我真屬。」〔註26〕柳原當時還擔心地對同行
的高崎正風說：「在廢藩的同時，鹿兒島縣廳應盡快派使向琉球通報，求得以
新的方式交往，但琉墨守成規以久，恐不是易事。」〔註27〕

　　這份資料是 6 月 23 日報給日本外務卿的，其具體內容包括「就琉球人在
臺灣橫死一件在天津與美國領事的應答」及「西鄉隆盛的意見等的報告之件」。
資料顯示，當時在北京的柳原前光，曾經與西鄉隆盛就琉球難船事件的處理有
過商議。西鄉已經計劃把美領事的提議告之鹿兒島縣官，並希望琉球盡快成為

〔註23〕（日）《臺灣征討事件／86 臺灣征討事件補足二柳原外務大丞兼少弁務使米國
　　　　領事「メットホルス」対話》，JCAHR：B03030121600。

〔註24〕（日）《臺灣征討事件／86 臺灣征討事件補足二柳原外務大丞兼少弁務使米國
　　　　領事「メットホルス」対話》，JCAHR：B03030121600。

〔註25〕西鄉隆盛（1827～1877）和木戶孝允（桂小五郎），大久保利通並稱「維新三
　　　　傑」。1866 年 3 月在京都同長州藩倒幕派領導人木戶孝允等人締結薩長倒幕
　　　　聯盟密約。1868 年 1 月 3 日，與岩倉具視、大久保利通等人發動王政復古政
　　　　變，推翻了德川幕府的統治，建立明治新政府。在同年的戊辰戰爭中任大總督
　　　　參謀，指揮討幕聯軍，取得了戰爭的勝利。因他在倒幕維新運動和戊辰戰爭中
　　　　的功勳，在諸藩家臣中官位最高，受封最厚，成為明治維新的元勳之一。1870
　　　　年初，由於與大久保等人在內政方面的分歧，辭職回鹿兒島任薩摩藩藩政顧
　　　　問，後任藩大參事，參與藩政改革。1871 年到東京就任明治政府參議。1872
　　　　年任陸軍元帥兼近衛軍都督。在此前後，參與廢藩置縣、地稅改革等資產階級
　　　　改革。他鼓吹並支持對外侵略擴張。

〔註26〕（日）《臺灣征討事件／86 臺灣征討事件補足三柳原小弁務使ヨリ外務大少丞
　　　　記宛》，JCAHR：B03030121700。

〔註27〕（日）《臺灣征討事件／86 臺灣征討事件補足三柳原小弁務使ヨリ外務大少丞
　　　　記宛》，JCAHR：B03030121700。

日本的屬國。這時涉及到琉球的歸屬問題，也說明他們已經在考慮美國領事提出的出兵問題了。

目前歷史學界就此事件的研究，都認為日本出兵臺灣的緣起，是由鹿兒島縣參事大山綱良的意見書開始的，且大山獲取的信息也是由當時鹿兒島縣派到琉球的使者伊地知貞馨帶回的。大山綱良在「建白書」上假借琉球王之名，建議「仗皇國之威，興問罪之師，出兵征討彼等，故謹借軍艦，真搗其巢窟，殲其巨魁，上張皇威於海外，下慰島民之怨魂。」〔註28〕

根據「大山綱良建議書的附言」，琉球難民是在 6 月 7 日才回那霸。而柳原前光的信在 6 月 5 日就已經到達了鹿兒島縣廳。實際上，鹿兒島的薩摩藩士們比琉球王還要先知道此次難船消息的。

通過以上的分析，證明實際的情況可能是，鹿兒島縣的薩摩藩士諸如樺山資紀、桐野利秋、西鄉從道等人，在伊地知貞馨通報之前，就已經通過西鄉隆盛知道了此事件，並已經開始謀劃出兵征討臺灣，以求得補償金。所以，當難船回到那霸時，薩摩藩士們策動出兵征討臺灣的計劃已在醞釀。〔註29〕

由於薩摩大名的封建權力已交還中央政府，無權處理此事，於是他們建議琉球派遣使者赴東京，反映此次難船事件，兼響明治政府商議琉球歸屬問題。這樣才有鹿兒島縣吏向宮古島民仲本築登之和島袋築登之等人尋求證據筆錄，大山綱良提出欲出兵臺灣問罪復仇的「建白書」，並委託伊地知貞馨將「建白書」轉呈給外務卿副島種臣。大山綱良的「建白書」標注時間為「7 年 28 日」。〔註30〕

從 6 月 5 日柳原的信到達了鹿兒島縣廳，到 7 月 28 日大山綱良的出兵「建白書」，中間間隔了近兩個月，這也說明了其中的問題。

9 月 23，外務卿副島種臣就出兵問題，向美使德朗進行諮詢。德朗向副島介紹了「臺灣通」李仙得，並暗中力勸日本佔領臺灣，還允諾如果日本派船到臺灣，美方願為其提供軍艦使用的臺灣海岸地圖等。〔註31〕

〔註28〕 （日）《臺灣征討事件／3 二鹿兒島県ヨリ外務省宛》，JCAHR：B03030113200。
〔註29〕 （日）《琉球國民臺灣漂到遭害届ニ付大山鹿児島県參事問罪出師建言ノ儀》，JCAHR：A03030095300。
〔註30〕 （日）《琉球國民臺灣漂到遭害届ニ付大山鹿児島県參事問罪出師建言ノ儀》，JCAHR：A03030095300；《臺灣征討事件／3 二鹿児島県ヨリ外務省宛》，JCAHR：B03030113200。
〔註31〕 （日）《副島外務卿米公使ト臺灣一件応接書抄略》，JCAHR：A03031117700。

9 月 24、26 日外務卿副島種臣連續會晤李仙得，就出兵臺灣問題進行求教〔註32〕，並決定雇用李仙得為「準二等出仕」。〔註33〕

受雇後的李仙得從 11 月（1872）開始，圍繞著臺灣問題，向日本政府提出近五十件備忘錄（覚書），及很多的意見書，為日本政府提供國際法、軍事、外交等各方面更加具體的出兵意見，「深深地影響著日本政府的臺灣策略及日本對清交涉方針」〔註34〕，也使日本出兵臺灣的計劃，由單純的討伐求取償金的行為，傳向了攫取殖民地的性質。

根據以上分析，可以得出這樣的結論：日本出兵臺灣的計劃，是有預謀的，也是精心策劃的。正是這個至今還沒有研究者道出真相的大陰謀，將吞併琉球的「琉球處分」與出兵臺灣聯繫起來了。日本政府借出兵大清帝國的屬地臺灣，向全世界明確琉球的明確歸屬，是「出兵臺灣」的關鍵所在。而此計劃中的「出兵臺灣」，目的是明確琉球的歸屬，謀取賠償金是次要的，同時，此時的「出兵臺灣」計劃，還沒有包含欲殖民臺灣番地的性質。而此後日本政府的這一吞併琉球的行為，也能驗證「出兵臺灣」的關鍵點在於事實上為實現「吞併琉球」服務。但美國李仙得的雇入，才使此計劃的性質又萌生出殖民臺灣的目的。

小結

根據以上內容分析來看，日本於 1871 年「廢藩置縣」後，開始著手解決琉球的歸屬問題，即所謂明確琉球歸屬問題的所謂「併吞琉球」開始出臺。切斷琉球與中國的藩屬關係，是實現吞併的重中之重，而此時發生的「山原號難船事件」，美國人暗中挑唆日本出兵，恰為大山綱良提出的「出兵臺灣」，藉以釐清琉球的歸屬，提供了藉口。

〔註32〕 （日）《副島外務卿横浜二於テ米人李仙得卜臺灣一件応接書》、《副島外務卿延遼館二於テ李仙得卜再度応接書抄略》，JCAHR：A03031117800；A03031117900。

〔註33〕 （日）《李仙得外務省準二等出仕辭令》，JCAHR：A03031118500。

〔註34〕 （日）我部政男、栗原純編：《ル、ジャンド臺灣紀行》（第四卷），東京：綠陰書房，1998 年，第 467 頁。

第十一章　美國幫助日本謀劃出兵臺灣

　　日本利用 1872 年發生的「山原號難船事件」出兵臺灣，現在一般研究都認為，它的策劃者為薩摩藩士「大山綱良」。但根據筆者查閱到資料，實際的情況並非如此，最先鼓動日本政府藉此事件出兵臺灣的，是美國駐中國的領事威妥士。威妥士的建言究竟起著怎麼的作用，目前沒有資料能夠證明，但至少有一點是真實的，那就是威妥士對柳原前光的出兵建議，遠遠早於大山綱良出兵請求書的時間。這就可以推斷，日本利用「山原號難船事件」，是出自美國人的教唆。此後，美國駐日公使德朗向日本政府介紹了「臺灣通」李仙得，李仙得向日本政府提供大量臺灣的相關情報，並慫恿日本政府出兵臺灣，繼而多方協助，給予籌謀，最終使日本出兵臺灣的計劃得以出臺。

一、美國人「臺灣通」李仙得的雇入

　　臺灣番地，早已隸屬於中國版圖，惟以生番習性不同，未可強制以法，故清朝在漢番之交地，設立土牛示禁，以防止漢番之間相鬥滋生事端。清政府在東臺灣開發過程中，出現的漢番圍繞土地的衝突，清朝統治者採取了漢番隔離的政策，於是，臺灣歷史上形成了東部山地與西部平原的分界。清政府最初在原住民出沒要口處，立石為界，繼而在立石處開溝，最後則在彰化縣，淡防廳一帶，以山溪為界，其無山溪處，亦一律挑溝堆土，以分界線，築為界線的土堆，外形如臥牛，故稱土牛，而位居其側之深溝，則稱為土牛溝，也稱作土牛線，或紅線、隘勇線等。〔註1〕

〔註1〕臺灣在明鄭時代就有紅線、土牛的存在，為了「防番」堆積土壘，形如臥牛，上面疊磚為牆，磚色是紅色，所以叫紅線。參見伊能嘉矩：《臺灣踏查日記》上，第 128 頁。

臺灣的土牛線是歷史形成的，主要是清政府治臺政策的產物，是針對漢番對待土地開墾中的問題而設立的。土牛線並非固定不變，而是隨著漢番隔離政策的調整，其名稱不斷演變，所處位置也時常發生移動，而且管理方式也並非千篇一律，成為清政府治臺政策的附屬物。此種地界和國土疆界是風馬牛不相及的兩種事情，是當時中國政府內政的一種方式。如果將此作為近代意義的國境線難免有些牽強，而且甲午戰爭後日本佔領臺灣初期，也是沿用此方法，並改進到隘丁線，當時的隘丁和清治時期的作用基本相同。〔註2〕

這本為一種消極的治安措施，卻被不明民情的外國人所誤解。特別是美國「羅妹號（Rover）事件」後，美海軍逕至臺灣南端登陸，實施征討行動，使美國駐廈門領事李仙得等人，萌生出佔領臺灣番地的想法，但此觀點不為美國國務院所接納，此後李仙得便對臺灣番地採用雙軌政策。

所謂的「雙軌政策」，即是源自李仙得認為，清閩臺官員與臺灣生番，在與他們的交往處理事務過程中，應分別施用不同的政策。李仙得認為，與清官員商辦事務時，必須有強大的武力作後盾，否則難以獲取滿意的結果；而對臺灣生番，即使示以強大的武力，也未必使其屈服，生番頭腦比較簡單，透過某種和平交往，反而可以與他們建立起友好的關係。

李仙得的「雙軌政策」取得了一些實效，增進了「美國在中國的聲威」，李仙得個人也獲取了「臺灣通」的稱號。美國亞細亞艦隊司令、美國駐華代辦、以至於美國國務院相繼認可並讚揚李仙得的成就。〔註3〕美國駐日本公使德朗，亦為李仙得的同路人。

（一）美國人李仙得與臺灣的淵源

李仙得原名為 Charles William Le Gendre，其最早的漢語名為李讓禮，後改為李仙得或李善得。1830年8月26日生於法國的望族，巴黎大學畢業。後與美國籍女士結婚，赴美定居，在南北戰爭中戰功卓著。1866年12月，李仙得任美國駐廈門領事，同時兼任臺灣領事。李仙得與臺灣的淵源，最早是從「羅妹」號事件開始的。1867年3月12日，美國商船「羅妹」號自汕頭駛赴牛莊，在臺灣洋面突遇颶風，在紅頭嶼附近沉沒。船長赫特夫婦及船員等共14人，乘舢板至琅𤩝尾龜仔角鼻山登陸，被來自附近森林中的生番槍手射殺，僅一名

〔註2〕（日）伊能嘉矩：《臺灣踏查日記》上，第130頁。
〔註3〕黃嘉謨：《美國與臺灣》，第224頁。

華人水手僥倖逃脫，乘船至高雄報案。

　　李仙得作為美國駐廈門與臺灣的領事，主要職責就是保護「工商航海的利益」〔註4〕，同時也有「協助遭難水手」〔註5〕的義務。聞此事件，李仙得立即赴福州，與閩浙總督吳棠及福建巡撫李福泰進行交涉，請求依據中美《天津條約》，嚴令臺灣地方官員營救幸存人員，並嚴懲生番。

　　按照當時的國際法慣例，李仙得的要求是正當的。「按照古代的習慣，如果一艘外國船舶由於惡劣天氣或其他危及安全的危險情況被迫進入港口避難，應享有當地管轄權的某些豁免。」〔註6〕但清地方官顧慮番地沒有實施行政，幾次推託「番地為化外」，並不認真查辦，最後李仙得避開清朝官員，利用英商畢麒麟（W. A. Pickering），通過當地各莊及熟番頭人的關係，與番人酋長卓杞篤面議了和約。

　　「羅妹」號事件使通曉國際法的李仙得等美國人，明知臺灣全島歸中國管轄，卻從中找到了番地為「無主之地」的藉口，並開始產生覬覦臺灣的野心。此後五年間，李仙得經常隨同美艦赴臺，與生番直接交流，成為著名的臺灣通，這為他後來幫助日本侵略臺灣埋下了伏筆。

（二）「臺灣通」李仙得的雇入

　　1872 年 10 月 12 日，李仙得離華返美。李離開中國的主要原因，是美國駐華公使對他的「番策」很不熱心。是年 2 月，他聽聞琉球人在臺灣番地被殺的消息後，親自乘船去臺灣番地責問原由。回到廈門後，他給美國駐華公使及清政府提出建議，要求懲處番人的暴行。但當時公使鏤斐迪及清政府都不予理睬。不僅如此，鏤斐迪還批評他潛入臺灣並公開與番人談判是不法行為等等。於是，他將情況上報美國政府，認為清政府及美國駐華公使都有放任番人暴行的嫌疑。由此，他與公使鏤斐迪極不相容。總統格蘭特讚賞他的功績，推薦他做阿根廷公使，於是，他辭去廈門領事之職，啟程回國，中途在日本轉船。

　　此時正值日本為斷絕琉球的兩屬關係，準備以難船事件為由進犯臺灣。外務大臣副島種臣知道美國海軍因「羅妹號」事件曾與臺灣生番交戰過，特向美

〔註4〕詹寧斯，瓦茨修訂，王鐵崖等譯：《奧本海國際法》第 1 卷，中國大百科全書
　　　出版社，1998 年版，第 563～564 頁。

〔註5〕詹寧斯，瓦茨修訂，王鐵崖等譯：《奧本海國際法》第 1 卷，第 564 頁。

〔註6〕詹寧斯，瓦茨修訂，王鐵崖等譯：《奧本海國際法》第 1 卷，第 39 頁。

使德朗諮詢，德朗卻暗中力勸日本佔領臺灣。〔註7〕美國政府內部也有人希望中日同盟破裂，將日本拉入西方列強的行列。〔註8〕德朗與李仙得會晤，要求李仙得暫居日本，李欣然同意。德朗介紹李仙得會見副島，李借機向副島介紹了清政府與臺灣番地的關係：「美國船漂流至岸遭遇生番殺害之時，曾要求清政府對該事件進行查處，清政府雖滿口承諾卻屢不實行，故再三加以督促之時，則答以雖有管轄，但難免有疏漏；而我與臺灣內山十八番頭目卓杞篤先前協議救護遇難外國船員，不包括中國人在內，此次琉球船民被害，實因其貌與中國人類似，致為生番誤會。」〔註9〕他還進一步指出，美國並不想取得該處土地，亦不反對由日本政府來統轄該地，但日本希望與中國政府談判取得該地，想必不會成功，既然如此，日本可逕在該處建立炮臺派兵守衛。〔註10〕

李仙得在第二次會見副島時建議說，按照國際公法，為保護人民，要求建築炮臺、燈塔等事宜，最好向清政府提出談判。日本應以此次琉球難船事件為由，要求清政府立約為據，修建炮臺、燈塔，保護過往船民。如果清政府不置可否，可告之日本擬租藉此地。清政府遇有外國詰問，往往視臺灣為化外之地。臺灣究竟屬何國管轄，殊有問題。亞洲國家之日本，如欲佔領臺灣，理由雖不充分，但我願意盡力協助。清政府明言無法防禦臺灣之事，記載於我暗中獲得的書籍中，敬請閱覽。臺灣防衛力量薄弱，只需兩千精兵，即可攻取。當然日

〔註7〕德朗在與副島見面時，除向副島介紹李仙得其人外，還教唆說：美國無意佔有他國的土地，但是我們樂意見到我友邦擁有並拓殖他國的土地。有關這次臺灣事件，若貴國將有所盤算時，我雖能力有限，但願為提供拙見。他並進言：臺灣氣候條件適宜，且為膏腴之地，盛產米、砂糖等，還有礦山多處。當時海港良好，對外國人來說，是極為便利之場所。據說外國人之中亦有覬覦該地者，該地雖為清國管轄，但由於其政令不行，故先占者可先得。他提出臺灣事件必須採取的三種策略：第一，是否要立即派遣問罪之師？第二，是否要與土著交涉，訂定今後之管理方式，當我國人民及琉球人抵達時不再施暴？第三，若認為屬國家統治權事宜，是否要向其政府交涉要求其處理？同時，德朗還向副島允諾：若貴國派船到臺灣，我方軍艦有該處之海岸地圖等，願為提供。參見：《副島外務卿米公使卜臺灣一件応接書抄略》，JCAHR：A03031117700。

〔註8〕（日）清沢洌：《外政家としての大久保利通》，東京，中央公論社，昭和 17 年初版，第 58 頁。

〔註9〕（日）《副島外務卿横浜二於テ米人李仙得卜臺灣一件応接書》，JCAHR：A03031117800。

〔註10〕（日）《副島外務卿横浜二於テ米人李仙得卜臺灣一件応接書》，JCAHR：A03031117800。

本如因出兵臺灣,致與中國決裂,自非善策。但既經依照萬國公法商請清政府保護遇難外國船民,清政府未能辦到,日本自行設法保護,乃理所當然,且此地區,遲早必須開發,終有為人攫取之日。〔註11〕

李仙得還向副島介紹了臺灣番地的地形、各社人種數目及其相互關係、番人對官府的態度、臺灣的要地、港口及附近島嶼及各地物產情況。

李的建議使日本如獲至寶,副島強烈希望李仙得能留在日本供職,甚至提出日本如果統治臺灣,由李仙得任總督代表日本行使政權,並答應給李與駐日公使一樣的每年銀洋12000元的高薪。〔註12〕

同時,副島向美國公使致函,要求雇用李仙得:「日本政府擬雇用目前暫時居於本帝國之美利堅人李仙得將軍(C. W. Le Gendre)為文官,其原因已充分告訴閣下,故此信內不再贅述。我日本皇帝陛下經閣下之手誥命李仙得將軍,若該氏同意,將任命為本帝國之二等文官,下賜薪俸一萬二千元。若李仙得將軍立即同意此誥命,而擔任皇帝陛下之文官時,則以前開之等級及薪俸,擔任現由本政府派遣至清國北京政府之使節之參謀一職,並隨行前往。告知閣下此事之目的在於希望閣下設法讓李仙得將軍盡早同意此事,並期望盡速回覆該人同意之意。若閣下致力周旋此事,則我政府必定會對此特別恩惠之處置予以感激讚賞之意,且為使此目的傳達無誤,而隨書函附上譯文。」〔註13〕

從上述內容分析來看,日本政府已經向美國駐中國公使明確提出雇用李仙得的目的是什麼。值得我們特別注意的事情是,美國政府竟然是公然支持日本,駐北京的美國公鑸斐迪(F.F.Low)支持李仙得的雇用:

> 上月二十八日一六一號貴函敬悉,並瞭解其為密函。然而自從收到貴函及附件以來,未得閒暇,僅能於倉促之間閱覽。閣下通知之事,只能以推測之辭函覆,詳情容後於下次船班前奉覆。此次日本國對清國朝鮮有所企圖一事,並不認為不符合我個人之想法,且見到日本政府欲伸張道理,恢復某領地之管轄,或其遭受之不合理

〔註11〕(日)《副島外務卿延遼館二於テ李仙得卜再度応接書抄略》,JCAHR:A03031117900。
〔註12〕(日)《米人李仙得雇入準二等出仕達並副島外務卿米國公使往復書》,JCAHR:A03030096800。
〔註13〕(日)《副島外務卿ヨリ米公使へ李仙得雇入云々往東》,JCAHR:A03031118200。

之事依照律來要求正當償還，故絲毫不覺得有何不可。且閣下熱心探索日本政府對上述兩國之目的及企圖，而敝人亦無申述異議之意，反而蒙閣下親切地告知，實不勝銘感之至。

　　然而派遣使節赴清國及任命一名我國居民為副使一事，尊意與拙意有所出入，實為令我苦惱之事。據我所知，日本政府對於上述事件有關之種種事案，並無抉擇以談判方式獲得和平解決，且政府不存有任何期待。故而推測派遣使節之目的，在於提出對方可能拒絕的要求，而此要求一旦遭拒時，終於成為對抗之材料。若上述案件亦有完滿解決之可能性時，則派遣使者並錄用美國一公民為使節副使一案，敝人認為毫無不妥，但即使有解決之可能性，亦確實有許多道理認定其為非，故敝人並不希望揭穿如此事件。

　　如閣下所知，若日本政府決定雇用李仙得將軍，且該人亦承諾其願意任官時，則敝人亦欣然在職司範圍內為達成上目的而略盡綿薄之力。對於該事件將於下次船班再請教尊意。〔註14〕

　　從此信的內容分析來看，美國駐清公使鏤斐迪對日本欲利用「山原號難船事件」出兵臺灣一事已經有所瞭解，且有認同日本的想法。對日本赴清之目的也有所瞭解，並認為談判沒有獲得和平解決的可能性，並推測日本可能會找茬說事，並說自己不想揭穿此事情，並承諾願意幫助日本政府雇用到李仙得。鏤斐迪作為美國駐清公使，其身份為美國政府的代表，此種行為顯然是不合情理的，也有違於國際法的。筆者沒有查閱鏤斐迪與駐日公使德朗之間的溝通信件，但29日德朗又回信給副島，美國已經同意日本政府雇用李仙得：「明治五年十一月十八日貴函擬雇用李仙得為日本政府工作乙案敬悉。關於本案，敝人曾經盡力勸諭其辭去美國政府之職務後接受誥命，而該人已於今日提出辭呈辭去清國廈門美國領事官之職務並拜受所頒誥命之事囑本人向閣下函覆。並回答自今日起，該人自己接受日本天皇陛下政府之使節命令。在此殷切期望天皇陛下大展鴻圖，完成勳業。敬陳如上。」〔註15〕

　　李仙得也想借助日本實現自己的野心。於是美使德朗與美國國務院及美

〔註14〕 （日）《在北京米公使ヨリ皇國ノ支那朝鮮ニ対スル結構及ヒ李仙得雇入云々復柬》，JCAHR：A03031118300。
〔註15〕 （日）《米公使ヨリ副島外務卿ヘ李仙得雇入云々復柬》，JCAHR：A03031118400。

國駐華公使聯繫，使李仙得得以順利地受雇於日本政府。〔註16〕

二、李仙得為日本政府提出的侵臺策略

　　當時日本政府授予李仙得「準二等出仕」頭銜〔註17〕，從此李仙得開始全心為日本謀取臺灣出謀劃策。李仙得從 1872 年 11 月開始，圍繞著臺灣問題，向日本政府提出幾十件備忘錄（覺書）〔註18〕及很多的意見書〔註19〕等，為日本政府提供國際法、軍事、外交等方面更加具體的侵略建議，「深深地影響著日本政府的臺灣策略及日本對清交涉方針」。〔註20〕

李仙得為日本政府提供的備忘錄（覺書）一覽表

備忘錄	題　目
第 1 號備忘錄	論臺灣番地著手辦法並附斯密之論
第 2 號備忘錄	論經營管理臺灣全島辦法
第 3 號備忘錄	論如何教化、統治野蠻各部
第 4 號備忘錄	論外國人土蠻處分的思想及謀劃澎湖的遠期戰略
第 5 號備忘錄	全權公使應對清國策略
第 9 號備忘錄	關於副島閣下給荷蘭公使答禮一條及公使和李仙得的應對書
第 10 號備忘錄	關於赴北京日本大使及各國公使職位的討論
第 11 號備忘錄	關於日本大使在中國總理衙門的回應一件給副島閣下的通報
第 12 號備忘錄	使臣職位之禮儀的討論
第 17 號備忘錄	（臺灣）天氣預報一則
第 19 號備忘錄	各國尺度之辯

〔註16〕（日）《副島外務卿ヨリ米公使ヘ李仙得雇入云々往柬》、《在北京米公使ヨリ皇國ノ支那朝鮮ニ対スル結構及ヒ李仙得雇入云々復柬》、《米公使ヨリ副島外務卿ヘ李仙得雇入云々復柬》，JCAHR：A03031118200；A03031118300；A03031118400。

〔註17〕（日）《李仙得外務省準二等出仕辭令》，JCAHR：A03031118500。

〔註18〕「覺書」在日語中的解釋為「1. 為了不忘記而寫下來的東西及文章；2. 把事實和主張傳遞給外國的外交文書。」一份「覺書」中有時包含幾份議案，多者達到幾百頁。中文可以理解為備忘錄。

〔註19〕（日）《李氏書翰目錄》、《李氏書翰》、《李仙得臺灣島ノ儀ニ付覺書ノ內抄錄》，JCAHR：公文書館藏檔：A03030056200；A03030069300；A03030060500。

〔註20〕（日）我部政男、栗原純編：《ル・ジャンドル臺灣紀行》第 4 卷，東京：綠陰書房 1998 年版，第 467 頁。

第 20 號備忘錄	（臺灣）天氣預報一則
第 22 號備忘錄	論生番略有後設置統轄官、制定其權限並施行之政令
第 23 號備忘錄	論各艦發航順序及李氏以下外國人著手方法
第 24 號備忘錄	コルログ號船一條
第 25 號備忘錄	社寮碼頭剖面圖及各船舶碇泊之議
第 26 號備忘錄	關於船舶海中避難預防之策
第 27 號備忘錄	就征番給清國政府的咨文
第 28 號備忘錄	外國人從軍者俸給之請求
第 29 號備忘錄	致西鄉閣下關於有功丸船運煤事宜
第 30 號備忘錄	致西鄉閣下關於北海丸船一條
第 31 號備忘錄	必須向臺灣番地送外科醫生和製冰器的意見書
第 32 號備忘錄	在中國總理衙門交涉時如何應答的議案
第 33 號備忘錄	關於番地出兵及中國的反應
第 34 號備忘錄	評論日本政府新聞紙創立一件

說明：本表根據日本公文書館所藏的《第 1 號記錄》、《第 2 號記錄》、《第 3 號記錄》、《第 5 號記錄》、《第 8 號記錄》等整理而成。

在第 1 號備忘錄中，李仙得借助於所謂的「國際法」，認為日本未來的發展方向應當走西方的道路，代替中國成為亞洲盟主，合併亞洲未開化之地，以防禦西方殖民的腳步。同時，對清政府統治臺灣番地提出異議，教唆日本政府接受番地乃「無主之地」的思想：「譬如在大洋中的一個孤島，野蠻的番人在此居住，一個文明的民族發現了它並引導他們走向文明開化，但番民厭惡文明，不服開化，並加害他國公民，最好的辦法就是將此蠻民遷移出去，由文明之民來取而代之……又譬如其島民一部分為文明開化之民，一部分為野蠻落後之民，文明之民要為野蠻之部分制定法律進行管理，作為其屬地行使正當有效的權力。如果說中國政府自己發現了此島，也可以說又由中國政府自己放棄了此島。清國政府對一部分的島民施以布政教化，那麼按道理清國政府也應管轄另一部分，但清國政府卻不能拿出事實上的有效證據。」〔註 21〕

第 2 號備忘錄其全名為「論經營管理臺灣全島辦法」〔註 22〕，此計劃書

〔註 21〕（日）《李仙得覚書第一號臺灣番地著手云々之論並斯密附論》，JCAHR：A03030097300。
〔註 22〕（日）《李仙得覚書第二號臺灣全嶋ヲ逐條経理スルノ論》，JCAHR：A03030097400。

起草於「1872 年 10 月 15 日」，也被稱為「提給日本政府有關生蕃處置意見之備忘錄」，其內容實際上是李仙得向日本政府提出的如何取得臺灣的實際策略，即詳細的攻取臺灣的計劃，其內容如下：

就琉球牡丹社事件，日本政府在與總理衙門進行談判時，估計清政府的回答可能是：琉球是我大清國的屬國，生蕃地牡丹社亦是臺灣的一部分，它們都屬中華帝國內部事務，所以按照慣例，查其原委，懲其曲直，其責在我大清政府。以前（1867 年）應美國政府的請求，我政府已經派遣軍隊對排灣族進行了嚴懲（注解 2 中的「羅妹號事件」）。這也是懲罰之責在我政府的一個有力證據。另外，不管是否聽聞琉球人遇害事件的報告，我政府都將盡快下敕旨，對牡丹社人進行嚴罰，並就今年五月日本使者所言及的清國臣民對生蕃人施以奸謀欺詐一事進行調查。另就對生番人進行處理一事，我政府認為他們本屬野蠻人種，其行為、其風俗甚為卑下恐怖，恐難以用武力壓服，望日本政府莫把尊貴的民命棄於無望之地。同時，對貴國政府救助「馬利亞羅茲」號清國公民一事，我政府深表感謝，並願兩國的友誼年年加深。

據此推測，我方必須發出嚴詞峻語，才能使談判破裂。最重要的是我方必須明言，請求把臺灣島給予我國。其理由如下：

第一、清國政府的統治權力從來就沒有觸及到臺灣島的東南部，其政權的普及、政令的布示、事務的管理都沒有在此地進行。根據這一事實，清國政府應當知道，現在各國的船舶在臺灣東南部沿海來往不絕，恐怕遲早會有其他國家的人來此地進行管理。這樣與其讓西方人領有，還不如讓我日本國領有。

第二、日本山居之民，其體質最適合與生蕃人交戰，清國無此良兵。日本將不費時日就能佔領此地。我方先以武力制服生蕃，再以仁愛禮儀之心對其進行教育，促使生蕃睿智漸開。

第三、此策對清國政府來說是一勞永逸之策，與其讓他國領有臺灣，不如讓日本領有為上策，因日本的風俗大體上與之接近。

如果清政府不按日本的請求把臺灣島給予我政府的話，我方可不拘泥於請求要項，直接出兵佔領島內生蕃所在地。此地乃清政府統治沒有布及的空虛之地。作為威嚇之聲勢，在使節到達北京之前，

備好兵糧武器，運兵八千至宮古島。運兵一事可借助於東北季風，用洋式或和式帆船，既能減少費用，又能順利完成運兵任務。另外，需在談判結束之前，派一鐵甲艦及一小型汽船在清國的南海岸及臺灣附近往來巡視。

萬一此威嚇沒有成功，必須進入實戰狀態，我軍隊需盡快佔領臺灣島西部，因為島東部沒有可碇泊的港口，我方船隻沒有避風之場所。佔領島西部地區作為大本營及根據地，向東部的士兵運送糧食和武器，即便是在狂風暴雨之時，一日也能到達。這樣既可以免於東部的兵士飢饉之荒，也使武器彈藥不至於缺乏。佔領臺灣島西部以後，（糧食和武器）用鐵甲艦運送到澎湖島（漁人島），以便在取得馬公（麻昆）及（ポンフー）港之後用於守備。同時用吃水十二英尺以下的炮艦三艘保護運兵船，將屯住在宮古島的八千士兵中的一百人送到西貝島（ソーベイ），派有能力的指揮官對此地進行嚴守。另外，運送一千五百人到基隆、一千人到淡水。在基隆必須留一艘炮艦進行守衛。

宮古島及臺灣北部時常有大風，從宮古島到西貝島（ソーベイ）、基隆及淡水距離並不遙遠。

到西貝島（ソーベイ）只有一百英里，所以，如果汽船一個小時行進七英里，十四小時即可到達。

到基隆一百四十英里，大概需要二十小時到達。

到淡水一百八十英里，大概需要二十六小時到達。

所以只要找到當地的引水員，即可不必擔心會有危險發生。

如能按上述配備兵力，那麼在宮古島將還有五千四五百兵。把其中的四千四百人送到澎湖島（漁人島）。此島距離宮古島三百五十英里，用汽船需要五十個小時才能到達。這主要是對前面所說的「馬公（麻昆）」港進行守衛，以防止支那的襲擊。

在馬公（麻昆）港守備的指揮官必須清楚地注意到，此港口南部的低地上有一突入海中的岬岩，其上建有兩座堅固的炮臺。此地乃馬公（麻昆）港的門戶，其主要目的是為防止敵艦向港內射擊及敵人進攻所建。（此情況將在別紙詳細闡述）

馬公（麻昆）港的北部有一清國人的小市場，我們可在此獲得

少量的番薯、豆類、蔬菜、魚類、雞蛋等食物。

澎湖島（漁人島）的島民都是支那的賤民，大體上都以捕魚為業。此地氣候炎熱，但對健康無害。

在馬公（麻昆）港有支那的兵丁屯住，由「北福帶」（ペフタイ）來指揮。不用擔心，恐其看見我日本的鐵甲艦就會不戰而降。

四千四百名士兵到達澎湖島（漁人島）後，馬上用汽船數艘、鐵甲炮艦一艘護送其中四千兵到臺灣的首府臺灣府，留四百兵守衛馬公（麻昆）港。

臺灣府與澎湖島（漁人島）有九十英里的距離，所以，運兵船在日落之前出發，第二天未明即可到達臺灣府。

臺灣府的周圍是用花崗岩砌成的三十英尺高的圍牆，上面有多枚大炮，但沒有炮架，不能應戰。我軍可在城外適宜之處建幾所炮臺，不需要激烈的戰鬥，即可輕易地使敵人降服，取得臺灣府的主權。

臺灣府的城牆縱然堅固，但也難以抵擋我軍的大炮。

臺灣府一旦降伏，我軍入城後馬上在安平構建沙造炮臺，以防止從海路而來的敵人。在沙造炮臺建好之後，或者在此之前合適之時，用鐵甲艦把五百名士兵運送到打狗（高雄）。此城在臺灣府南三十五英里處，那裡沒有防備用的炮臺，也沒有駐屯軍隊，不需要進行戰鬥既可平定此地。如果清國在此地有炮艦活動，我方可用鐵甲艦直接與之較量，將之擊沉。此地平定後，為防止敵人的來襲，在此地建設炮臺，並留一艘炮艦在此地進行守護。鐵甲艦返回到「澎湖島（漁人島）」。

鐵甲艦回澎湖島（漁人島）到後，其附屬的小汽船必須經常在臺灣與澎湖島（漁人島）之間進行往返巡視，以探知從福州、廣東方面的敵艦動向，並將情報向主將報告，主將再把報告發送到鐵甲艦上。這樣鐵甲艦就可以將行進中的敵艦隊擊沉、打碎或驅散。

臺灣府、打狗平定後，盡快把一百名士兵從打狗運送到枋寮。最近，支那人在那裡建設了兵卒屯集所。另外，從臺灣府送五百人到社寮（車城），在此地構建沙造炮臺，以防止敵人的海上入侵。

上述各項闡述了如何攻取臺灣、攻取之後怎樣守衛以防止敵人

進攻的重要步驟。但前項沒有言及基隆、淡水兩地的炮臺守護問題。隨行的我軍（士官）必須注意的是，在取得上述兩地後，必須盡快採用大炮進行守備。同時輕炮隊及山用白炮對臺灣南、北部的平定也是不可缺少的。

基隆、淡水、臺灣府及打狗都設有稅館，那裡有支那人雇用的外國人在此工作。估計此地必有金銀物品，我方要安全、妥善地將其繳獲。另外在淡水附近、板橋（バンカー）及臺灣府都設有清政府所轄的大型糧倉，這也是我方必須注意的事情。

在臺灣府還有許多不起作用的大炮，淡水也有一些。我方應將其用運輸船或炮艦運回日本進行熔解。

如前所述，我方在取得臺灣各地之後，必須將支那政府所屬各種對象全部拋棄。對臺灣民眾儘量親和，決不作欺騙之事。指揮官宜用支那文多印一些布告在各地張貼。布告書明言我皇國軍隊來此地是為懲罰支那政府的惡行，決不加害於無辜之普通百姓，凡發誓恭順我皇國者皆給予保護，但若起兵反叛或內通支那者一律按軍法處死，決不姑息。

基隆、淡水兩地平定後，我方可向當地土著人購買糧食。儘管如此，如果數周後還要留在此地，我軍隊必須從開始就要攜帶好數周用的食物。

在臺灣府和打狗兩地，我軍不難獲得糧食。但為了以防萬一，我軍必須準備好數周用的糧食。

在前面所言之地，很容易就能找到貯藏糧食物品的倉庫。

枋寮及社寮兩地居民很少，要想獲得最初的糧食也很困難，所以必須從臺灣府運送糧食。

在前面所言四地，能獲取到牛肉、魚類、乾野豬肉等，另在臺灣府、打狗、淡水、基隆等地還能買到米、糖、甘蔗、豆類等。最初雖說須用錢來購買，但臺灣有四百萬人口，以後可用收稅方式來解決。

負責後勤的官員必須注意在淡水、基隆等地用溫度計進行氣溫測定，制定溫度氣象表，第二個月測試五十五次，第三個月測試六十二次，第四個月測試七十次，第五個月測試七十五次。

臺灣府及高雄的熱度會更高。

此行還需要（陸軍）士官三人。也需要海軍士官二人，其中一人指揮鐵甲艦，另一人負責運輸及其他事務。

臺灣平定以後，支那政府必定否認我方對臺灣的佔領，所以，除了上述的八千士兵之外，還要送四千士兵送到澎湖島（漁人島）。此兵可進至廈門，佔領此地，對清政府進行威逼，我預計可達成和平，並謀取到戰費。廈門離馬公（麻昆）港很近，用汽船十二小時即可到達。〔註23〕

李仙得在第二覺書中提出，最重要的是必須明確要求把臺灣島給予日本國。其理由是清政府的統治權力從來就沒有觸及臺灣島的東南部。並明確提出如果清政府不把臺灣島給予日本政府的話，日本可直接出兵佔領該島，對清政府進行威逼，預計可達成和平，並謀取到戰爭賠償。〔註24〕

李仙得的第3號備忘錄，是對征服臺灣後如何進行管理獻計獻策。他建議取得臺灣南部以後，先在海岸附近建設房屋，以利日軍駐屯。嗣後購買土地，與土番交往，建立友誼，並逐漸形成村落。學習早年的荷蘭人，用假名標注土番之詞，對婦人兒童進行教育。在南部社寮等地建設大本營，一方面安撫當地的客家人及已經順服的番人，另一方面對諸如牡丹社之流的「凶番」進行征討，然後從海路到卑南地方設立支營，最後全部佔領臺灣東南部「番地」。〔註25〕

李仙得在第4號備忘錄中，再次強調如欲在東方逞其威權，必須北占朝鮮，南據澎湖及臺灣。如果清政府對臺灣事件處理不當，日本必須盡快佔領臺灣與澎湖。他認為，此次觀見中國皇帝之禮儀，很可能成為中國和各國矛盾的開端，日本應當充分利用此次糾紛，派遣使節到北京，乘混亂之際，提出談判臺灣問題。這是千載難逢的好機會，日本應「盡以方略」，甚至出兵佔據臺澎，英俄等國也不會提出異議。同時，他還提出讓日本「領有」朝鮮，認為日本近年來文明開化，航海之術、陸軍之制、鐵道電信逐漸發達，亞洲各國還不具備這些技術，因此合併朝鮮極為容易，而且從防禦上講，朝鮮為亞細亞北方第一

〔註23〕（日）《李仙得覚書第二號臺灣全嶋ヲ逐條経理スルノ論》，JCAHR：A03030097400。
〔註24〕（日）《李仙得覚書第二號臺灣全嶋ヲ逐條経理スルノ論》，JCAHR：A03030097400。
〔註25〕（日）《李仙得覚書第三號野蠻ヲ教化シ各部落ヲ統治スルノ論》，JCAHR：A03030097500。

要所，日本如果「領有」該半島，則可以控制黃海，進逼中國大陸。〔註26〕

在第5號備忘錄裏，李仙得就取得臺灣番地「無統治實效」的具體步驟進行了詳細說明。他教唆日本政府在與中國政府談判時，援引美國之印地安人、英國之格蘭特人為例，來反駁中國政府對番地的主權論。他認為最好的方法還是採用外交的手段來解決問題，如果談判不成，再考慮以武力佔領臺灣。他還建議日本應利用中日之間的友好關係，就琉球問題進行交涉，使中國自願把臺灣東部番地轉讓給日本來開發，同時也可以把西部的良港提供給日本。這樣日本就可以用欺騙手段達成最後的目的。

李仙得不僅給日本政府提供了大量的國際法知識及臺灣番地的情報，而且，最重要的是在他的背後似乎有美國政府的影子，畢竟李仙得被日本政府聘用是由美國駐日公使通報給美國政府的。這一切都使得日本對謀取臺灣更有了信心，所以，副島種臣才敢在給大隈重信的信函中露骨地說：「如果要取得臺灣的一半，一動嘴就沒問題，但是如果要取得全島，則也許要動干戈，不過我有信心取得一半，那麼四五年之後也可以用嘴巴取得全島，主要不可失去現在的機會。」〔註27〕

在李仙得等人的教唆下，日本政府內部形成以外務卿副島種臣為首的「征臺」派。他們企圖借助「漂流民」事件，達到「領有」琉球，佔領臺灣，控制中國海和日本海的進出口之目的，為日本佔領更多的領土奠定基礎。

小結

綜上所述，臺灣番地，早已錄屬中國版圖，惟以生番習性不同，未可強制以法，故清朝在漢番之交地，設立土牛示禁，以防止漢番之間相鬥滋生事端。這本為一種消極的治安措施，卻被不締民情的外國所誤解。特別是美國「羅妹號事件」後，美海軍逕至臺灣南端登陸，實施征討行動，使美國駐廈門公使李仙得等人，萌生出佔領臺灣番地的想法，但此觀點不為美國國務院所接納，此後李仙得便對臺灣番地採用雙軌政策。所謂的「雙軌政策」，即是源自李仙得認為，清閩臺官員與臺灣生番，在與他們的交往處理事務過程中，應分別施用不同的政策。李仙得認為，與清官員商辦事務時，必須有強大的武力作後盾，

〔註26〕（日）《李仙得覚書第四號土蠻処分二付外國人思想並澎湖ヲ遠略スルノ論》，JCAHR：A03030097600。
〔註27〕（日）日本史籍協會：《大久保利通文書》第5卷，東京大學出版會，1968年版，第234～235頁。

否則難以獲取滿意的結果；而對臺灣生番，即使示以強大的武力，也未必使其屈服，生番頭腦比較簡單，透過某種和平交往，反而可以與他們建立起友好的關係。李仙得的「雙軌政策」取得了一些實效，增進了「美國在中國的聲威」，李仙得個人也獲取了「臺灣通」的稱號。當時美國亞細亞艦隊司令、美國駐華代辦，以至於美國國務院相繼認可並讚賞李仙得的成就。〔註28〕美國駐日本公使德朗，亦為李仙得的同路人。

〔註28〕黃嘉謨：《美國與臺灣》，中央研究院近代史研究所，1965 年，第 224 頁。